21c 한국교회와 공동체 운동

21C 한국교회와 공동체 운동

초판 1쇄 인쇄 / 1998.10. 30.
초판 1쇄 발행 / 1998. 12. 10.

저 자 / 문 석 호
발행인 / 이 원 우
발행처 / 도서출판 줄과추
주 소 / 서울시 마포구 합정동 386-12 정은 B/D 202호
전 화 / 3141-9090 팩스 / 3142-6619
공급처 / (주)기독교출판유통
전 화 / (0344)906-9191   팩 스 / 080-456-2580

등록번호 / 제10-1452호

ⓒ 1998 줄과추 Printed in Korea
값 8,000원

ISBN 89-87613-28-3

우리 많은 사람이
그리스도 안에서 한 몸이 되어
서로 지체가 되었느니라
(In Christ, we who are many
form one body, and each members
belongs to all the others)
(롬 12 : 5)

나는 이 책을
진지한 자세와 열정으로 복음(福音)을
대하도록 일찍이 나를 깨우셨고
늘 살아있는 역동적 유기체(有機體)로서의
교회를 만들어 나가기에 여념이 없으시며
영적 지도력(指導力)의 탁월함으로
성도들을 인도하기에 분주하신
김성길 목사님에게 드립니다.

자연만물(自然萬物)의 무르익음은
가장 소중하게 자란 열매를 토(吐)해 내는데 있다면,
신앙인과 교회의 아름다운 성숙(成熟)은
무엇을 만들어 내어주는데 있는 것일까?

날로 늘어만 가는 일인전용(一人全用)의 영역 속에
"우리"라는 하나님의 나라는 저 멀리 '유토피아'(Utopia)로만 머물고,
자기중심의 소유욕(所有慾)이 그 광란의 힘을 발휘할 때,
떼어주셨던 그리스도의 성찬(聖餐)은 초라해 져간다.

그대는 아는가?
나와 너로서의 인간(人間)이란
그 존재의 시작부터 하나님으로부터 수여(受與)받은 존재요,
또한 생(生)을 둘러싼 그대의 부요와 풍성함이란
늘상 주변성(周邊性)의 열매인 것을.

언젠가 돌아갈
저 내어줌의 세계를 향한 회귀본능(回歸本能)의 존재는

수줍은 마음으로 "자기를 비우신" 예수의 자리를 되새겨보면서
십자가의 사랑아래 더듬어 헤아려 볼 뿐이다.

유아독존(唯我獨尊)이라는 껍질과 허울의
이기적 소아병(小我病)이 한반도 땅을 도둑질한지 오래,
그 상처와 아픔은 어디에서, 어떻게 치유될 수 있을까?

이제는 "나와 너"라는 존재(存在)의 간격과
"이것과 저것"이라는 인식(認識)의 간격을
"우리"라는 외침과 "교회"라는 용광로 안에서
하나로 만들어 나가야 한다.

"예수 제자들"의 삶은
한반도 작은 땅덩어리의 인생들에게 부여된 험난한 시대의 골을 메우면서
썩어가며 곪아버린 세월의 상처를 싸감아야 한다.

그 분의 제자(弟子)들이란 예수 공동체가 되어
사납게 밀려오는 어두움의 파고(波高)를 이겨내는
시대의 등대(燈臺)이어야 한다.

찢겨진 상처의 아픔과 더러운 냄새를 이겨내면서
그 분의 아름다운 덕(德)과 성품(性品)을 전달하는
은은한 향기이어야 한다.

그리고,
작디작은 삶의 공간 안에서
사납게 파헤쳐진 마음의 골과 간격을 메우는
이 땅의 희망이어야 한다

차 례

책을 내면서 / 6
들어가는 말 / 11

제1부 1960년대 이후 한국사회와 한국교회의 진단과 처방 / 25
　　　1장 : 한국사회의 문제점 / 27
　　　2장 : 한국교회의 문제점 / 37

제2부 기독교 공동체로서 교회에 대한 이해 / 55
　　　1장 : 공동체의 정의 - 교회의 공동체로서의 정의 / 59
　　　2장 : 교회의 개념 - 공동체로서의 교회이해 / 65
　　　3장 : 공동체로서의 교회의 특성및 성격 / 78
　　　4장 : 언약 공동체로서의 교회의 특징과 성격들 / 92

제3부 한국사회에 나타난 공동체 연구(1)
　　　- 1970년대 이전을 중심으로 / 107
　　　1장 : 가나안 농군학교 / 111
　　　2장 : 신앙촌 / 126
　　　3장 : 예수원 / 136

제4부 한국사회에 나타난 공동체 연구(2)
    – 1970년대 이후를 중심으로 / 149
      1장 : 두레마을 / 151
      2장 : 다일 공동체 / 167
      3장 : 장애우 공동체 / 180
      4장 : 공동체 운동의 평가와 미래 / 195

제5부 한국교회와 공동체성 회복
    – 한국교회의 바람직한 공동체를 향한 논점 / 201
      1장 : 복음안에서의 하나님을 향한 공동체 / 205
      2장 : 그리스도의 사랑 안에서의 사귐 공동체 / 224
      3장 : 돌봄과 나눔의 공동체 / 233
      4장 : 봉사 공동체 / 238
      5장 : 공동체로서의 교회의 사회적 현실에 대한 참여 / 243

맺는 말 / 253
참고문헌 / 260

들어가는 말

Ⅰ. 문제 제기와 연구 목적

한국사회에 개신교의 기독교 복음이 전파된 지 어느덧 100여 년의 세월이 넘어서고 있다. 기독교 복음이 전파되던 초창기때의 한국사회와 2000년대를 바라보는 지금의 사회는 너무도 엄청난 변화의 차이를 보인다. 그 가운데에서도 한국사회가 겪고있는 각종 변화는 한국인들의 의식과 삶을 지배하고 있으며, 사회 속에 그리고 사회와 함께 존재하는 한국의 기독교 역시 사회의 흐름 속에서 상당한 변화에 직면해 있다는 것도 분명한 일이다. 그리고 이러한 변화는 앞으로 한국 기독교의 정체성을 위협하는 수준에 이르렀다는 사실은 이미 교회에 대한 염려를 하는 사람들 속에는 보편화되어 있는 상황이다.

지금까지의 한국사회와 한국교회에 대한 이해는 급속도의 성장(成長)을 전형(典型)으로 한 모습이었다. 가난과 질병을 떨치기 위해 경제적 성취를 최고의 미덕으로 삼았던 것이 한국사회의 목표였다면, 그 가운데에서 소위 "복"(福)을 얻기 위해 뜨거운 기도와 열정적인 신앙생활로 대표되는 것이 한국교회의 신앙이었다. 물론 그 가운데에서, 복음전파의 시급한 사명을 인식하고 사회 구석구석에 교회를 세우고 복음화에 앞장서서, 이제 한국 교회는 세계 어느 곳에서나 신앙 성장의 모델이 되는 듯한 급속한 성장을 이루어왔다.

　그럼에도 불구하고 한국교회를 향한 염려와 걱정들이 없는 것은 아니다. 그것은 무엇보다도, 수많은 신자들을 자랑함에도 불구하고 한국사회가 당면한 여러 문제들 때문이다. 교회가 사회의 얼굴은 되지 못해도, 교회는 사회를 향한 사명이 있음은 교회의 역사에서, 그리고 성경의 교훈에서 얼마든지 찾을 수 있다. 사회를 향한 교회의 외침은 교회가 "교회다운 본질"을 회복할 때만이 가능한 것이다. 그러기에 상당한 양적성장(量的成長)의 성과를 이룩한 한국교회는 이제 그 성장의 지속적이고 올바른 방향을 위해 교회의 본질(本質)에 대한 진지한 반성이 요구된다고 하겠다.

　교회의 본질을 올바로 유지하기 위한 내적 반성(內的 反省)은 한국교회 역사의 길고 짧음이나 한국교회가 이룩한 양적 규모나 성장, 또는 교회 구성원들의 열정적 활동이나 행사 등에 관한 문제가 아니다. 필요한 내적 반성이란, 교회가 그리스도의 몸으로써 자기 정체성(Identity)을 과연 얼마나 지니고 있는가 하는 것과 관련이 된다. 오늘의 한국교회는 내일의 역사를 위한 진지한 반성을 요구받고 있다. 그리고 내일의 한국교회를 "성경의 바탕 위에 선 교회다운 교회"로 이루기 위한 많은 논의들이 나오고 있는 실정이다. 더우기 21세기를 눈 앞에 둔 오늘의 시점에서 볼 때, 한국교회는 뼈아픈 자기 성찰(自己 省察)을 해야만 할 것이요, 세계 선교 역사상 유례를 찾아볼 수 없는 성장을 지속해 왔던 한국교회는 현대사회의 변화와 함께 일어나는 바, 교회의 정체성(正體性)을 위협하는 여러 가지 문제들에 대하여, 성경의 바탕 위에서 분명한 자기 확인(自己 確認)을 새롭게 하지 않으면 안된다. 교회의 정체성을 위협하는 여러 가지 문제들이 주변에 있다.

　여기에서 가장 중요한 문제가 되는 것은, 오늘의 시점에 이르기까지 한국교회가 겪어온 양적인 성장과 질적인 모습이다. 물론 교회의 질적인 모습과 양적인 성장은 함께 생각해 보아야 하는 문제이지만 그럼에도 한국교회는 양적 성

장과 함께 수레의 양바퀴와 같이 평형을 이루어야 할 질적인 성장을 너무 도외
시하여 눈에 보이는 양적 성장만을 추구했다는 점이요, 또 다른 한편으로는 한
국교회가 그토록 성경 중심의 교회관을 강조했으면서도 성경이 가르치는 진정
한 교회의 모습을 회복하는 데에는 상당히 게을렀다는 지적이다.

특별히 한국교회가 대형화(大形化)된 모습 속에서 그리고 대형화를 최고의
목표로 추구해 가는 목회관 속에서 교회는 진정한 성도간의 인격적 교제
(Personal Communication)는 어렵게 되었고, 교회의 본질적 요소들 중의 하
나인 신앙의 공동체성(共同體性)이 점점 희박해지는 실정에 이르게 된 것이다.
사회의 흐름 속에 묻힌 오늘날 교회의 모습은 초대교회 시대에 그리스도인들이
경험하였던 진정한 교회의 공동체적 요소를 상실하고 있다는 지적은 이미 보편
화되고 있다.[1]

현대교회가 성경에 나타난 초대교회의 공동체성을 점점 상실해 가는 원인은
넓은 의미에서 볼 때, 현대교회의 이러한 문제점들은 교회가 속한 사회의 상황
에도 많은 이유가 있다고 할 수 있을 것이요, 급변하는 시대 상황에 기인한다고
볼 수 있을 것이다. 한국 사회도 예외일 수가 없는데, 한국 사회는 지난 수십년
동안 정치, 경제, 사회, 문화와 과학 기술적인 변화가 가속화되었고, 미래에 대
해 변화의 추세를 예측할 수 없을 정도로 급변하고 있는 가운데, 교회의 자기
정체성의 가장 중요한 요소로서의 공동체성을 상실해가고 있는 가운데 있다.

오늘의 한국 사회에는 합리적 사고방식에 따른 가치관의 변화, 산업화 및 도
시화에 따른 개인주의적 생활양식의 변화, 세속적 물량주의적 가치관에 의한

---

1) Howard Snyder, The Problem of Wineskins, 이강천 역, 새포도주는 새부대에 (서울 : 생명의
말씀사, 1981), 78

성공주의의 증대라는 도전을 받게 되었고, 교회 속의 공동체 의식은 점점 희박하게 된 것이다. 그러나 무엇보다도 한국교회의 공동체성이 상실된 원인은 이러한 시대적 상황에 편승하여, 하나님의 백성으로서 지녀야 할 구원의 공동체적 요소를 강조하지 못한 채, 번영의 신학을 중심으로 한 성장 일변도의 강조, 개교회 만능주의 내지 개인 축복의 장으로서의 교회만을 강조한 모습에서 찾을 수 있을 것이다. 이것은 성장위주의 정책 안의 허점을 드러내고 있는 것이요, 최근에 주춤한 교회 성장의 원인들은 이러한 문제들에 직면한 교회들이 공동체로서의 바른 모습을 보여주지 못한 데에도 상당한 이유가 있다. 이는 교회가 지녀야 할 공동체로서의 본질을 외면하고 있는 것이요, 이러한 모습으로서는 한국 사회에 만연된 공동체성의 상실에 대한 교회의 역할에 회의를 품지 않을 수 없는 모습을 피할 길이 없다.

이러한 현상들에 대해서는 많은 원인들이 있겠지만, 그 중에서도 가장 중요한 원인은 현재의 한국교회가 사도행전과 바울의 서신들에 나타나고 있는 '교회'에 대한 성경적 이해와 '말씀'과 더불어 나타나야 되는 삶의 실천성이 미치지 못하는데 그 큰 이유가 있을 것이다. 오늘날의 현대교회가 따르고자 하는 바, 초대교회 교인들이 누렸던 복음 안에서의 일치성(Unity in the Gospel), 형제적 사랑으로서의 친밀감(Intimacy of the Brotherly Love), 그리고 성령 안에서의 나눔과 돌봄을 통한 섬김(Stewardship of Sharing and Caring)등을 상실했기 때문임을 알 수 있다.

"복음 안에서의 일치성"(Unity in the Gospel)은 공동체로서의 교회에 가장 중요한 근본을 이룬다. 구약의 이스라엘 민족이 일치를 이루고자 한 것은 그 어떤 외형적, 제도적 모습에 있던 것이 아니었다. 이스라엘 백성들을 하나의 공동체로서 묶게 한 것은 하나님의 뜻을 드러내도록 선택된 하나님의 백성이라는 "신앙 안에서"의 일치였으며, 이것은 여호와를 중심으로 한 신앙이 그 중심을 이루었던 것이다. 따라서 그들은 종교적 공동체(宗敎的 共同體)로서 매년 세 차례에 걸쳐 하나님을 뵙고, 다함께 그분을 경외하는 민족적 공동체로서 국가를 이루어 나갔던 것이요, 이는 공동체로서의 국가적 행사가 되었다. 이스라엘 민족이 이러한 종교적(신앙적) 일치를 이룸으로써 그들은 언약 백성으로서의 일체감을 갖게 되었고, 이러한 자세는 신약시대에 와서도 교회 공동체가 "그리스도 안에서"(in Christ)의 일치를 추구하는 모습을 가르친다. 또한 "복음 안에서의 하나됨"(Unity in the Gospel)을 언급함에 있어서, 본인은 한국의 전통적 보수교회가 "말씀"을 강조함에 있어서 그 말씀 속에 들어있는 단순한 교리적 가르침 안에서의 일치만을 논하고자 하는 것이 아니라 말씀의 적용(適用)으로서 윤리적 측면(Ethical Perspective)의 상실을 들고자 한다. 개혁주의적 전통을 이어받았다고 말하는 한국의 보수교회가 "말씀"을 언급함에 있어서 주어진 성경의 소위 "무오적 영감성"을 강조하는 좋은 전통이 있기는 하나, 그 말씀 속에서 동시에 강조되어야 하는 예수 그리스도의 인격과 그 사역(the Person and the Work of Jesus Christ)을 삶에서 적용하지 못하는 잘못을 지적하고자 한다. 이러한 모습들은 그리스도인들로 하여금 새로운 인간 관계성을 드러내도록 한다.[2]

그리스도안에서의 "형제적 사랑으로서의 친밀감"(Intimacy of the Brotherly Love)이란 무엇보다도 이스라엘 민족이라는 공동체성 안에서 나타났던 친밀성이 그 근거를 이룬다. 그들은 서로를 동족(또는 동포), '골육', 또

---

2) cf. 문석호, 기독교 신앙의 의미 중에서 윤리적 관점(Ethical Perspective) 참조, 또한 "말씀"속에 나타난 예수 그리스도의 인격과 삶의 적용에 대해서는 Gareth Weldon Icenogle의 Biblical Foundations For Small Group Ministry(InterVarsity Press, Downers Grove, Illinois, 1994) 261 ff. 참조

는 '형제' 등으로 서로를 칭하면서 민족적, 혈연적 기원의 공통성을 강조한다 (참고 : 레위기 25장, 출애굽기 2장 및 기타). 이러한 용어는 서로간의 친밀감을 표시하는 가장 강렬한 인상을 주는 단어이다. 이 말은 주로 가까운 인척간 곧 부모-자녀, 형제-자매, 삼촌-조카, 기타 근족에게 사용되었다. 이러한 친밀감(Intimacy)을 드러내는 단어는 지파간이나 이스라엘 민족 상호간의 관계를 묘사하는 데에도 적용되었다(삼하 5 : 1). 그러나 이스라엘 민족간의 친밀감을 표현하는 가장 보편화된 단어는 역시 '형제'이다. '형제'는 원래 '한 아버지의 아들들', 혹은 '한 어미의 아들들'을 가리키는 것이지만, 점차 그 범위가 확대되어 친밀감을 표현하고 공유하는 대상이면 누구든 협의(狹意)의 형제는 물론이요, '친족'과 '이스라엘 온 족속'까지 포함하게 되었다. 이러한 광의(廣意)의 형제 개념은 이스라엘 민족 가운데 편만해 있던 것으로서, 이러한 호칭의 사용을 통해 친밀감의 확립이나 전달에서 장벽이 될 수도 있는 사회적 계층 의식의 타파가 가능했던 것이다. 이로 인해 당시의 사회적 모습상 여러 면에서 소외된 종류의 사람들(예컨대 고아, 과부, 심지어 나그네나 노예까지도)을 향한 여호와 하나님의 사랑이 잘 드러나고 있었던 것이다. 이것은 그후 신약시대에 와서도 그리스도의 복음의 실체로서 사랑으로 연결되어 있다.

　"친밀감"이란 그리스도 공동체가 만들어 내야 할 이상적(理想的)인 상태 중의 하나로서 이해된다. 인간이 공동체 안에서 이루어내야 할 친밀감을 상실한 채 "고독"(Solitude)이나 "외로움"(Loneliness), 또는 "숨겨짐"(Hiddenness)의 상태는 하나님으로부터도 소외된 인간의 불행한 상태를 의미하는 것이며, 이것은 어떤면에서 죄의 결과임을 성경은 강조한다. 창세기 3장에서 보여지는 대로, 인간이 하나님과의 관계가 "깨어진" 상태는 인간과 인간이 서로를 부끄러워하고 멀리할 뿐만 아니라 하나님으로부터도 숨어버리는 상태를 드러낸다. 결국 인간과 인간간의, 그리고 인간과 하나님과의 친밀감(Intimacy)을 회복한다는 것은 기독교 공동체의 바람직한 상태라고 할 수 있을 것이요, 이 "친밀감"
(Intimacy)을 회복하는 것이 기독교 공동체의 중요한 과제들 중의 하나라 할
수 있을 것이다.[3]

　"섬김의 공동체"는 복음 안에서 함께하는 구성원들의 책임성(Responsibility)
을 만들어 내는 일이라 할 수 있겠다. 친밀한 교제에서 한 걸음 더 나아가 "섬
김"과 "봉사"를 통한 하나님 나라의 확장이야말로 하나님에 의해 구속받은 성도
들의 창조적 모습이라 할 수 있겠다. "나눔과 돌봄을 통한 섬김"(Stewardship
of Sharing and Caring)은 이스라엘 민족의 구체적인 모습에서 잘 나타나 있
다. 형제 사랑이란 서로를 단순히 명목상으로만 '형제'라 부르는 것이 아니고,
실제로 그 이름에 상응하는 대우를 주고 받도록 되어 있었다. 동일한 하나님의
백성으로서 율법 아래에서 서로의 평등함을 지닌 채 (종과 주인의 창조주가 같
은 분임을 근거로), 종에 대한 권리 보호를 언급하고 있으며, 애굽 노예 생활로
부터의 속량을 상기시키는 것(신15 : 15), 가난한 이를 돌아보는 일 등은 사회적
경제적 불이익 계층에 대한 나눔과 돌봄을 생활화하도록 하는 모습을 보여준다.
이에 대한 구약의 교훈은 다음과 같이 구체적인 삶의 형태로 나타나 있다 :

　1. 꿔준 돈에 대해 변리를 취하지 말 것(출 22 : 25)

　2. 전당품을 해지기 전에 돌려줄 것(출 22 : 26-27)

　3. 송사를 불공평하게 하지 말 것(출 23 : 6)

　4. 제7년 안식년 때의 소출을 먹도록 해줄 것(출 23 : 11)

　5. 곡물이나 포도원의 소출을 다 거두지 말 것(레 19 : 9-10)

　6. 생활을 할 수 있게 돕고 구제할 것(레 25 : 35-36)

---

3) Icenogle, Biblical Foundation For Small Group Ministry 26-27.

7. 몸이 팔린 동족을 종으로 부리지 말고 품꾼으로 대우하며 품삯은 당일
   지불할 것(신 24 : 14-15)
8. 종으로 팔린 동족은 희년이 되면 방면할 것(레 25 : 40-41)

종과 노예에 대한 이스라엘의 법 조항 역시 사회적 불이익을 덜어주고자
하는 세심한 고려의 흔적이 역력하다. 그 내용은 다음과 같다 :
1. 안식일의 휴식 보장(신 5 : 14)
2. 안식년의 해방(출 21 : 2)
3. 각종 제물과 헌물에의 참여(신 12 : 11-12)
4. 칠칠절 및 초막절 시 예물에의 참여(신 16 : 10-11)
5. 노예의 상해에 대한 주인의 책임(출 21 : 20-21)
6. 도망간 노예에 대한 도피처 제공(신 23 : 15-16)

이상의 모든 요소들은 이미 구약에 나타난 이스라엘 백성들 가운데 보편적으
로 나타났고, 이러한 보편성은 이제 그리스도 안에서의 새로운 모습 중에도 면
면히 흐르는 바로서, 공동체의 핵심을 이룬다고 할 수 있을 것이다.

현대사회가 안고 있는 각종 질병을 치료해야 할 사명을 가짐과 동시에 또한
바로 그러한 세계를 위해 존재하는 집단으로서의 교회가 오늘날 사회의 당면한
문제들을 외면해서는 안된다.[4] 오히려 무수한 세속적 도전들 앞에서 성도들에
게 공동체적 의식과 행동양식, 더 나아가서는 공동체적인 삶의 구체적 모습을

---

4) Hans Küng, Structures of the Church, 이홍근 역 「교회란 무엇인가?」 (경북 : 분도 출판사,
1978), 20.

형성시킴으로써 초대교회가 가지고 있었던 신앙의 특성인 복음 안에서의 하나 됨, 그리스도 안에서의 친밀함, 그리고 성령 안에서의 섬김의 자세를 회복하고, 이를 통해 그리스도의 공동체로서 모습을 회복해야 할 사명이 있는 것이다.

그러므로 본서는 현재 한국교회들의 문제점, 특히 공동체적 삶의 상실에 의해 나타나는 문제들을 살펴보고, 또한 한국 사회 속에 존재하는 기독교 공동체들을 연구하면서, 그리스도인들의 공동체 형태를 성경적으로 조명함으로 바람직한 교회 공동체의 모델을 추구해 보려고 한다. 특히 성경에서 말하는 "기독교적 삶의 공동체"를 한국교회와 관련하여 서술함에 있어서, 바울 사상에 나타난 그리스도인들의 "사랑의 공동체"로서 교회관을 밝히고, 이를 오늘날 한국교회의 올바른 교회성장 신학에 접목시키고자 하는 시도가 그 중심적 목표가 될 것이다.

이것은 한편으로는 오늘날 한국사회나 한국교회에 만연된 개인주의 중심에서 오는 "인간소외" 및 "신앙과 삶의 분리"라는 문제를 극복하고[5], 또 다른 한편으로는 성경이 의도하는 "그리스도인들의 공동체적 삶"을 통한 올바른 교회성장을 이루어 나감으로써 공동체로서의 바람직한 교회를 한국이라는 특수한 영역에 확대해 보고자 하는데 있는 것이다. 또한 이렇게 함으로써 오늘날 한국교회의 성장에 있어서 새로운 갱신의 방향으로 공동체성 회복을 추구하고 21세기와 동시에 선교 2세기를 맞이하는 한국교회에 내적 성숙(內的成熟)을 도모하려는 것이다.

---

5) 한국교회가 직면한 어려움 중의 하나는 "신앙과 삶의 분리"라는 측면이 있다. "신앙과 삶의 이원적 태도"는 궁극적으로는 "말씀"에 대한 바른 이해가 부족함에 있다.

2. 연구의 범위와 방법

최근 한국교회에서는 많은 자성(自省)의 목소리들이 들려오고 있다. 그것은 그 동안의 양적 성장 일변도의 교회성장 정책이 많은 문제를 야기시켰음을 교회의 지도자들이 인식하고 있다는 의미이다. 아울러 이에 대한 반성과 함께 교회의 질적 성장을 위한 다방면의 노력들이 바람직한 목회형태를 갖는 교회들을 통해서 나타나고 있는데, 특히 몇몇 교회의 목회자들은 현대 교회에서 공동체성이 점차 사라져 가는 것을 인식하고 공동체성 회복을 위한 연구와 프로그램 개발 등을 통하여 새로운 시도를 하고 있다. 그러나 교회의 공동체적 삶의 증진을 위한 성경적 토대 위의 작업이 잘 이루어지지 못하고 있는 상황이며, 특히 이를 신학적으로 체계화한 글들을 쉽게 찾아볼 수 없는 것이 현실이다.

이에 본서는 성경을 중심으로 한, 특히 바울서신에 나타난 초대교회 그리스도인들의 공동체적 삶을 모델로 하여, 교회의 본질과 개념을 정의하고, 성경이 말하고 있는 교회의 공동체적 삶의 모델을 이끌어 내기 위한 근거를 밝히고자 한다. 또한 한국교회 역사에 나타난 기독교 공동체 운동을 살펴보고, 이것을 교회사역에 적용시켜 목회적 적용의 가능성을 바라보고자 한다. 마지막으로는 오늘날 공동체성을 상실해 가는 한국교회에 바람직한 공동체적 삶의 회복을 위한 내용들이 무엇이어야 하는가를 밝혀보고자 한다.

본서는 다음과 같이 5부로 나누어 진행되어 질 것이다. 들어가는 말은 서론으로서 글 전체의 의미와 목적을 서술한다. 또한 본서의 전체 방향이 진행되는 개괄적인 안내를 하고자 한다.

제1부는, 오늘날 한국사회와 한국교회에 만연된 바, 공동체성의 상실을 가져오게 된 여러 가지 문제점들을 서술하고자 한다. 특히 여기서는 한국사회의 급격한 변화를 서술하되 한국의 근대화 과정 중에서 성장일변도의 한국경제 및 사회관이 교회에 끼친 영향에 대해서도 언급되며, 이로 인해 파생된 인간 소외

의 문제로 인한 교회의 공동체성 기능의 상실 등이 언급될 것이다.[6]

제2부에서는 기독교 공동체성에 대한 논의를 하게 될 것이다. 여기에서는 신앙 공동체로서의 교회관을 서술하면서, 이에 대한 성경적 근거를 제시함으로써 신앙 공동체란 곧 언약 공동체(言約共同體)임을 바울의 사상에 근거하여 서술하게 될 것이다. 교회에 대한 언약 공동체로서의 이해는 이미 창세기에서 아브라함에게 주신 언약으로부터 시작되는 바, 하나님의 현존하심과 신자들의 공동체적 삶으로 드러나면서 교회의 특징을 이루게 되는 것이다. 교회의 언약 공동체로서의 모습을 성경적으로 밝히는 작업은 앞으로 한국 교회의 바른 모습을 모색하려는 것에 그 의미가 있다.

제3부과 제4부에서는 한국 기독교 사회 속에서 일고 있었고, 지금도 행해지고 있는 공동체 운동(共同體運動)의 실상을 소개하고 정리하면서, 그 공동체 운동의 역사와 배경, 그리고 앞으로의 교회 공동체가 추구해야 할 내용들이 무엇인가를 생각하게 하는 계기가 될 것이다. 이 곳의 내용은 기존 교회들이 어떠한 모습으로 교회 안에서 공동체성을 이루며 나아가야 할 것인가에 대한 내용들을 정리해 보는데 도움이 되기를 기대한다. 실상 한국사회는 1970-80년을 전후로 하여 급변하는 모습을 보여왔다. '잘살기 운동'을 중심으로 했던 1970년대 이전의 한국 사회는 1980년대 이후에 나타난 서구화(西歐化)의 모습으로 급변하는 상황을 맞이하게 된다. 따라서 1980년대를 기점으로 한국 사회의 공

---

6) 이러한 요소와 더불어 언급될 것은, 한국의 보수교회들 속에는 개인의 구원에 관한 문제는 강조되는 반면, 사회를 향한 복음의 적용이 약하다는 적절한 지적이 있다. 한국의 보수교회들이 급변하는 사회를 향한 복음의 적용을 게을리 하는 한, 사회복음(Social Gospel)을 외치는 급진주의 신학을 비판하는 일에는 별다른 신학적 열매를 맺을 수 없을 것이요, 또한 고통받는 이웃에 대한 복음의 적용적 측면에서도 그 사명을 적절히 수행했다고 할 수는 없을 것이다.

동체 운동을 구분하여 보는 것은 의미있는 일이라 생각된다.

따라서 제3부에서는 1970-1980년대 이전에 시작되었던 신앙 공동체의 운동들을 살펴볼 것인데 여기에서는 한국 기독교 사회운동과 공동체 운동에 상당한 영향을 끼친 '가나안 농군학교'와 '예수원'이 연구의 주제가 될 것이며, 또한 그릇된 신앙관에 근거하여 사회에 물의를 끼쳤던 '신앙촌'도 연구하게 될 것이다. 이 연구를 통하여 70년대 이전의 한국 기독교 사회에 나타났던 공동체를 살펴보게 될 것이다.

또한 제4부에서는 교회성장(敎會成長)이 시작되면서 성장의 꾸준한 모습을 보여왔던 1970년대로부터 시작하여 교회성장이 절정에 달했던 1980년대를 중심으로, 또한 그 이후로 나타난 기독교 공동체들이 연구의 대상이 될 것이다. 1970년대 후반에 시작하여 80년대의 급변하는 한국 사회에 영향을 주었던 공동체로서의 '두레마을'과 80년대 후반에 들어서 기독교 공동체로서의 역할을 하고 있는 '다일 공동체'가 연구의 중심이 될 것이다. 기독교의 이름으로 나타난 공동체에 대한 이러한 연구를 토대로 하여, 앞으로 한국의 기독교를 중심으로 한 사회 변혁이 신앙 공동체를 중심으로 이루어지기를 도모하려고 한다.

제5부는 지금까지 한국사회에 나타났던 공동체 운동을 배경으로, 한국 교회의 공동체성 회복의 문제를 다루게 될 것이다. 즉, 하나님 나라의 언약 백성(Covenant People)으로서의 교회 공동체를 기초로 하여, 오늘날 분열된 한국 사회와 교회를 치유하기 위해 복음 안에서의 일치성을 이루는 교회 공동체로서의 모습과 교회의 가정이라는 개념 속에 들어있는 형제적 사랑으로서의 친밀감, 그리고 오늘날 한국사회의 이기주의 속에서 사라져 가는 나눔과 돌봄을 통한 섬김(Stewardship)을 회복할 사명이 있는 한국교회의 모습을 전제로 하여, 한국교회의 바람직한 교회 공동체로서의 여러 요소들을 서술하게 될 것이다. 이러한 교회 공동체의 모습을 통하여 기독교는 한국사회를 향한 공동체적 삶

〈Communal Life〉의 회복이라는 모범을 보여야만 한다. 이것은 오늘날 공동체성을 상실해 가는 한국사회를 향한 교회의 책임과 사명을 드러내는 중요한 요소가 될 것이다.

그리고 맺는 말에서는 지금까지의 논의를 토대로 한 한국교회의 공동체성의 전망을 서술하게 될 것이다. 성경을 바탕으로 한 한국교회의 공동체성 회복이야말로 오늘날 침체되어가는 서구교회의 전철을 뒤따르는 오류를 피하게 되리라 확신한다.

이상의 모든 논의는 한국교회의 공동체성 회복을 통하여 한국사회 안에 올바른 하나님 나라의 확장이라는 측면을 제시하는데 그 의미가 있다고 할 것이다.

제 1 부
1960년대 이후 "한국사회"와 "한국교회"의 진단과 처방

1장 : 한국사회의 문제점

교 회와 사회는 서로 밀접하게 관련되어 있다. 특별히 현대의 한국교회를 언급함에 있어서 한국사회가 겪어온 흐름은 교회의 흐름을 설명하는 지름길이 될 수 있을 것이다. 한국교회가 복음의 씨앗을 받은 이후로, 한국사회가 겪은 어려움만큼 한국교회는 성장했으며, 경제적 어려움과 사회 정치적 혼란이 증대되었던 만큼 한국교회는 이에 반비례하여 그 나름대로 교회의 외적 성장을 이루어왔던 것이 사실이다.[7] 따라서 어떤 면에서 볼 때, 사회 정치 및 경제적 안정기로 들어서는 만큼 한국교회의 성장은 이에 반비례하여 그 성장이 서서히 둔화되기 시작했다고 볼 수 있다.

따라서 오늘에 이르러 한국교회가 심각하게 생각해야 할 것은, 과연 오늘날

---

7) 한국에 개신교 선교사에 의해 복음의 씨앗이 처음 뿌려진 것은 1885년으로, 최초의 선교사는 아펜젤러(Henry G. Apenzeller)와 언더우드(Horace G. Underwood)로서 그들은 각각 감리교 출신의 선교사와 화란 개혁파 출신의 장로교 선교사였다. 민경배, <u>한국 교회사</u>(서울 : 대한 기독교서회, 1973) 이들이 19세기 말 한국 땅에 복음의 씨앗을 뿌릴 때의 한국사회가 겪은 어려움은 외적으로는 외국으로부터 나라를 지키려는 어려움에 직면했고, 내적으로는 경제적 어려움이 극에 달한 지경이었다. 19세기 말 당시의 나라의 어려움에 대해서는 김용복의 <u>한국민중과 기독교</u> 173-185. "한국교회의 역사 참여전통"에 잘 나타나 있다.

의 성장한 한국교회가 그 교회 속에 교회로서 지녀야 할 본질(本質)로서의 공동체성(共同體性)은 적절한가 하는 질문을 던지지 않을 수 없다. 그 이유는 세계 역사상 유례를 찾기 힘든 한국교회의 성장과 더불어, 과연 한국사회를 향한 교회 공동체는 그 적절한 사명을 잘 감당했는가에 대한 진지한 반성(反省)이 요구되기 때문이다. 따라서 본 장에서는 1960년도부터 겪어온 한국 사회의 모습에 대하여 지적하고자 한다. 그리고 이와 관련하여 한국교회 속에 들어있는 바, 공동체성을 방해하는 몇 가지 요소들을 언급함으로 공동체성의 회복을 위하여 한국교회가 극복해야 할 바가 무엇인지를 추구하고자 한다.

1. 정치적 변동기에 따른 사회혼란과 공동체성 상실

전술(前述)한 바대로, 한국교회의 성장은 한국사회의 정치, 사회적인 변동적 흐름이 크게 작용하였던 것이 사실이다. 다시 말해서 60년대 이후의 한국의 정치, 경제, 사회적 상황이 한국교회 성장과 크게 관련을 맺었던 것이다. 60년대에 이르기까지, 그리고 그 이후로도 한국사회는 정치적으로 커다란 어려움을 겪어왔다. 5. 16 군사 쿠데타로 시작된 십 수년간의 군부독재와 권력의 장기화, 집중화, 절대화가 이어졌고, 여기에서는 반공 교육 및 통일 교육을 빌미로 한 정치억압, 인권탄압, 그리고 관료적 권위주의로 특징지워지는 정치부재의 상황이 지속되었다.[8]

특히 1972년 계엄령 아래에서 제정된 유신헌법으로 인해 한국사회는 급속한 냉각기에 직면하게 되었다. 무자비한 권력아래 전통적으로 내려왔던 공동체성을 기반으로 한 사회윤리의 규범은 설 자리를 잃고, 한편에서는 인권회복과 신

---

8) 강만길, <u>한국 현대사</u>(창작과 비평사, 1984.), 제4장, "분단시대의 사회와 문화"

앙의 이름으로 권력에 대항하면서, 교회는 사회 상황 속에서 갈등을 겪지 않을 수 없었다. 또 다른 한편에서는 질서에 순응(順應)한다는 명분 속에서 권력의 시녀 노릇 내지 침묵으로 일관하면서 사회 정의(Social Justice)에는 눈 감고 복음의 개인적 적용에만 관심을 두었던 것이다. 이러한 양분(兩分)의 결과, 한국사회를 지탱했던 공공의 윤리나 이웃간의 진정한 교제, 평화의 모습은 점차 사라지고, 다만 개개인이 스스로의 처신을 통해 사회에 순응하든지, 또는 기존의 질서를 무시해 버리는 모습들이 나타날 뿐이었다. 한국사회에 깊은 뿌리를 가졌던 서로간의 돌봄(Caring for each other)이나 사회적 봉사정신(Social Stewardship) 등은 체제에 대항(對抗)하거나 또는 무기력하게 순응하는 모습으로 나타났다. 물론 그 당시의 침묵사회는 비록 국가 경제적인 면에서는 상당한 발전을 이루어왔다고 말할 수 있을런지는 모르나, 이 부(富)는 동시에 도덕적 타락과 지나친 개인(개교회) 중심으로 인하여 사회의 공동체성을 붕괴시키는 결과를 낳고 말았다.

60년대 이르기까지, 그리고 그 이후로도 한국사회는 정치적으로 커다란 어려움을 겪어왔다.

한편 한국사회는 반공, 안보, 그리고 성장 이데올로기의 깃발 아래 정치적 긴장과 불안으로 위기감 속에서 지내왔다. 바로 이러한 현실 앞에서, 한편으로는 사회 및 정치적인 상황에 대한 불안을 느낀 많은 사람들이 신앙의 힘으로 이러한 불안을 극복하고자 했던 것도 사실이다. 이때에 나타난 개인 구원의 수단으로서 신앙의 힘은 교회들로 하여금 복음전도의 열정을 품게 했으며, 사람들은 사회의 정치적 혼란이나 사회적 흐름과는 달리 교회를 향한 뜨거운 열정을 갖게 되었고 여기에서, 교회는 종말론적인 신앙과 함께 개교회 중심의 신앙으로 그 숫적인 모임은 상당한 성취를 이루게 되었던 것이다.

그러나 이러한 개교회의 성장 이면에는 오늘에 와서야 논의되고 있는 바대로, 교회의 본질로서 들어있어야만 하는 여러 가지 요소들을 상실하게 되는 지경에 이르게 되었다. 사회의 공동체적 윤리성이 파괴되면서 개교회 중심의 열정적 신앙으로 교회 자체를 크게 부흥토록 하기는 했으나 거기에는 역시 다음의 문제점들이 드러나게 되었는데, 그 문제점들이란 공동의 연대성을 상실한 개교회 중심주의[9] 신앙과 삶의 분리, 교회 안에서 공동체 의식의 상실, 신앙의 지나친 내세주의 등등이요, 이로 인하여 한국교회가 지금 겪고 있는 여러 부정적인 것에 대한 씨앗이 이때 심기워졌다고 할 수 있겠다.[10]

---

9) 개교회 중심주의와 관련하여 볼 때, 한국교회는 교회의 성장에 있어서 선교 초기부터 가지고 있었던 '네비우스 선교 정책'의 강한 영향으로 독립적인 개교회적 성향을 띠며 발전하였으며, 이러한 현실은 개교회의 발전을 그 스스로 이루어내는 긍정적인 측면이 있었던 반면에, 여러 문제점들을 드러내게 되었다. 그 중에서도 도시 교회와 농촌 교회의 심각한 '간격'을 만들었으며, 교단 분열의 상황 속에서 교회가 서로 연합하지 못하고 대립하는 모습들, 또한 사회에 대한 그 모든 역할—선지자의 사명—을 감당하는 것에 실패한 성장이었다는 지적은 적절하다. 그것은 1961년에 일어난 4. 19혁명에 대한 교회들의 침묵이었으며, 그후로 계속된 '저 너머의 세계'를 향한 신앙을 중심으로 한 교회의 부흥운동으로 나타났다. 즉 현실의 부조리한 상황에 대한 지적과 이를 극복하고자 하는 모습이라기보다는 신앙의 관점을 다만 '저 너머의 세계'로 향하고자 하는 바 왜곡된 신앙을 낳게 하였다는 지적이다.

2. 도시 집중화로 인한 사회 구조 및 의식의 변화

1960년대부터 일기 시작한 한국사회의 흐름은 군부독재와 더불어 나타난 경제적 구조의 변화요, 이 경제구조의 변화와 더불어 나타난 것은 사회구조의 변화였다. 무엇보다도 한국교회의 모습 속에서 언급되어야 할 부분은 60년대부터 급속하게 진행되었던 사회구조의 변화 즉 '도시화'의 영향이다. 당시의 산업이 1차 산업에서 3차 산업으로 옮겨가면서 국가경제의 부요를 가져오기는 했으나, 그 모습 속에서 많은 농촌의 인구들이 도시로 집중되었고, 이러한 도시로의 집중은 서구 사회가 안고 있는 도시화의 문제들을 그대로 드러내도록 만들었다.

도시화를 불러일으킨 한국의 현대사회의 문제로 한편으로는 교회들로 하여금 "도시 빈민선교"를 불러일으키기도 했는데, 이러한 지나친 도시화의 집중은 결국 사회계층간의 갈등을 불러일으키면서 가난한 대중과 일부의 부유층간의 대립을 심화시켰고,[11] 사회 윤리는 "사회운동"을 통한 계층간의 갈등을 노출시키게 되었다. 이러한 도시화의 모습은 노동자 계층의 불만을 낳게 되었고, 더 나아가 이른바 이웃 중심의 자세에서 자기 중심적인 삶의 모습을 낳게 되었으며 공공의 선(善)을 지향하는 윤리 대신 집단의 이익을 대변하는 이익 집단으로 변모하기 시작했고, 드디어는 사회를 지탱해야 할 공동체성의 상실을 불러일으키게 되었다.[12]

물론 교회는 그 가운데에서도 복음전파를 통한 삶의 공동체적 요소를 드러내

---

10) 이와 같은 내용들에 대해서는 2장의 내용 "한국교회의 문제점"이라는 측면에서 다루게 될 것이다.

11) 이러한 사회집단간의 갈등에 대해서는 한국 교회 협의회가 펴낸 <u>노동현장과 증언</u>(서울, 풀빛사, 1984)이 잘 분석하고 있다.

12) 김상근, <u>한국사회와 변혁운동</u> (서울, 1988) 204 ff.

한국사회, 특히 1960년대 이후 산업화에 따른· 현대화에 밀려 전반적인 사회구조는 심각한 후유증을 낳게 되었다.

고자 했던 것도 사실이나, 거대한 도시화(都市化)의 경향은 사람들의 의식을 사로잡게 되었고, 바로 이러한 상황 속에서 교회는 그 자체가 가지고 있는 삶의 의미 부여 기능과 공동체성이 감소되어 버렸다. 따라서 기독교 초기에 교육과 의료 및 자선 행위를 통한 공동체적 삶을 지향함으로 신앙의 내적, 외적 성장을 이루었던 한국교회는 시간이 감에 따라 바로 그 공동체성의 퇴색과 더불어 그 숫적 성장이 서서히 둔화되었고, 더 나아가 정치 및 사회, 경제의 안정이 서서히 회복되는 것과 더불어 교회의 힘은 약화되기 시작했다는 진단이 나오고 있다.

60년대 이후의 정치·사회의 불안과 경제적 여건의 어려움들은 많은 사람들로 하여금 종교적 신앙을 얻도록 하는 데에는 커다란 영향을 끼치기는 했으나, 궁극적으로 볼 때, 사회에 빛과 소금의 역할을 감당하고 민족을 인도해야 할 사명을 지닌 교회로서 그 역할을 다하지 못하게 되었고, 그 결과는 교회의 숫적 성장의 한계에 직면하게 되었으며, 오늘에 이르러서야 교회는 공동체성의 회복이라는 그 본래성에 대한 많은 성찰을 요구하게 되었다. 현대사회의 모습에 비추어 볼 때 그토록 많은 교회들과 교인들의 힘이 공동(共同)의 선(善)을 지향해 나가야 하는 한국사회를 향해 과연 그 어떤 역할을 감당했는가라는 지적이 나오게 된 것이다. 이러한 지적은 선교 초기에 많은 영향을 끼쳤던 기독교의 역할과는 비교할 수 없을 정도로 그 힘이 약화된 것이 사실이다.

한국사회는, 특히 1960대 이후 산업화에 따른 현대화에 밀려 전반적인 사회구조는 심각한 후유증을 낳게 되었는데, 그 결과 인간관계(Human Relation Ship)는 공동체 사회에서의 그 친밀성이 상실되고 일시적 고용관계와 같이 그 힘을 잃어가게 되었다. 이러한 현상은 교회 안에서도 그 자리를 잡아간 결과, 비록 교회는 사람들로 가득찼다고 할 수는 있으나 참된 수평적 관계를 상실함으로 교회내의 공동체성은 상당한 어려움을 겪게 되었다.[13] 비록 한국사회에서 교회는 그 양적인 성장을 이루었음에도 불구하고 한국사회가 지닌 이러한 공동체성의 회복을 위한 교회의 역할은 상대적으로 그 힘을 발휘하지 못하게 되었고, 그 결과 교회를 향한 반성(反省)이 요구되는 시점에 이르게 되었다. 이러한 면에서 하나님의 나라를 간절히 소망하는 그리스도인들에게는 교회 안에서의 반성과 개혁의 의지를 갖게하는 계기가 되었다고 할 수 있으며, 이로 인해 한국교회는 그리스도의 몸으로서 자기 존재의 참 의미를 체득하는 계기를 갖게 되었던 것이다.[14]

---

13) 한국의 전통적인 교회에 있어야 할 성도의 공동체성이 사회 구조의 변화로 말미암아 상실되고 있을 때, 이에 대한 교회들의 반성이 있었다. 어떤 면에서 볼 때 민중신학을 배경으로 하여 나온 소위 "민중 교회"는 이에 대한 대안이었다고 할 수도 있겠다. 그러나 민중 교회는 민중신학의 신학적 오류로 인하여 그 힘을 상실했다.

14) 이만열, 한국교회는 어디로?, 기독교 학술원편, 한국교회와 신학은 어디로? (서울 : 백합출판사, 1984). 74.

3. 근대화, 서구화에 따른 문제점 : 개인 중심으로 인한 "관계적, 집단적 인간성" 결여로 인한 "공동의 윤리 상실"

한국의 근대사는 정치, 경제적인 면에서 볼 때, 한편으로는 서구 민주주의를 표방하면서도 냉전 체제하에서의 군부집권을 통한 정치적 억압을, 또 한편으로는 서구의 자본주의를 통한 경제 구조의 변화를 들 수 있다.

분단 체제하에서의 정치권력은 인권문제를 도외시한 채 권력을 절대화하다시피 했으며, 경제 구조의 변화와 함께 일어난 계층간의 갈등과 이로 인한 노동운동 등은 사회의 갈등을 심화시켰다고 볼 수 있다. 이러한 정치, 경제적인 특성으로 말미암아 지식인들을 포함한 많은 사람들은 사회 의식 내지 정치 의식을 일깨우게 되었다.[15]

한국사회의 근대화 및 서구화의 문제는 무엇보다도 사회, 경제적인 면에서의 자본주의 체제영향으로 그 변화를 겪어왔으며, 특히 경제적인 측면의 의식변화는 한국사회에 심각한 갈등을 불러일으켰다.

여기에 70년대를 전후로 일어난 한국사회의 진보적 그룹이 일어나 소위 "민중"의 의식을 불러일으키고,[16] 서구의 자본주의가 일으킨 병폐로서의 지나친 사유재산 내지 부의 축적으로 인한 사회 공동체의 심각한 분열을 지적하기에 이르렀다.

---

15) 참고. 강만길, 「한국 현대사」, 제3장 "식민지 유체 청산과 경제발전", 제4장 "분단시대의 사회와 문화"

16) 70-80년대를 중심으로 일어난 진보적 사회의식을 불러일으킨 사람들은 사회학계와 종교계의 일부 지식인 그룹에 속한 사람들인데, 그들 가운데 대표적인 사람들로서는 서울대 사회학과와 경제학과의 한완상, 안병직, 그리고 민중신학자내지 사상가로 잘 알려진 서남동, 안병무, 그리고 김지하, 고은 등을 들 수 있다. 이들의 관점에서 본 한국 사회, 정치의 현실들에 대해서는 한국 민중론 (한국 신학 연구소, 1988)에 잘 나타나 있다.

한국의 서구화를 통한 근대화 운동으로 국가에게는 부의 증대를 가져왔으나 국민들 사이에 있어야 할 유기적, 공동체적 관계를 상실한 채, 자본주의적 활동을 다만 부의 증대를 위한 수단으로 여기는 모습이 두드러지게 나타났고, 일부 개인의 사유재산은 보호된 반면 사회 전체가 누려야 할 분배의 공정성과 이를 뒷받침하는 공동체의 유기적 관계는 약화되었던 것이다. 그것은 고대(古代)로 부터 한국사회 속에 전통적으로 내려왔던 "두레사상" "대동사상" 등을 상실하게 되는 계기를 만들었다.

1960년대부터 1980년대에 이르기까지 한국사회는 서구의 자본주의에 힘입어 급속한 산업화의 과정을 맞았다. 산업화의 과정으로 중산층은 자본주의의 이익을 누린 반면, 상대적으로 볼 때 도시 근로자들은 가난과 열악한 삶의 조건으로부터 벗어날 수가 없었다.

대부분 시골에서 올라온 배우지 못한 사람들로 구성된 도시의 가난한 근로자들은 60-70년대에 이르러 노동운동(Labor Movement)으로 자신들의 이익을 쟁취하고자 움직였고,[17] 자본주의가 가져온 빈부의 격차에 대한 대항세력으로 한국사회에서 자리잡게 되었다.

한편으로 볼 때, 이러한 한국사회에서 일어난 서구의 자본주의로 인하여 발생한 노동운동은 모든 사회 구성원들에게 삶의 평등한 사상을 심어주고자 한 반면, 또 다른 한편에서 볼 때는 사회계층간의 갈등을 불러일으키면서, 가진 자와 가지지 못한 자 사이의 갈등을 불러일으키게 되었다. 이 두 계층간의 갈등은 사회의 공동 윤리를 상실케 하면서 한국사회가 전통적으로 지켜왔던 가치

---

17) 김진균, "현대 한국의 계급구조와 노동자 계급", 「한국 사회의 변동」(사회 과학 연구소 편, 서울 : 성균관 대학교 출판부, 1980) 64 ff.

관을 멀리하게 되었다.[18]

그러나 이러한 사회의 경제구조는 단순히 70년대 이후부터 일어난 서구화로 인한 문제만은 아니었다. 그것은 어떤 면에서 볼 때 한국의 역사에 있었던 봉건주의적 구조나 일제시대의 식민구조와 그 맥을 함께 한다. 과거의 한국 사회가 지녀왔던 봉건 군주적인 잔재는 충효 사상(忠孝思想)에 기초한 복종이나 주종관계에 따른 절대 복종을 강조했던 반면에, 이웃간의 사랑이나 평등사상에 입각한 서로간의 섬김의 자세는 찾아보기 힘들었던 것도 사실이다. 따라서 한국의 근대화와 더불어 나타난 의식의 개혁은 이러한 봉건적이며 식민지적인 잔재를 없애는데 많은 기여를 했다고 볼 수 있다.

그러나 또 다른 면에서 볼 때, 서구 자본주의적 사고방식과 삶의 자세는 물질의 증대만을 위한 사회 구조를 낳았고, 이로 인한 빈부 계층간의 갈등은 또 다른 사회의 문제로 대두되어 공동체로서 이루어져야 할 한국사회를 위기로 내몰았던 것이 사실이다.

---

18) 김진균은 1960년대부터 1980년대 초까지 한국사회가 겪고있던 사회 갈등은 분석하면서 자본주의 계층과 노동자 계층간의 심각한 양극화 현상을 통계적으로 보여주고 있다. 그에 따르면, 1960년대부터 1970년대 중반까지, 자본주의의 부를 누린 계층은 1% 미만인 반면, 노동자 계층은 36%에서 약 50%에 이르는 모습을 보여준다. 이것은 한국 사회가 서구화의 자본주의의 물결에 급격히 휩싸이면서 겪게되는 사회 변천의 모습이라 할 수 있다. cf. 김진균, 한국 사회의 변동(한국 사회 과학 연구소 편, 성균관 대학교 출판부)

2장 : 한국교회의 문제점

한국교회는 세계 교회사적으로 볼 때 주목할만한 성장을 이루어왔다. 1940년대까지 국민의 약 5%밖에 차지하지 않았던 기독교의 인구가 1980년대 후반에 전 국민의 약 25%를 넘어서 약 1200만 명의 교인을 자랑하게 되었다.[19] 또한 성급한 교회 성장 학자들이 2000년에는 약 40%의 인구가 기독교인이 될 것이라고 예상을 하였다. 그러나 1980년대 후반에 들어서면서 교회의 성장속도는 둔화되기 시작하였고, 90년대에 들어서는 성장이 아예 멈추어 버렸다. 왜 놀랍도록 성장하였던 한국교회가 이렇게 성장을 멈추어 버렸을까?

오늘날 한국교회는 근대화의 물결을 받아오면서 여러 사회학적인 원인들과

---

19) 한국에서 선교사로 일했던 Shearer는 한국 교회의 성장을 "야산에 일어난 불길과 같았다"고 소개한다. Roy E. Shearer, Wildfire Church Growth in Korea(Grand Rapids : Wm. Eerdmans Publ. Co., 1966) 한국교회 성장사, 대한 기독교서회, 1981, 13. 실상 1980년대 초기에 이르기까지만 해도 한국 교회는 그 숫적인 증가면에서 외국 선교사들의 예측을 훨씬 넘어섰던 것이 사실이다. 한국 땅에 기독교가 소개된 이후, 한국 교회는 일본의 지배, 한국동란, 그리고 독재정권시대에 이르기까지 숫한 어려움을 당해왔으나, 교인들의 숫자는 상당한 증가를 보아왔다. 1900년에 불과 3만명에 불과했던 그리스도인들이 1980년대 초기에 이르러서는 천만명에 육박하는 숫적인 증가를 보아왔던 것이다. 한국 기독교 성장 배경사, (서울 기독교문사, 1986)

함께 폭발적 성장을 이룬 반면에 교회의 대형화 추세에 따른 교제(交際)의 빈곤감이 상대적으로 증폭되고 있다. 교회의 생활이 질(質)보다는 수(數)와 양(量)에 치중하여 교인수 확장, 건물확대, 재정확대에 여념이 없게 되자, 공동체로서의 교회관과 그 속에서 이루어져야할 성도의 친교는 서서히 뒷전으로 밀려난 것이다. 교회가 '그리스도의 몸'이라는 유기적 일체성이라는 본질을 외면한 채, 개인(또는 개교회) 중심의 지나친 자세가 신앙의 이름으로 활개를 친 나머지, 유기적 일체성을 잃어 버린다는 것은 그리스도안에서의 지체의식을 상실하는 것과 같으며, 이는 결국 외적 성장조차도 한계 지우게 마련이다. 물론 성도간에 교제의 침체 원인을 개인을 중심으로 한 교회의 양적 성장만을 추구했다는 사실에서만 찾고자 해서도 안될 것이다. 하나님의 교회는 양적으로 성장하는 것도 중요하기 때문이다. 그러나 '영적 성숙'을 도외시한 "외적 성장"은 문제가 있는 것이다.

최근에 한국교회 안에서 영적 성숙을 위한 자성의 목소리들이 높아지는 가운데 교회 안에서 점차로 공동체 의식이 희박해진다는 비판의 말을 자주 들을 수 있다. 이 점에 있어서 저자는 오늘날 한국교회 속에 들어있는 '교회'에 대한 바른 이해를 통하여 그 오류를 지적하려고 한다. 그리고 이와 더불어 교회의 외적 성장 일변도를 추구한 나머지 교회의 공동체성을 방해하는 여러 요소들이 있음을 거론하면서 이러한 여러 가지 요소들에 대한 지적들은 교회 속에 회복되어야 할 공동체성(共同體性)을 잠식시키는 요인들이 되고 있음을 말하고자 한다.

그럼에도 불구하고 교회는 공동체성을 회복해야 하며 이를 통한 하나님의 나라를 확장해야 할 사명이 있다. 이제 이러한 한국교회의 사명을 염두에 두면서 공동체성이 약화되게된 문제점들은 무엇인지를 다음과 같이 살펴보자.

I. 교회의 분열

한국 교회는 1960년대부터 급속한 성장기를 맞게 된다. 이때의 한국교회는 이미 30년대부터 시작된 신학적 흐름의 영향을 받은 두 기류가 있었다. 한국이 일본의 식민지배하에 있었을 당시에는 외적으로 볼 때, 한국교회들이 일제에 대항하여 민족의 국권 회복과 해방이라는 큰 뜻 아래 교회를 중심으로 한 조직적 저항의 모습이 있었다.[20] 이 일은 YMCA를 중심으로 하여 정치적 측면에서도 많은 성과를 거두게 되었다. 그러나 30년대 후반부터 계속되는 일제의 탄압과 종교(기독교를 포함한) 말살정책에 휘말린 교회는 종말사상에 젖은 나머지 현실문제와는 거리를 두게 되었고[21] 교회는 국가적, 사회적 문제들에 대하여 이렇다 할 힘을 갖지 못한 채 일제의 신사참배에 휘말리게 되었으며 이에 대한 신학적 입장에 따라 분열(分裂)의 양상을 띠게 되었다.

1930년대에 신사참배 문제로 발단이 된 한국의 장로교회는 1938년 9월에 개최된 총회에서 반강제적으로 신사참배를 결의하였으며 그로 말미암아 한국 보수신학을 대변하던 박형룡 목사를 비롯한 많은 신학자들이 망명의 길을 떠났고, 한상동, 주기철 목사를 비롯한 여러 사람들은 옥에 갇히는 비운을 겪게 되었다. 물론 이러한 와중에서도 신사참배는 종교적 신앙과는 무관하다는 입장을 밝힌 자유주의 계통의 사람들이 생겨났음은 물론이다.[22] 1945년 한국이 일본으로부터 해방을 맞자, 한국교회는 신사참배와 신학적 입장의 차이로 인해 극도의 분열을 거듭한다. 이때부터 보수주의 교회들은 전통적인 정통신학을 고수하면서 개인 구원을 통한 복음전도, 그리고 개인구원을 통한 사회의 변화를 강조

---

20) cf. 김용복, 한국민족과 기독교, 177 ff. "일제치하 한국 기독교의 역사"
21) cf. 이만열, 한국인의 역사 의식, (서울 : 지식사, 1981)

한 반면, WCC 운동을 주축으로 한 자유주의 입장의 신학자들은 사회 구조 (Social Structure)의 변화야말로 곧 하나님의 나라(the Kingdom of God)를 이루어내는 것임을 강조한다. [23]

1960년대를 전후로 한 한국교회의 흐름은 소위 보수주의 신학을 중심으로 한 고신측과 예수교 장로회(합동), 그리고 성결교단이 중심을 이룬 보수주의 계열의 교회와 자유주의 신학의 기독교 장로회와 감리교측이 있었다. 보수적인 복음주의 교회들은 이 시기에 복음전도를 통한 교회 개척과 교인들의 개별적 삶에 관심을 갖는 한편, 숫적 증가를 통한 교회 부흥에 주된 관심을 기울였고, 사회적인 문제에 대해서는 별다른 반응을 보이지 않았다고 볼 수 있다. 반면에 "하나님의 선교"(Missio Dei)라는 이름 아래 민주화 운동, 노동운동, 인권운동, 통일운동 등은 주로 NCC 가맹교단인 기독교 장로회, 감리교, 그리고 일부의 장로교단 측에서 적극적인 관심을 보였던 것이 사실이다. [24]

사회복음(Social Gospel)을 중심으로 했던 자유주의 계통의 교회와는 달리 복음주의 계열 교회들의 급속한 성장은 60년대 이후부터 크게 확산되었던, 부흥운동, 성령운동, 신유운동 등을 주도하면서 한국 교회 성장의 주역으로 등장하게 되었다.

---

22) 1938년에 그 동안의 보수신학의 전통을 가르치던 평양 신학교가 강제로 폐쇄되자, 채필근을 중심으로 한 조선 신학교가 개교를 하고, 김재준을 중심으로 한 새로운 신학의 경향을 가르치기 시작하면서 한국의 신학계는 그 흐름이 나뉘어지게 되었다는 것은 매우 중요한 의미를 지닌다. 1945년에 한국이 일본으로부터 해방을 맞이하자, 이러한 분열의 양상은 더욱 극심했고, 더 나아가 WCC 운동을 중심으로 한 사회 운동의 계열과 교회의 복음전도 중심의 복음주의 계열은 그 신학적 입장의 축을 달리하게 되었다.

23) Paul Bock, Search of a Responsible World Society : The Social Teachings of the World Council of Church (Philadelphia : Westminster Press, 1974), 41 ff. 참조

이러한 와중에서도 한국교회에 일어났던 부흥 운동들은 주로 개교회를 중심으로, 그리고 점차적으로는 교단별로 이루어졌는데, 결국 이러한 증가의 열매는 전체 한국에 부흥과 성장의 물꼬를 트는 길로 이어졌다. 그리고 이것은 곧 교인 배가 운동으로 이어져서 전도적 관심과 신앙의 열심을 크게 일깨워 주었다. 또한 60년대에는 성경공부와 기도회, 구역예배 등의 교회 프로그램들과 기도원 중심의 개인 신앙을 중심으로 부흥운동이 이루어지는 특징이 나타난다. 이러한 측면은 한국교회의 보수교단의 특징을 보여주는 것이긴 하나, 한국사회가 겪었던 계층간의 갈등이나 사회 구조의 모습에 대한 진지한 반성과 적극적인 참여가 없었다는 비판이 일게 되었던 것은 참으로 아쉬운 모습이요, 따라서 한국교회가 마땅히 형성했어야 하는 공동체적 모습에 무관심했다는 비판을 면할 길이 없게 되었다.

2. 성장위주의 교회관

한국교회와 한국의 사회 상황은 상관 관계를 가지고 있다.[25] 이러한 사실은 60년대 이후의 한국사회의 특징이 한국교회 안에서도 나타나고 있다는 점에서 알 수 있다. 1960년 이후에 교회는 외적으로는 비대해졌으나 한국사회의 산업화에 따른 상업주의와 물량적 사고가 팽배하여 점차 교회 내에서도 세속적 가치관에 따른 성공주의(이는 일종의 번영신학의 결과물이라고 말할 수 있다)가 크게 작용하게 되어 자기 정체성을 상실하는 결과를 낳았으며, 이러한 현상은

---

24) "하나님의 선교"(Missio Dei)라는 측면에서의 신학적 흐름과 사회적 활동에 대해서는 김용복의 한국민중과 기독교, "한국산업선교의 중심적 테마"중 "1. 하나님의 선교"(Missio Dei)에 잘 나타나 있다.
25) 전호진, "한국 교회 성장과 그 원인", 교회 성장론, (서울 : 엠마오, 1983), 288.

진정한 공동체로서의 특징을 상실한 채 외면적 성장에만 관심을 기울이는 외형 위주의 목회형태로 드러나게 되었다.

교회가 외형적으로 비대해지고 그 숫자가 증가할 때는 교회 내에 진정한 성도간의 교제가 쉽사리 이루어지지 못함은 불가피한 현상일 수도 있겠다. 따라서 교회 내에서는 세분화된 구역 조직이나 기타 조직을 통하여 신자들간의 공동체성을 유지하고자 하나, 한국 교회의 현실에서 볼 때 목회의 비중이 대부분 목회자 한사람의 역량이나 리더십에 크게 의존되어 있는 상황이므로, 대형교회에 있어서 목회자를 중심으로 한 신자들 상호간의 교제는 대단히 어려운 실정이다. 물론 대다수의 한국교회가 소위 대형교회의 형태를 이루지 못한 것은 사실이다. 그러나 비록 적은 규모의 교회라 할지라도, 오늘날 개인들이 점차 소외되어가고, 물질 중심의 자본주의적 사회에서 계층화가 이루어져가는 현실에 비추어 볼 때, 목회자나 신자들이 교회에 대한 바른 개념으로 서로간의 공동체성을 강조하지 않는한 교회 내에서의 공동체적 친밀성을 만들어 내기란 대단히

80년대 후반부터 일부 교회를 중심으로 일기 시작한 제자훈련은 그런 면에서 매우 커다란 의미를 갖는다고 볼 수 있다.

어려운 것이 사실이다. 물론 이러한 공동체적 친밀성을 이루어 내기 위해 한국교회는 구역(속회)조직이나 세대별 모임(예컨데, 청년부, 대학부를 비롯한 각종 전도회)을 조직하여 이를 실시하고 있다는 것은 매우 좋은 현상이나 중요한 사실은 과연 한국교회는 이러한 조직적 활동을 통하여 공동체성을 이루어 가느냐 하는 자기 반성에 적극적이어야 할 필요성을 갖는다고 볼 수 있다. 80년대 후반부터 사랑의 교회(옥한흠 목사 시무)를 중심으로 일기 시작한 "제자훈련"은 그런 면에서 매우 커다란 의미를 갖는다고 볼 수 있다. 그러나 이러한 움직임이 사회를 향한 기능에 있어서 어떠한 열매를 맺고 있는가에 대해서는 깊은 관찰을 필요로 한다.

또한, 어느 집단이고 그 집단의 크기가 늘면 집단원 간의 의견일치가 어려워지고 결국 생활 방식도 다양해지며, 규범구조, 역할조직 등도 복잡해질 수밖에 없으며 또 집단이 커지면 커질수록 다양한 의견, 다른 생활태도 등을 통합시키거나 일관성을 조성시키려는 획일적 제도의 조직 강화는 피할 수 없는 듯 보이는 것이 사실이다. 따라서 공동체적 관계(Communal Relationship)보다 조직체계(Hierarchical System)에 더 민감한 교회 형태로 발전하게 되는 것이 일반적 흐름일 것이다.[26] 그리고 조직의 규모가 확대되면 그 조직의 구조적 복잡성이 증대되고, 그 조직은 당연히 공식화되어서 유기적 관련성 아래 필요한 친교적 공동체성은 더욱 어렵게 된다. 이렇게 되면 조직의 관리를 위한 관료제화(官僚制化)는 불가피 하게 되며, 종교 조직도 그 예외로서 벗어나기는 힘들 것이다.[27] 관료제는 여러 가지 문제점이 있지만 그 중 교회와 관련시켜 생각할 수

---

26) 김병서, "교회 공동체의 사회학적 이해", 기독교사상, (307호, 1984) 22.
27) 최신덕, "S교회에 관한 연구", 한국 사회학, 제13집, 56.

있는 가장 큰 문제는 비인격적(非人格的)인 인간관계이다. 인간관계에 있어서 몰관계적이고 비인격적 인간관계는 기독교의 공동체 원리로서의 사귐과 나눔을 외면하게 될 뿐이다.

예를 들어 말하자면, 소위 대형교회는 여러명의 부교역자들이 있음에도 불구하고, 목회자 1인에 대한 신자수의 비율이 엄청나게 커진다. 그 결과 신자를 향한 일방적인 설교와 신자 조직을 이용한 관리는 가능할지는 몰라도, 신자 한 사람 한사람이 삶 속에서 부딪히는 여러 개인적인 문제들까지도 파악하면서 행하는 진정한 의미에서의 목양(牧羊)으로서의 사역은 불가능한 것이다.[28] 물론 대형교회는 인적(人的), 물적(物的) 자원을 최대한 활용한다면 복음사업을 더 효과적으로 할 수 있다는 점에서 긍정적인 면도 있을 수 있으나 대형교회를 지향하는 목회는 교인들을 향한 목회자의 관심과 교인들간의 공동체 의식, 즉 그리스도의 몸(the Body of Christ)의 지체들로서 교인간의 친밀성과 연대의식이 결여되며, 신자들은 공동체에 참여하는(Participating) 모습에서 벗어나 교회를 드나들며(Church-goers) 설교를 듣는데 만족해 하는 모습으로 탈바꿈하게 되는 것이다.

따라서 공동체성의 회복을 통한 내적 성숙이 지향되지 않는 목회형태는 한국교회의 내일을 어둡게 할 뿐만 아니라, 한국사회가 당면한 공동체성의 상실이라는 교회의 회복 과제를 이루어내지 못할 것이다.

3. 개인(개교회) 중심주의

현대사상의 흐름을 주도하는 것 중의 하나는 인간 개개인을 중시하는 개인주

---

28) 노치준, 한국교회의 개교회주의 이원규 편저, 한국교회와 사회, (서울 : 나단 출판사, 1989), 61.

의(Individualism)에 있음은 분명하다. 이 개인주의는, 집단(Collectivity)으로 서의 의미를 떠나 인간 개개인의 가치성(the Value of each Personality)을 중시하는 의미가 있기도 하고, 또 다른 한편으로는 개별 인간 스스로의 사고와 판단을 중시하는 자율성(自律性)을 의미하기도 한다. 그리고 후자(後者)의 의 미의 자율성은 "자기를 향한 자유와 도덕의 독립성"(Self-directing Freedom and Moral Independence)을 뜻한다.[29] 물론 성경은 인간 개개인의 가치를 무 시한 채 집단주의(Collectivism)를 내세우지 않는다. 더 나아가, 성경은 하나님 앞에서 유일하고 독특하게 피조된 개별적 인간성을 중시하고, 여기에 바탕을 두면서 독립적인 한 인간으로서의 구원 문제와 한 개인의 선택 등을 중요한 신 앙의 모습으로 가르친다.[30] 따라서 집단의 이름을 빙자하여 유일한 한 인격으로 서의 개인을 희생시키거나 개인의 권리를 침해하는 것은 결코 성경적 자세가 아니다. 그런고로 한 인간으로서의 "개인이 된다는 것"(to be an Individual) 은 하나님께서 원하시는 "성숙함"을 지향해 나가는 모습이기도 하다.[31]

---

29) Julie E. Gorman, Community That Is Christian, 62.

30) 성경은 구원과 헌신의 문제 등과 관련하여 한 개인의 가치를 더없이 귀하게 여긴다. 한 개개인이 그리스도를 만나 변화되는 모습은 신구약 성경에서 잘 묘사되어 있다. 예컨대, 삭개오나 사마리아 여인 등을 통해 나타난 모습은 한 개인 개인이 그리스도를 만나 이루게되는 구원의 모습을 묘사하고 있다.

31) Ibid, 61. Gorman은 진정한 의미의 하나님 앞에서 한 개인의 의미는 하나님 자신에 대한 자각 (self-awareness)을 하고 자신에 속해있는 공동체 안에서 자신이 해야만 하는 책임성(responsibility) 이 무엇인가를 깨닫는데 있다고 말한다. 그의 다음과 같은 말은 공동체에 속한 개인으로서의 의미를 잘 묘사하고 있다 : "개인이란 하나님께 피조된 인간으로서의 유일함을 가치로 드러내는 것이긴 하나 그 개 인은 (자신이 속한) 집단을 위해 무언가를 봉사하고 또한 거기에서 무언가를 도출해 내는가를 항상 생 각한다. (하나님의) 형상을 지닌 사람이란 항상 공동체 안에서의 개인이다."("Individuality values the uniqueness of God's created person but always with the thought in mind of what this one contributes to and draws from the corporate body. The image-bearer is always individual-in-community.")

그럼에도 불구하고, 성경에서 진정으로 가르치는 개인(Individual Person)은 결코 "개인중심"(Self-centered)이나 "자기충족"(Self-sufficient)을 내세우는 "개인주의"에 있지 아니하다. 오히려, "하나님을 안다"는 것은 하나님 안에서 "이웃과 더불어" 하나님의 나라를 "지속시켜 나가는 공동체"(Ongoing Community)의 일원으로서 살아가는 것을 의미한다.[32] 그리고 한 개인으로서의 완성된 존재는 하나님의 나라 안에서 서로의 필요를 채워주고 받는 나눔과 섬김(Sharing and Serving)의 자세에서 완성될 수 있는 것이다. 오늘날 현대 사회, 특히 서구사회에서 일고있는 지나친 개인주의적 사고와 삶의 병폐는[33] 오늘의 사회와 교회의 공동체성을 파괴하고 있으며, 서구화 되어가는 오늘의 한국사회와 교회가 이러한 질병에 빠져 들어가고 있다는 것은 올바른 지적이다. 자기 중심적인 개인주의는 올바른 인간관계를 중시하지 않은 채, 신자들 개개인이 그리스도의 몸의 지체임을 망각하도록 만든다.[34]

최근에 들어와서 한국교회, 특히 보수교회들은 개개인의 구원을 중시한 나머지 신자들 개개인이 "몸이신 그리스도의 지체들"이요, 하나님을 머리로 하여(Godhead) 그리스도의 몸을 "함께 세워나가는 부분들"이라는 연대의식이 결여되었으며, 따라서 교회의 공동체성에 대한 바른 이해를 통하여 현대의 잘못된 개인주의를 타파해 나가야 할 사명이 있는 것이다. 왜냐하면 잘못된 개인주의는 교회의 공동체성에 대한 잘못된 방향을 유도해 나가기 때문이요, 이는 궁

---

32) Ibid, 63.

33) 오늘날 현대사회가 겪고있는 질병은 지나친 개인주의에서 오는 지나친 경쟁적인 삶의 모습, 결혼생활의 파괴로 인한 가정의 문제들을 비롯하여 여러 모습으로 나타나고 있다. 이러한 질병적인 요소들을 대하여 Gorman은 오늘의 미국사회가 당면한 문제로서 잘 지적하고 있다. Julie E. Gorman, Community That Is Christian, 58-59.

34) 한국 교회가 극복해야 할 "개인주의 또는 개교회주의"에 대해서는 제6장에서도 다루게 될 것이다.

극적으로 교회의 자기 쇠퇴를 촉진시키는 결과를 낳게 되었다.

오늘날 현대사회나 현대 교회의 지나친 개인주의나 개교회주의와는 달리, 한국의 초기 기독교 교회는 사회를 이끌어 나갔던 선구자적인 역할을 하였다. 예를 들어 선교 초기의 기독교는 한국 사회를 개화(開化)하는데 커다란 역할을 감당하였고, 일제시대 당시에는 지도자적, 선구자적 역할을 감당하였다. 교회는 3.1운동을 비롯한 나라의 독립을 위한 운동의 지도자 역할을 감당하였고, 그 혼란한 와중에서도 또한 국민들을 계몽하는 학교, 사회운동의 선도자로서의 일들을 이루어내었다. 또한 사회에 있어서도 어둡고도 암울했던 시대상황에 처한 사람들에게 희망과 용기를 불러 일으켰으며, 더 나아가 이웃을 향한 빛과 소금으로서의 사명을 감당하도록 한 것이 초기 한국 교회의 모습이었다고 말할 수 있다.

오늘날의 개인중심(또는 개교회중심) 신앙의 모습은 점차 증대되어 나타나고 있는데, 한국교회의 개교회주의는 교회운영의 기본적인 원리로서 여러 가지 요인들이 복합되어 나타날 뿐만 아니라, 한국교회의 성격을 결정하고 여러 가지 문제들을 발생시키는 원천이 되고 있음을 볼 수 있다. 물론 다른 입장과 비교해 볼 때 그 장단점을 고려해 볼 수는 있겠으나, 이 개교회주의가 한국교회에 만연되어 있다는 점은 지적받아 마땅한 것으로, 이는 다음과 같은 한 연구소의 결론을 귀담아 들을 필요가 있는 것이다 :

한국 개신교는 교회 지상주의적인 태도를 지니고 있다. 신앙생활은 교회 생활을 지향하고 있고, 교회생활은 다시 초월 지향적으로 수렴되고 있다. 동시에 이러한 교회주의적 태도는 개교회 중심적인 풍토를 지님으로써 기독교 전체의 유기적 통전성을 이루지 못하고 있다.[35]

---

35) 김중기 외, <u>한국교회 성장과 신앙양태에 관한 조사 연구</u>, (서울 : 현대사회 연구소, 1982), 185.

개교회주의는 원리적으로는 독립적일 뿐만 아니라 그 성장을 위한 경쟁적 속성을 가지고 있음으로 한국교회의 양적 부흥을 이루는데는 크게 기여했지만, 개인중심(또는 개교회중심)의 지나친 경쟁은 목적이 수단으로 전락하는 목적전치 현상을 낳게 되어 예산의 확대, 시설의 확장에 주로 관심을 기울이고 본래의 목적인 복음선포, 교회 구성원들을 성숙한 신앙인으로 만드는 일, 사회적 책임까지 포함하는 넓은 의미의 하나님 나라 건설 등에 대해서 무관심하거나 관심이 있어도 제대로 손을 쓰지 못하고 있다.

이러한 형태의 개교회주의는 어려운 환경 속에서 교회를 존속시켜온 강한 힘의 원천이 되었고, 또한 교인들이 자신들의 교회를 지킨다는 순수한 헌신과 내면적 열정을 갖는 긍정적 면이 있는 반면에, 개교회주의가 지나치게 강조되어 집단 이기주의의 모습으로 빠져들고, 사회에 대한 무관심으로 일관하는 모습들, 그리고 개교회주의에 빠져 교회간의 연합과 단결을 이루지 못하는 모습들은 그리스도를 머리로 한 진리의 보편성을 드러내야 할 교회의 참다운 모습을 상실하도록 만든다. 진정한 그리스도의 교회 공동체는 교회 안에 들어있는 공동체성을 바탕으로 사회와 이웃을 향한 관심을 확대하고 공동체와 연합성을 회복시켜가야만 한다.

4. 수평적 섬김의 결여

교회는 그리스도의 복음을 전하는 사명을 지니고 있다. 그리고 이 복음 전파의 사명은 반드시 주님께서 말씀하신 것처럼 이웃을 위하여 자신의 생명을 내어놓는 자세를 통하여만 완성될 수 있음을 성경은 교훈한다.[36] 교회는 바로 이러한 섬김의 자세를 통한 그리스도의 복음을 전하는 사명이 있다. 그럼에도 오늘날 한국교회는 그리스도 안에서의 진정한 섬김의 의미를 실현하지 못하는 잘못을 범하고 있다는 비판의 소리를 많이 듣는다. 이에 대한 원인은 무엇이며 이것을 치료하는 길이 무엇인지를 안다는 것은 오늘날 한국교회에 상실된 공동체로서의 교회를 이해하는 첩경이 될 수 있을 것이다.

"공동체는 인격적인(Personal) 그리고 관계적인 신성(Relational Divinity) 안에서 그 근거와 구심점을 갖는다"는 말은 기독교 공동체가 서로간의 인격 안에서 서로를 위한 섬김의 모습을 가질 때 커다란 의미를 갖는다.[37] 그리고 여기에서의 섬김이란 "창조 안에서 하나님의 충만하심과 그 성취를 드러내는" 조화로운 행위요, 이는 곧 단순한 봉사에 그치는 것이 아니라 공동체 안에서 있어야 하는 "상호 인격적 관계성"(Inter-personal relationship)에 대한 진지한 표현이요, 하나님의 나라를 확장하는 창조적 행위가 된다.[38]

한국의 산골짜기에 "예수원"을 설립하고 기독교적 공동체의 삶을 실현코자 애쓰고 있는 대천덕 신부는 한국 교회에서의 공동체 개념이 희석된 원인을 오역된 어휘들에 있으며, 이는 특히 초창기 선교사들의 영향에 의한 것이라고 본다. 우선 그는 이 문제에 대한 첫번째 원인에 있어서, 성경을 한글로 번역한 번역자들의 오역, 즉 '교회'라는 단어에 있다고 본다. 즉, 최초의 기독교 선교사들이 중국에 도착한 것은 6세기였는데 그들은 '에클레시아'라는 말을 번역할 때, '교회'(敎會)라는 글자를 사용해 왔는데 실은 '교회'(交會)라고 번역했어야 옳았다는 것이 대천덕 신부의 주장이다. 그에 따르면 "교회"(敎會)가 아닌 "교회"(交會)라는 번역이야말로 '성령의 교제'로서의 교회에 대한 성경적 관점을 정확히

---

36) 요한 복음 12장 24~25절 : "… 한 알의 밀이 땅에 떨어져 죽지 아니하면 한 알 그대로 있고, 죽으면 많은 열매를 맺느니라. 자기 생명을 사랑하는 자는 잃어버릴 것이요, 이 세상에서 자기 생명을 미워하는 자는 영생하도록 보존하리라."

37) Icenogle, 23

38) Ibid, 24.

말해주는 것이라고 본다. [39]

　교회(敎會)라는 말은 교회를 지적인 모임이요 전문적인 종교 지도자에 의해 가르침을 받는 교육 단체와 같은 의미를 부여해 주었고 성령 안에서 "코이노니아"를 나누는 진정한 의미의 교회 개념에 대한 잘못된 이해를 갖게 한 것이다. 또 다른 번역상의 문제가 되는 것은 교회와 매우 관계가 깊은 '코이노니아' 라는 단어인데, 한글 성경은 코이노니아와 그의 파생어들을 17개의 다른 용어로 번역함으로써 그리스도인만의 어휘에서 이 말을 사실상 빼어 버리게 되었다. 이로 인해 말과 더불어 개념마저도 흐지부지 상실해 버리고 말았을 뿐 아니라 이러한 오역으로 말미암아 한국교회는 공동체성에 대한 잘못된 개념의 이해를 갖게 되었고, 결국 이것은 공동체성 상실의 원인이라고 대천덕 신부는 지적하고 있다. [40]

　물론 그의 말은 상당한 정당성을 갖는다. 그의 말을 광의적(廣義的)으로 해석한다면, 교회의 공동체성은 마치 삼위일체되신 하나님께서 서로간의 교통(交

---

39) 대천덕, "한국교회의 공동체의 실패와 회복", 성령 공동체 60

40) Ibid., 61. 그러나 여기에는 다소 논쟁의 소지가 있음을 인정해야 한다. 대천덕 신부가 말하는 바는 "敎會"가 아닌 "交會라는 것이어야 한다는 것이다. 대천덕 신부의 주장을 전혀 이해 못하는 것은 아니다. 실제로 그의 말대로 한국교회는 성도의 "코이노니아" 대신에 "가르치는 일"에 힘을 쏟았던 것이 사실이다. 그러나 우리는 여기에서 진지한 질문을 하지 않으면 안된다. : 교회가 우리들의 교제(交際)를 위해서 일차적으로 존재하는가? 과연 예수님의 가르침과 사도 바울이 말하는 교회의 개념이 전적으로 교회(交會)인가? 교회는 말씀의 선포와 성도들의 가르침을 바탕으로 세워지는 것이 아닌가? 하는 문제들이다. 그리고 이러한 선포와 가르침의 열매로서 예수 그리스도안에서의 사랑의 참다운 교제가 있고, 봉사가 있어야 하는 것이 아닌가? 하는 점이다. 따라서 그의 말에는 좋은 의미가 있기는 하나, 어휘자체를 둘러싼 논쟁은 별다른 의미를 주지 못한다고 볼 수 있다.

　교회는 그리스도를 머리로 하는 몸이다. 따라서 교회에 있어서 물론 몸의 일치(一致)를 위해서 교제를 중시하는 것도 중요하지만, 그리스도를 배우는 가르침도 또한 중요시해야 할 것이다. 그럼에도 불구하고, 오늘날의 교회의 모습 속에 사랑이 없고, 섬김이 없는 상태가 있다는 것을 전제로 할 때, 대천덕 신부의 주장은 오늘날의 교회가 귀를 기울여 들을 필요가 있다고 본다.

성경중심의 사도적 고백이 전
제되지 않는 교회의 일치는 그
의미를 상실한다.

通)을 통하여 그의 뜻을 이루어 내듯이, 성도들간의 참된 교제가 교회 안에서 이루어질 때 진정한 하나님의 나라가 임한다는 의미로 해석될 수 있을 것이다. 실제로 오늘날 교회 안에서 성도간의 교제는 하나님의 아들이 그 아버지 안에서 가졌던 "사귐"(fellowship)[41]과 같지 못한 것이 현실이요, 따라서 이러한 성부와 성자간의 진정한 친밀함이 오늘날 교회 안에서 살아가는 성도들 사이에서 교제의 모범이 되어야한다는 점에는 별다른 논증이 필요하지 않을 것이다.

그러나 한편으로는 대천덕 신부의 말이 상당한 근거를 갖고 있기는 하나, 오늘날 한국교회의 문제는 단순한 사귐의 문제가 아니라 진정한 신앙 안에서의 고백적(告白的) 사귐이 필요하다는 점에서 신중한 자세가 필요하다는 생각을 할 수 있다. 비록 오늘날의 분열된 한국교회의 모습을 볼 때, 교회의 일치가 중요

---

41) 요한 일서 3-4절. 참조.

하다는 생각을 할 수는 있어도, 성경중심의 사도적 고백이 전제되지 않는 교회의 일치(Unity)가 의미를 상실하듯이, 성도의 교제(交際) 역시 고백(告白)을 전제로 할 때에만 그 의미를 갖는다.

이는 마치, 전통적 교회가 사회 정치적 흐름에 둔한 것을 비난한 채, 사도적 신앙의 고백을 무시하고 자유주의적 기초아래 교회를 세워 소위 "민중"입장을 대변하기 위해 세운 일부 교회들이 결국 신앙의 기초를 굳건히 하지 못한 결과 그 힘을 상실하는 것처럼, 고백적(告白的) 신앙을 상실한 교회의 교제성(交際性)은 실패할 수밖에 없음을 보여주는 것이다.

성도간의 형제적 사랑으로서의 친밀감(Intimacy of the Brotherly Love)과 나눔과 돌봄을 통한 섬김(Stewardship of Sharing and Serving)은 동시에 진정한 신앙의 고백(Confession)이 요구되는 것이요, 더 엄격히 말한다면 이는 신앙고백의 열매라고 말할 수 있다.

따라서 문제는 "교회"의 의미가 바른 성경의 교리를 가르쳐야만 하는 교회(敎會)의 의미를 무시한 채, 성도간의 친교만을 강조하는 "교회"(交會)의 의미만을 강조한다는 것은 매우 위험한 발상이 아닐 수 없다.

교회의 공동체적 요소를 방해하는 데에는 여러 가지 요소들이 있을 수 있다. 어떠한 공동체와 제도적 조직이 강화되면 될수록 갈등의 요소가 파생하게 된다.[42] 교회가 날이 갈수록 목회의 실제를 수직주의의 절대권을 세우고자 한다면, 이는 한편으로는 목회자의 절대적 지도력을 세우는데는 유익할지는 몰라

---

42) 사회학자 오데이(T. O'dea)는 이를 종교제도와의 '딜레마' 라고 했는데, 그는 다섯 가지 현상을 지적했다. 복합 동기화의 딜레마, 행정적 질서의 딜레마, 상징적 딜레마, 제한성의 딜레마, 권력의 딜레마이다. 이에 대해서는 박원기의, "최근 미국교회 정체현상의 요인분석", 연신원 신학 세미나 강의집, 현대사회와 목회설계, 288-290 을 참조하라.

도, 교회의 공동체성을 깨뜨리는 커다란 원인이 되기도 한다.[43] 따라서 교회의 조직과 관료화가 우선시됨으로 인해 교회 안에서의 직분에 따른 계층화가 이루어지게 되며, 결국은 교회의 진정한 '코이노니아'를 소멸시키게 된다. 교회 안에서 이루어져야 할 목회자와 성도들간의, 그리고 성도들과 성도들간의 진정한 관계는 피차 그리스도 안에서 복음의 인격적 관계로 세워져야 하며, 나아가 그리스도안에서 하나의 공동체 안에서 서로를 섬기는 새로운 인간상(人間像)으로 지어져 나갈 때 진정한 성령 안에서의 '코이노니아'가 이루어지는 것이다.

---

43) 목회자의 독재적 형태의 지도력은 그 한계로 말미암아 오히려 교회의 공동체성을 위협하는 요인이 되고 있다. 이에 대해서는 목회와 신학, 교갱협 소식지 등을 참고할 것.

제 2 부
"기독교 공동체"로서 교회에 대한 이해

우 리는 이제까지 한국교회의 바른 성장을 위한 그리스도 교회의 공동체성
을 회복하기 위하여서 먼저 한국사회가 당면하고 있는 문제점들과 함께
한국교회의 현실을 분석하였다.

오늘날 한국 교회가 처한 한국의 시대, 정치적이며 사회, 경제적 요인으로
인하여 많은 문제점을 지니고 있음을 보아왔다. 그러나 교회는 사회의 변화에
도 불구하고, 교회의 본래 모습을 상실해서는 안 된다.

여기에서의 본래성(本來性)이란 그리스도를 머리로 하고 사회를 향해 하나님
과 화해(和解)를 외쳐야 하는 사명을 지닌 공동체로서의 교회를 의미하는 것으
로, 여기에는 교회가 반드시 지녀야 할 특징 :

복음안에서의 일치성(Unity in the Gospel),

그리스도 예수 안에서 형제적 사랑으로서의 친밀감(Intimacy of the
Brotherly Love),

그리고 나눔과 돌봄을 통한 섬김(Stewardship of Sharing and Caring)이

라고 할 수 있겠다.[44]

따라서 교회의 공동체성에 관한 성경적 근거를 마련하기 위해서 여기에서는 먼저 공동체와 교회의 개념을 생각해 보고, 신앙공동체에 대한 정의와 성경적 기초를 마련하고, 다음으로는 언약 공동체의 특징과 성격들을 살펴보면서 교회의 신앙공동체 속에 내재되어야 할 요소들을 지적하고자 한다.

---

44) 본인은 본서에서 교회가 공동체로서 지녀야 할 특징들을 위의 세 가지로 표현하고자 한다 : 즉 교회의 공동체로서의 이러한 표현들은, 이미 앞서 밝힌 대로, 언약백성(言約百姓)으로서의 복음 안에서 일치를 전제로 하고(Unity in the Gospel), 형제적 친밀감(Intimacy)을 통한 사랑의 공동체로서 회복의 과제, 그리고 더 나아가 하나님의 사랑을 실천하고 그의 나라를 확장하기 위한 섬김(Stewardship)의 모습을 회복하는 것이라 하겠다. 바로 이러한 관점들이 공동체로서의 교회관을 확립함이라 하겠다.

1장 : 공동체의 정의
교회의 "공동체"로서의 정의

"공동체"라는 말은 그 어원에 있어서 확실하지는 않으나, 그 의미를 일반적인 면에서 간단히 정의를 내린다면, '지리적 접근성이나 사회적 단일성을 지닌 사람들이 동일성의 문화나 정신을 추구해 나가는 공동의 사회집단'이라고 하겠다. 다시 말한다면, 공동체는 동질성을 가진 사람들(자연적, 생태적, 지리적으로 한정되고 근접한 지역에 살고 있는 사람들로서 역사적 유산을 공유하고 있는 사람들)이 일련의 기본적 삶의 틀 속에서 공동의 생활 방식에 참여하면서 단일성의 의식을 가지고 협동생활을 하는 집단의 의미[45]를 지닌 것으로 말할 수 있다. 그러나 이를 좀 더 광의적(廣義的) 의미로서, 그리고 종교적 의미를 내포한 것으로 간단히 바꾸어 말한다면, 공동체란 '지역적 한계를 초월하여 동일한 가치관을 추구하는 사람들이 공동(共同)의 목적의식을 이루기 위한 삶을 함께 영위해 나가는 것'으로 말할 수 있다.

성경적인 의미로서의 기독교 공동체를 언급하기 전에 공동체로서의 "모임"

---

45) 크리스챤 아카데미 신학연구회 편, <u>공동체 신학의 모색</u>, (서울 : 전망사, 1992). 183.

(ekklesia : Assembly)을 언급함에 있어서, 이는 B.C. 5세기 경 고대 희랍의 유리피데스(Euripides : 그리스 시인)나 헤로도토스(Herodotus : 그리스 역사가)로부터 유래된 의미를 살펴볼 필요가 있다. 희랍의 도시국가(City-state)에서 도시민으로서 정치적인 일들이나 판결에 필요한 일들을 포함한 일상의 문제를 논의하기 위해 민주적인 형태로 모인 이 모임은 시민으로서의 권리에 속하는 일이요, 이를 통하여 그들은 자유로이 자신들의 사회를 형성해 나갔던 것이다.[46] 이러한 "모임"형태는 희랍후기에 이르러서도 여전히 종교적인 또는 비종교적인 "집합적" 의미로 사용되었으며, 따라서 그 어떤 외형적 "조직"(Organization)이나 "사회"(Society)적 형태를 띤 모습이라기 보다는 일종의 유대관계(Solidarity)를 든든히 하는 단순한 모임을 의미했던 것이다.[47]

현대에 와서는 공동체의 유형을 사회(Society)와 공동체(Community)로 크게 나누고 구분하여 표현하는 것이 보통이다. 그리고 이런 구분을 정식으로 학문에 도입한 사람은 독일 사회학자 퇴니에스(Ferdinand Tönnies, 1855 - 1939)였다. 그 역시 공동체와 사회의 구분은 여러 사람을 하나로 묶어주는 근본 동기의 차이에 기인한다고 본다. 인간의 신념, 자연적 성정, 그리고 양심에서 나타나는 '본질 의지'가 일치의 근본 동기로 작용할 때에는 공동체가 형성된다. 반면에 자연의 정복, 외적의 침략에 대한 방어, 구체적인 이익의 추구 등을 더욱 효율적으로 수행할 목적으로 발동된 '선택 의지'가 근본 동기로 작용할 때에는 사회가 형성된다고 본다.[48]

---

46) Gerald F. Hawthorne and Ralph P. Martin (edit), Dictionary of Paul and His Letters, Intervarsity Press, (Downers Grove, III., 1993), 123.
47) Ibid. 124.
48) 이병호, "그리스도교와 공동체". 신학전망. 1989년. 여름호, 15.

이와는 달리 기독교 공동체(基督敎 共同體)로서의 교회(敎會)는 '그리스도 안에서 구속받은 사람들이 하나님의 뜻에 순종하여 하나님의 나라를 확장하기 위한 청지기적 삶의 모임'을 그 특성으로 한다.[49] 즉, 예수 그리스도의 '복음 안에서 공동체'란 신앙의 공통된 관점을 체험하는 인격적 관계로서 나누는 삶을 의미하는 것이요, 따라서 무엇보다도 "공동체"(Community)란 개개인이 가치관과 삶의 실제에 있어서 "함께 일치"(Com + Unity)를 향해 나가는 삶의 과정이라고 하겠다.[50] 이런 의미에서 볼 때, 기독교 공동체로서의 교회란 "하나님의 뜻을 중심으로 그의 나라를 확장하기 위한 예수 그리스도의 이상(理想)을 그 목적으로 하는 신앙인들의 모임"이라고 할 수 있겠다.[51] 이 일에 있어서 가장 중요한 것은 하나님께서 그분의 백성과 관련지어 이루시는 일로서, 그것은 하나님께서 주도권을 갖고서 자신의 백성과 관련을 맺고 계시는 모습에 있는 것이다. 그것은 바로 "언약"(Covenant : 言約)에 대한 올바른 이해에 있는 것이요, 신구약을 통하여 나타난 하나님의 나라는 바로 이 개념과 관계가 있다고

---

49) 여기에서 말한 바, "하나님의 뜻"에 있어서의 가장 중심이 되는 개념은 "하나님의 나라"를 확장하고자 하는데 있다. 따라서 복음에 대한 선교적 자세를 지니지 않은 기독교 공동체란 그 의미를 상실한다고 할 수 있겠다. 이에 대해서는 Icenogle 의 다음과 같은 말에 주의를 요할 필요가 있다 : "Community and creation are always in tension as interdependent poles of God's purpose. Relationship without mission (purpose or task) is not a complete view of small group life and not a true reflection of the nature of God" Icenogle, Biblical Foundations For Small Group Ministry (Illinois : InterVarsity Press., 1994) 24.

50) Gareth Weldon Icenogle, Ibid., 9-11.

51) 공동체로서의 교회에 대한 이해에 있어서, 그리스도를 통한(through) 하나님의 뜻의 추구는 다른 그 어떤 모임과 달리 기독교 공동체로서의 교회에 대한 이해와 직결되는 것이다. 그리스도를 중심으로 한 이 공동체는 "그리스도를 통한 하나님의 (부르심의) 행위"에 근거하여 "성령의 능력으로 이에 응답하는 무리들"(Communal Response to God's action through Christ, a response which is empowered by the Holy Spirit)로 요약 할 수 있겠다. Cf. The Interpreter's Dictionary of the Bible, edit. by George Arthur Buttrick (Abindon Press, 1982), Vol. 1, 608.

할 것이다. 따라서 기독교 공동체란 하나님과 인간, 그리고 인간과 인간간의 관계적 삶을 표현해 내는 모임이라 할 수 있겠다.[52]

기독교 신앙 공동체의 특징은 성경에 나타난 대로 하나님께서 그분의 백성과 세우신 "언약"(Covenant)이라는 관계에 서 있음을 그 특징으로 하며 하나님은 이 언약 속에서 그분의 백성을 끌어들이시고 세상을 위하여 온 세계로 내보내신다. 그리스도 공동체의 토대가 하나님의 언약에 있으며,[53] 또한 그 언약을 이끌어가는 원칙은 그리스도의 주권에 대한 순종이다. 그리스도의 주권에 순종하면서 주의 나라를 확장하고자 하는 사명을 따라 살아가는 사람들로 이루어진 집단을 신앙 공동체라고 규정할 수 있는데, 이 공동체의 구성원이란 언약에 참여함과 동시에 주께 복종(僕從)함으로써 그리스도 안에 있는 사람을 의미한다. 그들은 곧 그리스도 안에 있는 성도이며 하나님께서는 그리스도 안에서 그들에게 복을 주신다.

그리스도안에 있는 이러한 공동체는 또한 성령 공동체(聖靈共同體)라고 할 수 있는데 이는 공동체를 살아 움직이게 하고 단단한 유대를 갖게 하는 것이 곧 성령의 역사이기 때문이다. 성령은 공동체 안에서 은총과 직무와 사명을 심어 주어서 성도들이 서로를 섬기고 그리스도의 몸을 세우는 관계를 견고하게 한다(참고 엡 4 : 12). 기독교 공동체는 성령 안에 있어야 하며, 성령을 통해 사명을 실천해야 한다. 교회가 오늘의 세상에서 성령의 이끌림을 받아 움직일

---

52) Icenogle, Ibid., 11.

53) 하나님과 그의 백성간의 관계는 "언약"이라는 특수한 형태의 관계로 이어진다. 그런데 이 언약에 대한 이해는 친교(Fellowship : koinonia)라는 형태를 띠고 있기는 하나 하나님의 전적인 은총이라는 주권적 관계 속에서만 이해된다. 이러한 점은 구약시대에 하나님과 그분의 백성간의 관계에서, 그리고 신약시대에 있어서 그리스도와 그분의 백성들간의 관계에서 잘 나타나 있다. Cf. The Interpreter's Dictionary of the Bible, 664.

때 생명력을 지속적으로 유지할 수 있을 것이다.[54] 기독교 공동체는 성령 안에서 예수 그리스도를 주로 고백하며, 서로 지체의식을 지닌 채 함께 살아가는 사람들로 구성이 된다.[55]

이 신앙고백의 내용 가운데 있는 것처럼 "성도의 교통"(The Communion of the Saints)은 공동체로서의 교회를 이해하는 중요한 요소가 된다. 공동체로서의 교회를 의미하는 "성도의 교통"이라는 말의 성경적 근거는 희랍어의 "코이노니아"(koinonia)를 번역한 것으로서, 이 말이 사도행전에서 사용된 것은 그 단어 속에 들어있는 예수 그리스도를 믿는 "복음의 효능"(the Gospel's Impact)으로 인해 그리스도 안에서 맺어지는 새로운 인간관계를 뜻하고 있다.[56] 즉, 예수 그리스도께서 세우셨고 그 제자들에 의해 계승되어져서 오늘날 그리스도를 따르는 사람들이 세워야 할 "하나님과 화해된 관계"(Reconciled Relationship with God)안에서의 공동체를 의미한다.[57] 그리고 이 새로워진

---

54) Ibid., 41.

55) 사람들의 단순한 모임으로서의 'eklesia'가 "그리스도를 통한" 하나님의 부르심이라는 특수한 의미로 사용되고, 각 지역에서 그리스도를 부르는 사람들의 종교적 의미로 사용하게 된 것은 주로 바울의 용어안에서 발견되는 일이다. 바울이 사도행전이나 고린도전서, 로마서 등지에서 사용하는 '모임'에 대한 의미는 오늘날 우리들이 '교회'라고 말하는 의미를 부여한다. (고전 1 : 1; 10 : 32; 11 : 22; Rom 16 : 16) 희랍시대에 사용되었던 '모임'으로서의 'eklesia'와 바울에 의하여 의도된 '교회'로서의 'eklesia'에 대한 이해는 일반 공동체로서의 모임과 기독교 공동체로서의 교회를 구분하는 좋은 자료가 될 것이다.

56) Gareth W. Icenogle, Biblical Foundations for Small Group Ministry, 259-260. 여기에서 Icenogle이 언급한 바, "새로운 인간관계"(New Human Relationship)란 "예수 그리스도안에서 하나님을 사랑하며 또한 이웃을 사랑하고 자신을 돌보는" 새로워진 사랑의 법(the law of love)을 뜻하고 있다. 이 새로워진 인간 관계가 가능해지는 근거는 그리스도안에서 새로워진 피조물로서 이다. 즉, "그리스도의 의의 행위"(Christ's act of righteuousness : 롬 5 : 18; 고전 15 : 22)를 힘입은 신자들의 새로워진 성품으로만 이 새로운 관계는 가능하다는 말이다. Cf. The Interpreter's Dictionary of the Bible, 615.

인간관계는 무엇보다도 위에서 언급한 바대로, 하나님께서 그의 백성들과 세우신 언약(言約)과 그 언약의 성취에 근거를 두는 것이다.

이 공동체는 하나님의 섭리 가운데 그 공동체가 처한 외부 환경의 어려운 여건에도 불구하고 그 공동체의 결속력은 더욱 든든해지며 강해질 수 있는데, 바로 이것은 교회 공동체의 또 다른 특징이 되기도 한다. 각 공동체가 처한 외부의 환경을 볼 때 사도행전의 초대 교회처럼 신앙의 자유로운 여건이 어려우며, 때로는 신앙을 고백할 때 생명의 위협도 당할 수 있는 혹독한 처지 일지라도 신앙 공동체 구성원들의 신앙 상태는 오히려 대단히 순수하고 열정적일 수 있다.

우리가 가장 이상적인 모습으로 보는 초대 교회 신앙 공동체의 성도들에게 있어서는 신앙 문제는 의식주(衣食住) 문제나 이 세상의 명예나 부(富), 또는 다른 어떤 문제보다도 더욱 소중한 사항이었다. 이들의 모임은 예수 그리스도 안에 있는 모든 공동체의 모범이 되고 있는데, 이들의 공동체적 모습은 그리스도 안에서의 교훈을 따라 '서로를 섬기며', '서로를 사랑하는' 것으로 교훈되어 있다.[58]

말씀 안에서의 일치를 향하는 중에 서로 돕고 나눔으로써 예수 그리스도의 교회 공동체는 천국의 삶을 "미리 맛보는"(Foretaste) 것이요, 이렇게 함으로써 주님의 십자가와 부활이 증거되며 하나님 나라가 확장되어가는 것이요, 여기에서 올바른 교회 성장의 모습이 드러나게 되는 것이다.

---

57) cf. 고린도후서 5 : 17-21

58) 요한복음 13장에서 그리스도에 의해 제자들에게 교훈된 것을 따라 사도행전에서 이루어지는 초대교회 공동체의 모습은 매우 인상적이다. 그것은 "주님의 만찬"에서 이루어진, 서로의 발을 씻겨주며 서로 사랑할 것에 대한 예수 그리스도의 교훈과 관련되어 있다.

59) Icenogle, Ibid., 264.

2장 : 교회의 개념
공동체로서의 교회 이해

웨스트민스터 신앙고백(Westminster Confession of Faith)이 "교회에 대한 정의"를 함과 동시에 "성도의 교통"(The Communion of the Saints)에 대하여 논의함은 매우 의미있는 일이다. 그 신앙고백은 먼저 교회에 대한 정의로서 "하나님의 백성"과 그 백성들의 "모임"을 강조한다. 그리고 그리스도 안에서의 보편성(普遍性)을 드러내고 있으며, 더 나아가 교회에 대한 "하나님의 집"으로서의 개념을 통한 "가족"(Family)의 의미로 묘사하고 있음을 볼 수 있다.[60] 그것은 곧 교회 안에 있어야 할 본질적인 내용의 공동체성으로서의 "교통"(Communication)을 강조하는 데 있다고 볼 것이다.

1. 어원적인 의미

신약에 있어서 교회를 세우고 확장하는데 가장 큰 역할을 한 사람은 바울이라 할 수 있다. 그러한 바울이 교회 공동체를 부를 때 주로 사용한 언어는 에클레시아(ἐκκλησία)라는 단어이며 따라서 교회론(敎會論)은 바울이 사용한 에클레시아(ἐκκλησία)라는 단어를 검토함으로써 가장 잘 접근할 수 있다.[61] 여기에는 두 가지의 뜻이 있는데, 첫째는 정기적으로 소집된 정치적 단체로써 백성들의 모임을 말하며, 둘째로는 종교적 목적을 가지고 모인 이스라엘 사람들의 회합을 나타내고 있다.[62] 그러나 교회라는 명칭은 '에클레시아' 라는 일반적 용어에 근거한다기보다는 "주님께 속한다"는 의미의 "퀴리아케"($\kappa\nu\rho\iota\alpha\kappa\eta$)에서 근거되어 있다고 보는 것이 타당하다. "토 퀴리아콘($\tau\grave{o}\ \kappa\nu\rho\iota\alpha\kappa\grave{o}\nu$)"이나 "헤 퀴리아케($\acute{\eta}\ \kappa\nu\rho\iota\alpha\kappa\eta$)"라는 명칭이 처음에는 교회가 모였던 장소를 의미했었다 할지라도 그 장소 자체는 의미를 잃고, 실제로 교회가 예배하기 위하여 회집하기까지 "토 퀴리아콘"으로 나타나지 않았다. 결국 이 말은 "에클레시아"라는 단어가 "주님께 속한"($\tau\grave{o}\ \kappa\nu\rho\iota\alpha\kappa\grave{o}\nu$) 의미 속에서 그 본래의 모습을 갖는다고 하겠다.

---

60) 웨스트민스터 신앙고백(Westminster Confession of Faith)은 다음과 같이 교회에 대하여 진술하고 있다 : 1. 공동 즉, 보편적인 교회는 무형적이다. 이 교회는 과거, 현재, 미래에 교회의 머리이신 그리스도 아래 하나로 모여지는 피택자들의 총수로 구성된다. 이 교회는 만물 안에서 만물을 충만케 하시는 자의 신부요, 몸이요, 충만이다. 2. 유형 교회도 복음 아래서는 역시 공동 즉 보편적 교회이니 (전에 율법 아래서처럼 한 민족에게 국한된 것이 아니라) 전 세계를 통하여 참 종교를 고백하는 모든 자들과(고전1 : 2, 12 : 12, 13 ; 롬15 : 9-12), 그들의 자녀로 구성된다. 이 교회는 주 예수 그리스도의 나라이고(마13 : 48 ; 골1 : 13), 하나님의 집과 가족(엡2 : 19)이다. 이 교회 밖에서는 구원받을 어떤 규정된 가능성이 없다(행2 : 27). 3. 그리스도는 세상 끝까지, 이생에 있는 성도들을 모으시고 완전케 하시기 위하여, 이 공동적 유형적 교회에 성직자와 말씀과 규례를 주시고 또 그의 약속에 따라 자신의 임재와 성령에 의해 주신 것들로 그 목적을 향해 효력을 내게 하신다. 4. 이 보편적인 교회는 때로는 더 잘 보이고 때로는 잘 보이지 않았다. 보편적 교회의 지체인 개 교회는 복음의 교리가 어떻게 바로 가르쳐지고 받아들여지고 규례가 집행되며, 공예배가 행해지는 데에 따라 더 순결하기도 하고 혹은 덜 순결하기도 하다. 5. 하늘 아래 가장 순결한 교회라도 혼잡과 과오에 빠질 수 있다. 심지어 어떤 교회는 그리스도의 교회가 아니라 사단의 회가 될 만큼 타락하였다. 그러나 하나님의 뜻에 따라 하나님을 경배하는 교회가 지상에 항상 있게 될 것이다. 6. 주 예수 그리스도는 교회의 유일하신 머리이시다. 따라서 어떤 사람이 자기가 그리스도의 대리자요 교회의 머리라고 주장을 하는 것은 비성경적이요, 사실적 근거가 없으며, 주 예수 그리스도를 모욕하는 권리 침범이다. (밑줄은 본인이 임의로 한 것임)

61) '에클레시아'($\xi\kappa\kappa\lambda\eta\sigma\iota\alpha$)의 어원학적 구조는 전치사 에크(ek : 밖으로)와 동사 칼레오($\kappa\alpha\lambda\xi\omega$: 부르다, 소환하다)로부터 파생된 것으로 "-로부터 불러내다"라는 어원상의 의미를 가진다.

62) Gerald F. Hawthorne and Ralph P. Martin, (edit) Dictionary of Paul and His Letters, 123.

2. 구약적인 의미

신약에 있어서 교회를 나타내는 '에클레시아' 라는 명칭은 구약의 70인역에서 유래되었고, 그것은 또한 히브리어와 관계가 있으며, 신구약의 불가분의 관계성을 고려할 때 구약성서에서 교회라는 의미도 신학적으로 타당할 수 있다.[63] 그러므로 교회에 해당하는 단어를 구약성서에서는 무엇으로 사용했으며, 70인역에서는 어떤 단어로 번역했는지를 살펴볼 때, 구약성서는 두 가지 단어를 사용한다. 하나는 "카할(קהל)"이고, 다른 하나는 "에다(עדה)"이다.

먼저 살펴볼 것은 "카할"인데, 이 단어는 사어(死語)인 어근 칼(Qal)에서 유래한 것으로서 '부르다' 라는 의미가 있다. 이것은 "의논하기 위해서 소집된 공동체"라는 뜻으로 백성들이 실제로 모인 모임을 말한다.[64] 시내산 기슭에서 모세가 전달해 준 하나님의 율법을 듣기 위해 모인 그 모임이 바로 "카할"인 것이다. 그 결과 종종 "카할 에다"라는 표현이 등장하는데, 이 단어는 '회중의 모임'을 말한다.[65] 이스라엘에 있어서 실제로는 백성의 대표들이 모였던 것같다.[66] "카할"은 역대기, 에스라, 그리고 느헤미야에서 빈번하게 사용된다.[67]

이 "카할"의 의미는 모이는 사람들과 목적에 따라 달라졌는데, 원래 백성의 실제적인 모임을 의미하므로 이 '카할' 은 이스라엘 공동체, 특히 종교적 측면에서 하나님 백성으로서의 공동체를 의미했다. 아마도 구약에서 '카할' 의 가장 중요한 의미는 앞에서도 한번 언급한 것처럼 호렙산에서 하나님 앞에 선 이스

---

63) 이종성, <u>교회론,</u> (서울 : 대한 기독교 출판사, 1989), 19.

64) <u>The Interpreter's Dictionary of the Bible,</u> 608.

65) 출 12 : 6 ; 민 14 : 5 ; 렘 26 : 17.

66) 신 4 : 10 ; 18 : 16 ; 비교. 5 : 22, 23 ; 왕상 8 : 1, 2, 3, 5 ; 대하 5 : 2-6

67) Louis Berkhof, <u>Introduction to Systematic Theology,</u> (조직신학 下), 권수경, 이상원 역, (서울 : 크리스챤 다이제스트, 1991) 811.

라엘 회중을 나타내는 것이며, 그 곳에서 하나님은 그들에게 계약을 주셨던 것이다.[68]

다른 하나인 "에다"(עֵדָה)[69]는 "야아드"(יָעַד)에서 유래된 말로, 이 단어는 '지정된 장소에 모인다'는 뜻을 가지고 있으며 약속에 따라 모이는 모임을 말한다. 이 단어가 이스라엘에 적용될 때에는 소집이 되었든 되지 않았든 이스라엘의 자녀들 혹은 그들을 대표하는 머리들로 형성된 사회 그 자체를 지칭한다. '에다'는 쿰란 문헌들에서 독립적인 공동체를 가리키는 말로 빈번히 사용된다.

"쉬나고게"($\sigma u v a \gamma \omega \gamma \eta$)는 70인역에서 '에다'의 통상적이고 보편적인 번역어로 사용되었으며, 모세 오경의 경우에는 '카할'의 번역어로도 사용된다. 그러나 성경 후기에 속한 책들에 따르면 '카할'은 일반적으로 '에클레시아'로 번역된다.

벌코프(L. Berkhof)가 언급한 바와 같이, 후기 유대교는 이미 경험적 실재로서의 이스라엘 회중을 지칭하는 "쉬나고게"($\sigma u v a \gamma \omega \gamma \eta$)와 이상적 공동체로 간주된 회중의 명칭으로서의 에클레시아를 구분한다. 바빙크 박사도 이 입장을 취하고[70] 성경 학자 베너만(Bannerman)은 '카할'과 '에다'의 관계에 있어서, '에다'는 '쉬나고게'와 일치하는데, '쉬나고게'는 '에다'처럼 특별한 구속력이 없이 모여진 모임인 반면, '쉬나고게'는 '에다'처럼 법률이나 다른 구속력에 의해 결합된 하나의 대중을 구성하는 사람들을 의미한다고 한다.

호트(F. J. A. Hort)는 베너만의 견해와는 다르게 포로기 이후에, 두 단어

---

68) 이종성, 20.

69) 구약성서에서 에다는, 출애굽기, 레위기, 민수기, 여호수아에서 통상적으로 사용되고 있으나, 신명기에서는 한 번도 사용되지 않으며, 그 이후의 책에서는 거의 나타나지 않는다.

70) Berkhof, Ibid., 812 에서 재인용

경험적 실재로서의 이스라엘 회중을 지침하는 쉬나고게와 이상적 공동체로 간주된 회중의 명칭으로서의 에클레시아를 구분한다.

모두 전문어가 아니어서 의미상 일치점이 많았기 때문에 "카할"이라는 단어가 본래 이 단어의 고유한 의미와 "에다"가 지닌 의미까지도 포함한 단어로 발전되어 여러 경우에 서로 구별없이 사용되었지만 두 단어가 엄격하게 동의어는 아니었다고 한다. 이 두 상반된 진술들에 대해 베이커(R. A. Baker)는 귀납적 연구를 통해 해답을 주고 있는데, "에다"는 특별한 자치적인 행동의 특권을 사용하지 않는 한 그룹으로서의 사람들을 가리키는 반면, "카할"은 자치적인 행동 또는 조만간 사용하는 특별한 목적을 위해 실제적인 집회에 모였던 사람들을 의미한다고 한다.[71]

따라서 "카할"은 하나님께서 구원으로 부르신 백성들의 모임으로써 이상적인 상태(Ideal State)를 의미하며, "에다"는 실제적인 모임의 상태(Actual

---

71) Ibid., 17.

Situation)를 의미한다고 정의할 수 있겠다. 70인역에서는 앞에서 언급한 것처럼 "카할"은 "에클레시아"로, "에다"는 "쉬나고게"로 번역되었지만, "에클레시아"의 의미가 반드시 "카할"의 의미만을 가진 것이 아니며, 호트의 주장처럼, 포로 추방 이후에 "카할"이란 말은 그 자체의 고유한 의미와 "에다"에 속한 의미를 종합하여 가진 듯 하고, 따라서 "카할"의 본래적 헬라어역인 "에클레시아"는 헬라어를 말하는 유대인들에게 자연히 이스라엘 회중의 집회를 의미하는 것만큼 그 회중자체를 의미하였을 것이다.

3. 신약적인 의미 : 바울의 '에클레시아'의 개념

신약성서에서도 두 개의 단어가 사용된다. 이 두 단어는 모두 70인역에서 유래되었다. 하나는 "에클레시아"이며 이 단어는 '~부터 불러내다'(ek+ kaleo), 또는 '불러냄을 받은 무리들'이라는 뜻을 갖는 것이요, 다른 하나는 "쉬나고게"(συναγωγη)로서, '오다' 또는 '함께 오다'라는 뜻을 가진다. 신약성서에서는 "쉬나고게"를 독점적으로 유대인들의 종교적 회합, 또는 그들이 공적 예배를 위하여 모인 모임이나 건물을 지칭하였다.[72]

그러나 "에클레시아"는 일반적으로 '신약교회'를 나타내고 있다. 다시 말해서 4복음서나 바울서신에서 "쉬나고게"는 자주 나타나는 반면, "에클레시아"는 4복음서에서 매우 드물게 나타나고 있으며, 이에 비해 바울 서신에서는 비교적 자주 사용되는 것을 볼 수 있다. 그리하여 두 낱말의 뜻과 용도가 점점 다르게 발전되어 "에클레시아"는 예수 그리스도를 중심으로 한 모임을 뜻한다. "에클레시아"는 전술한 바와 같이 "퀴리아케"의 의미로써, 신약에 총 114회나 나타

---

72) 마 4 : 23, 계 2 : 9, 3 : 9

나는데, 그 중 바울서신에서 절반이 넘는 62회나 사용되었다. 그러나 바울서신에서 사용되는 "에클레시아"를 히브리 성경의 "카할"이나 "에다"와 직접적으로 연결시키거나 동일시 할 수는 없다.[73] 바울은 "에클레시아"개념을 사용할 때 '건물'을 의미하지 않고 예배를 드리기 위해 모인 그리스도인들의 '모임'을 가리키고 있는 것이다.

따라서, 교회의 개념은 바울서신에서 비로소 신학적인 방향으로 발전하게 되는데, 그 용어가 '성전'이나, '하나님의 백성', 또는 '그리스도의 몸'이나 '몸인 교회의 머리' 등으로 나타나면서 그의 특유한 교회론을 전개한다. 바울의 이러한 용어 사용은 하나님의 백성과 교회간의 특별한 연결이나 관련성을 드러내고자 함에도 있는데, 무엇보다도 지교회들의 모임속에 나타나는 하나님의 거룩한 처소(성전)임을 말하기 위해서, 그리고 교회 그 자체가 하나님의 거하시는 처소(Dwelling Place of God)를 의미하는 것이요, 더 나아가 하나님의 전(Temple of God)으로서 그리스도 교회의 독특한 의미를 강조하기 위해서이다.[74]

바울의 이같은 교회 개념은 하나님의 언약에 기초한 측면을 내세우기도 하면서 또한 "그리스도 안에서 유기적으로 연합된 사람들이라는 관계성"을 강조하기도 한 것이다. 그리고 교회가 확장되면서 이 단어는 다양한 의미를 얻게 되

---

73) 이한수, 바울신학 연구, (서울 : 총신대학 출판부, 1994), 190.
　　이한수 교수는 이 책에서 에클레시아가 "카할"과 "에다"에 대한 70인역에서의 번역어임을 확인하고 신약의 교회론 사상의 배경을 연구하기 위해 이들 히브리어 단어들을 언급하면서도, 단어들은 시간과 장소에 따라 그 의미가 바뀌거나 전혀 다른 의미의 개념으로 발전되는 경우가 많기 때문에 신약, 특히 바울서신에서 사용되는 "에클레시아"를 히브리 성경의 "카할"이나 "에다"와 직접적으로 연결시키거나 동일시할 수는 없다고 말하고 있다. 그는 또한 구약 이스라엘 백성과 관련하여 신약교회의 뿌리를 찾는 일은 단순히 "에클레시아"라는 단어가 신약에서 언제부터 본격적으로 사용되었으며, 그 단어의 언어사적인 배경을 구약 어디에서 찾아야 하는가 하는 질문보다 더 포괄적인 문제라고 지적하고 있다.
　　74) Dictionary of Paul and His Letters, 127.

었다. 지교회(支敎會)들이 도처에 설립되면서 이들은 "에클레시아"라고 불렸는데, 그 이유는 이 지교회들이 하나의 보편적인 그리스도 교회의 표현이었기 때문이었다.[75]

"에클레시아"의 특징들에 대하여 뱅크스(Robert Banks)의 아래와 같은 말은 매우 의미가 있다고 할 수 있는데 그는 다음과 같이 말하고 있다 : "에클레시아" 즉, 바울이 표현한 교회라는 말에 대한 초기 용법은 무엇이었을까 하는 문제다. 물론 바울은 이 단어를 데살로니가의 그리스도인들에게 보낸 서신의 인사말에서 처음으로 사용했다(살전 1 : 1).

그는 여기에서 이 말을 헬라인들이나 유대인들 사이에서 쓰고 있는 방식대로 사용했지만, 의식적으로 자기가 서신을 쓰고 있는 대상으로서의 '모임'을 그 도시의 다른 모임들과 구별짓고 있다고 지적한다.

이 서신의 마지막 부분에 나오는 그의 부탁에서 바울은 자신이 데살로니가 그리스도인들의 실제모임, 또는 정기적으로 모이는 공동체로서의 데살로니가 그리스도인들을 마음에 두고 있었음이 분명하게 나타난다. 그는 '하나님 아버지 안에서'란 말을 첨가함으로써 정기적인 공중회의와 구별하고 있고, 또한 '에클레시아'란 말에 '주 예수 그리스도 안에서'란 구절을 첨가함으로써 매주 모이는 유대인들의 회당모임과 구별하고 있다.[76]

---

75) Berkhof, 조직신학下, 812, 이것은 바울이 그의 서신들에서 각 지역에 흩어진 그리스도인들의 모임(local assembly or gathering of Christians)을 가리켜 '하나님의 교회'(The church of God) 또는 '각 교회'(every church)라고 부른 것과 같은 맥락에서 이다. Cf. 살후 1 : 4 ; 2 : 14 ; 갈 1 : 2; 고전 4 : 17; 10 : 32). "Ekklesia"의 의미를 그리스도와 관련을 시킨 바울의 용례들은 바울의 서신들에게서 분명히 읽을 수 있다. 살전 2 : 14 ; 갈 1 : 22 ; 롬 16 : 16 등. Cf. Dictionary of Paul and His Letters, 124, 하나님의 전으로서의 그리스도의 교회를 바울이 언급함에 있어서 거룩함(holiness)과 함께 유기체적 일치감(Unity)을 동시에 강조했다는 것은 그리스도 공동체로서의 중요한 의미를 갖는다. Ibid, 127.

뱅크스는 또한 다음과 같이 지적한다; 즉, 바울은 고린도전·후서의 서두에서, 교회란 구성원인 "사람들에게 속한 것(Belong to men)"도 아니고, 그들이 살고 있는 "지역에 속한 것"도 아니며, 오직 그것이 존재하도록 하신 분(즉 하나님) 혹은 그로 말미암아 "교회가 생겨나게 된 분(그리스도)에게만 속한 것"으로 묘사되어 있다는 것이다.[77] 더 나아가 뱅크스가 지적하고 있는 바는 바울의 초기 서신들 가운데 '에클레시아'란 용어는 지금까지 말한 것과 같은 그리스도인의 실제적인 모임들이나 혹은 정기적으로 모이는 공동체로서 한 지역 내의 그리스도인들을 지칭할 때 일관성있게 사용되었다는 점이다.

이 사실은 '교회'의 본질(本質)이 정체되어 있는 것이 아니라 독특한 역동성(力動性)을 지닌 것을 의미한다는 것이다. 만일 어떤 특정한 지역 내의 그리스도인들이 사실상 모이지 않는다든지 실제 모임 중에 있지 않을 때에는 그 지역의 모든 그리스도인을 지칭하는 의미로 이 용어를 쓰지 않았다. 또한 온 교회가 모일 경우에라도 구성원들간에 서로서로 친밀한 관계를 발전시키기에 충분할 정도로 그 규모가 작았음에도 그 단어를 사용했으며, 심지어 그들이 가정에서 모이는 일이 지속되는 경우에도 그 용어는 사용되었고, 그 중에서도 성도들간의 친교는 분명히 계속되었다는 사실을 보여주고 있다.

바울의 후기 글들에서는 "에클레시아"에 대한 바울의 이해가 더 확장되고 있음을 뱅크스는 또한 강조한다. 이것은 완전히 새로운 것이 아닌 초기의 "에클레시아"의 이해를 기초로 하고 있기 때문이다. 바울이 수많은 곳에서 "에클레시아"라는 용어와 함께 사용한 '그리스도 안에서'(In Christ)라는 용어들과 비교

---

76) Robert John Banks, Paul's Idea of Community (장동수 역, 「바울의 그리스도인 공동체 이상」, (서울 : 여수룬, 1994)), 62-75.
    77) Ibid.

해 보는 가운데, 뱅크스는 주장하기를 이 '그리스도 안에서' 라는 문구는 바울의 서신에서 가장 많이 (164번이나 사용) 나온다는 점을 지적한다. 또한 이것은 그리스도 공동체 안에서의 개개인을 염두에 두고 있기는 하나, 이것은 믿는 자들의 역사적인 그리스도 사역에 대한 신자들의 의존과 부활하여 하늘에 오르신 주님과의 진정한 교통(交通)에 대한 것임을 강조한다고 말한다. 그리스도인들이 '교회 안에' 있을 때만 그리스도와 상관있는 것이 아니라 죽은 자들조차도 그리스도와 교통하는 것에 대한 것임을 말한다.[78] 그러므로 지역 모임에 연관하여 쓰여졌던 "에클레시아"의 의미가 더욱 확장될 수 있는 가능성이 있음을 바울이 시사하고 있는 것으로 이해된다는 것이다.

이상의 논의된 바를 중심으로 하여 바울의 "에클레시아" 개념을 좀 더 살펴볼 필요가 있다. 그 이유는 바울이 그리스도에 관한 말씀을 전하여 사람들을 하나님과 친밀한 관계 (Intimate Relationship)가 되게 할 뿐 아니라 그 말씀이 그를 통해 회심한 사람들의 삶 속에 영향을 미쳐 서로 간에 개인적인 친숙한 관계가 형성되도록 했기 때문이다. 바울에게 있어서 복음(福音)이란 사람들을 하나님뿐만 아니라 다른 사람들과도 '한데 묶어 주는' (Binding Together) 것이었다.

하나님과의 화평은 다른 이웃 사람과의 화평을 수반하는 것이며 이것은 복음 전도의 특징을 나타내 주는 것이기도 하다(빌 4 : 2-3). 성령 안에서의 연합이란 동시에 다른 사람과의 연합을 포함한다. 한 영혼으로 하여금 하나님과의 관계에서 화평을 조성하는 역할을 할 뿐만 아니라, 동시에 영

---

78) 살전 4 : 16.

혼과 영혼간의 친밀한 교통을 통하여 하나님의 나라를 확장해 나가도록 하는 효력이 있는 것이며, 바로 여기에서 '복음의 공동체성'이 드러나게 되는 것이다. 이러므로 복음을 받아들인다는 것은 어떤 면에서 볼 때, 공동체 안으로 들어감을 의미한다. 이 의미를 좀 더 명확하게 하기 위해서는 우선 바울이 사용한 '에클레시아' 즉, 교회라는 단어의 의미를 분명히 해야 할 것이다. 이 단어는 바울 서신 가운데 60번 가량이 나오는데 이 숫자는 다른 신약성서에서 사용된 숫자를 합친 것보다 많다. 이 단어는 그가 서신을 보낼 공동체들을 지칭하는 데 가장 즐겨 사용되었다.

바울은 교회의 의미를 그리스도 안에 있는 모든 사람으로 구성되는 것으로 여겼다. 바울이 골로새 교인들에게 '우리 생명이신 그리스도께서 나타나실 그 때에 너희도 그와 함께 영광 중에 나타나리라' (골 3 : 4)고 약속한 말씀 가운데에서 묘사하고 있는 바는, 골로새의 그리스도인들이 이미 참여하고 있는 하늘의 집회이며, 그것의 완성은 마지막날에 일어날 것을 의미하기 때문이다. 그러므로 바울에 의하면, 그리스도인들은 영원히 지속되는 하늘의 교회와, 정기적으로 모이기는 하지만 성격상 간헐적일 수밖에 없는 세상의 교회에 함께 속해 있다. 이것이 의미하는 바는 그리스도인들이 함께 모일 뿐만 아니라 - 각각 생각과 기도로 그분과 관계를 맺고 있다면 - 그들이 어떤 사람이든지 또한 무엇을 하든지 언제나 그리스도와 공통된 유대 관계에 있다는 것이다. 이 사실은 단연코 바울의 모든 교훈 중에서 가장 심오한 것 중의 하나이다.[79]

바울이 가졌던 '에클레시아' 개념의 중요성은 그가 살았던 시대적인 맥락에 비추어서 그의 개념의 포용성뿐만 아니라 그것이 그 시대에 얼마나 적절했는가

---

79) Robert Banks, Ibid., 78.

를 알게 된다. 바울의 "에클레시아" 개념은 우주적인 형제애에 대한 동경과 개인적으로 알 수 있고 친밀해 질 수 있는 장소로써 가정의 중요성, 자의적이며 종교적인 다양한 모임들의 구성원이 될 수 있는 공동체와 그 영원성에 대한 탐구 등 당시 시대상에 나타난 특별히 중요한 세 가지 점을 다 가지고 있었다.

바울의 "에클레시아"의 개념은 먼저 같은 뜻을 가진 사람들인 비교적 작은 무리가 정기적으로 모이는 자발적인 연합체이다. 또한 그것은 가정 (Family) 단위에 뿌리를 두고 있을 뿐만 아니라, 가정의 특성도 가지고 있었다. 마지막으로 이 작은 지역모임들은 실제로는 지역을 넘어서면서도 시대성에 매여있지 아니한 중요성을 가지고 있었다. 그들은 우주적이며 영원한 나라의 시민으로서 스스로를 여기도록 배웠다.[80]

오직 바울이 통찰한 "에클레시아"에 대한 개념만으로 그 당시 고대사회에서 사람들이 자신들을 헌신할 수 있는 이상(理想)을 모두 함축하고 있었다. 일면 역동적이고 지역적 의미의 '모임'과 다른 비유적으로는 하늘의 교회를 의미하는 것으로 쓰여진 "에클레시아"에 대한 바울의 통찰이 나중에는 '우주교회', '보이지 않는 교회' 등의 개념 쪽으로 변질된 것이 중요한 문제인가? 만약 이런 의미의 차이가 단순히 의미론적인 문제에만 국한된 것이라면 바울의 견해를 그 후의 용례로 구별짓는 일을 단순히 언어학적 관심에 지나지 아니하며, 그로부터 도출되는 결과는 전혀 중요성이 없을 것이다.

하지만 실제는 그렇지가 않다. 우선 '교회'라는 용어가 후에 와서 확장되어져서 지역 공동체들을 함께 묶는 더 넓은 조직체를 의미하는 것 뿐만 아니라, 그 지역 사회에서 교회가 주최하는 다양한 활동들을 나타낼 때도 쓰여졌다는

---

80) Ibid, 82-83.

것이 어떤 문제점들을 야기시키는 것처럼 보인다. 이렇게 보이는 이유는 가정 모임과 하늘의 교제에 대해서만 사용되어야 할 용어들이 이러한 활동들에 적용되거나, 그 일에 특별하게 부르심을 받고 자원하는 그리스도인 무리들만이 져야 할 세상에서의 의무를 그리스도인 공동체들에게 요구하기 때문이다.

바울이 "에클레시아"라는 용어를 그리스도인이 실제로 모일 때만을 지칭하고 그 이상의 것엔 쓰지 않았다면, 이 용어의 가장 의미 있음은 그리스도인의 공동체적 모임에 그 핵심이 있다고 할 것이다. 즉 그리스도의 이름 아래 공동체가 생겨나고 지속적으로 그 모임이 유지되는 것은 '그리스도에게 속한' 이라는 의미 속에서 발견되는 "에클레시아"의 의미 속에서 이루어진다는 점이다.

3장 : 공동체로서의 교회의 특성 및 성격

교회에 관하여 서술한 개혁주의 신앙 고백은 '주 예수 그리스도의 나라'로 또한 '하나님의 집과 가족'으로 규정하면서[81] 성도들의 상호 교통에 대하여 다음과 같이 진술한다 :

머리이신 예수 그리스도에게 그의 성령과 신앙으로 연합된 모든 성도들은 그의 은혜, 고난, 죽음, 부활과 영광 가운데 그와 교통한다.[82] 또한 성도들은 사랑으로 상호간에 연합되어 피차 받은 은사와 은혜로 '교통'하며[83] 속사람과 겉사람에 있어서, 그들 상호의 유익에 이바지하는 공사의 의무를 수행하여야 하며, 성도들은 그들의 신앙 고백에 의해 하나님께 예배함에 있어서나 성도 상호간의 덕을 세우는 데 이바지하는 영적 봉사를 수행함에 있어서[84] 서로 거룩한 교제를 해야 한다.[85]

---

81) 2. 유형 교회도 복음 아래서는 역시 공동 즉 보편적 교회이니 (전에 율법 아래서처럼 한 민족에게 국한 된 것이 아니라) 전 세계를 통하여 참 종교를 고백하는 모든 자들과(고전 1 : 2, 12 : 12, 13 ; 롬 15 : 9-12), 그들의 자녀로 구성된다. 이 교회는 주 예수 그리스도의 나라이고(마13 : 48 ; 골1 : 13), 하나님의 집과 가족이다(엡2 : 19), 이 교회 밖에서는 구원받을 어떤 규정된 가능성이 없다(행2 : 27).

82) 요 1 : 3 ; 엡 3 : 16-19 ; 요 1 : 16 ; 빌 3 : 10 ; 롬 5 : 5, 6, 18 : 17

83) 엡 4 : 15, 16 ; 요 1 : 3, 7.

84) 히10 : 24, 25 ; 행2 : 42, 46 ; 고전11 : 20.

여기에서 강조하는 교회란, 성도간의 연합된 하나의 유기체임과 동시에 그리스도를 머리로 하여 은사와 초자연적인 능력을 주고받는 거룩한 교제의 공동체임을 의미하고 있다. 성경이 중심적으로 계시하는 교회에 대한 개념은 '신자들의 공동체'로 이해할 수 있다. 그러므로 교회를 이해할 때는 항상 공동체적인 속성 속에서 그 본질이 파악되어야 한다. 따라서 교회의 본질로는 하나님께서 선택한 백성으로서의 교회와 그리스도의 몸으로서의 교회, 그리고 성령의 코이노니아 공동체로서의 교회에 대하여 살펴보는 것은 매우 적절하다.

1. 하나님께서 선택한 백성으로서의 교회

구약 성서는 이스라엘 백성에 대한 하나님과의 관계를 상세하게 말해주며 교회의 기원이 될만한 기록을 제공해 주고 있다. 하나님과 이스라엘 백성 사이의 이 관계에서 지배적인 요인은 하나님께서 이스라엘 백성을 자기의 택함을 받은 공동체로 부르셨다는 사실이다. 여기서 이 "하나님의 백성"이라는 개념은 교회의 핵심이고, 이 개념은 신약 성서에서 성취되고 있다는 것이다.[86]

하나님의 거룩한 백성으로 이스라엘을 명명하는 것에는 '성도들', 부분적으로는 '백성' 혹은 '회중'과 함께 쓰이기도 한다. 이스라엘의 이 호칭은 주님에 의해 불신과 심판으로부터 구원되고 보존되는 하나님의 참 백성에 대한 칭호로 발전하는 것을 볼 수 있는 것이다. 이것을 통해서 볼 때, 바울에게 '성도'로서의 교회는 '성도들의 단체'로서, 그것은 그리스도 안에 나타난 구원으로 인해 그 자체 하나님의 약속들에 적용할 수도 있는 하나님의 참 백성, 종말론적 이

---

85) 웨스트민스터 신앙고백서 제 26장, cf. 김의환 편저, 개혁주의 신앙고백서, 61 - 62.
86) Alvin J. Lindgren, 교회 개발론, 박근원 역, (서울 : 대한 기독교 출판사, 1977), 36.

스라엘이 되는 것이다. 한편 이러한 면에서 볼 때, 교회는 하나님의 백성으로서 이스라엘과 동일시된다.

이러한 이유는 교회를 택함받은 자들의 모임이라고 할 수 있기 때문이라고 생각된다. 즉 이스라엘의 거룩한 공동체가 하나님의 선택으로 말미암아 이루어졌듯이, 오늘의 교회는 하나님을 찬양하고 하나님의 부르심에 응(應)한 택함을 받은 사람들의 모임이기 때문이다. 교회는 택함을 받은 이스라엘의 공동체와 같다. 즉 교회는 하나님의 택함을 받은 사람들의 공동체적 모임이다. 다만, 하나님의 백성이란 단지 육신적인 혈통만을 내세우지 않았듯이, 하나님의 교회 역시 그 어원의 외적인 구조나 모임이 아닌, 하나님의 부르심에 응답하면서 살아가는 신앙의 공동체임을 강조해야 할 것이다.

따라서 진정한 의미의 교제란 "성도들"이라는 말과 밀접하게 연관되어 있는 표현들, 즉 "택한 자들", "사랑하는 자들", 그리고 "부르심을 입은 자들"에게 동일한 것으로 적용될 수 있다는 것이다. 바울은 교회를 한 곳 이상에서 하나님의 '택하신 자들'을 '우리'의 변형으로서(롬 8 : 23), '성도들'의 동의어로(딤후 2 : 10절에서도 유사), 또는 교회의 한 명칭으로(골 3 : 12 ; "하나님의 택하신 거룩하고 사랑하신 자") 말하고 있다. 그는 더 나아가 디도서 1 : 1에서 그 자신의 사도직이 "하나님의 택하신 자들의 믿음"을 향해 있으며, 그것과 관계하는 것으로 정의하고 있다. 여기에서도 다시 "하나님의 택하신 자들"은 교회의 한 명칭으로 "그리스도인들의 자기 명명으로" 간주된다.

'성도들', '택하신', '사랑하는', '부르심을 받은' 등의 교회에 대한 이러한 다양한 명칭들이 그들의 특유한 의미에 관한 한, 서로 밀접하게 연관되며, 상호 보완적이라는 것이 쉽게 파악될 수 있다. 이 모두의 주도적 사상은 아브라함이 우르에서 부름받았던 것처럼 하나님이 모든 백성들 가운데서 한 백성을 택하여 그에게로 부르셨다는 것과 신자들이 하나님께서 베푸신 은총의 복음에 의해 그에게로 부르심을 입었다는 것이다. 그것으로 그들은 그의 사랑하는 자들이며, 하나님 편에 놓여지게 된 구별된 자들을 의미하게 된다.

바울에게 있어서 하나님의 거룩한 백성에 속하는 사람은 이스라엘의 거룩한 "남은 자들" 뿐만 아니라, 더 나아가 이방인들 가운데서 하나님이 택하시고 자신에게로 부르시고 그의 사랑하는 자로 간주하려 한 자들이라는 것이 두드러지게 나타난다.

2. "그리스도의 몸"(The Body of Christ)으로서의 교회

신약성서에는 교회를 묘사하기 위해서 많은 상징들이 사용되고 있다. 그 중에서도 성경은 교회 공동체가 하나를 이루고 일치(一致)해야 함에 대해서 가장 의미심장한 표현을 사용하고 있는데, 바울은 공동체로서의 교회를 다름 아닌 '그리스도의 몸'이라고 말함으로써 모든 신자들이 그리스도와 함께 밀접하게 연합되어 있음을 가장 효과적으로 표현하고 있다.[87] 바울은 로마서, 고린도전·후서, 에베소서, 골로새서에서 교회를 '그리스도의 몸'이라고 지칭하는데, 바울에게는 이 은유가 다른 무엇보다도 생생하게 그리스도와 그 교회간의, 또한 그의 교회가 지닌 지체들간의 본질적인 통일성(Unity)을 표현해 주었고, 특히 에베소서와 골로새서에는 교회가 그리스도의 몸과 동일시되고 있다.[88] 교회에

---

87) Cf. 롬 12 : 5, 고전 10 : 17, 12 : 13, 22, 24; 엡 1 : 23, 4 : 12, 16, 5 : 23 ; 골 1 : 18, 24, 2 : 19 등 참조. 이것은 단순한 비유(metaphor)를 뛰어 넘는 매우 의미있는 표현이라고 하겠다. 즉, 지역적으로 흩어진 모든 그리스도인들을 하나의 유기체로 묶어주는 바 우주적 모임이나 "천국의 실체"(heavenly entity)로 묘사하고자 한 것이다. 이는 바울이 다음과 같이 하는 말과 같다; "우리가 유대인이나 헬라인이나 종이나 자유자나 다 한 성령으로 세례를 받아 한 몸(one body)이 되었고…"(고전 12 : 13). Cf. Dictionary of Paul and His Letters, 127.

88) 엡 1 : 22-23 , 4 : 12 , 5 : 16, 5 : 23 ; 골 1 : 8, 24 등

적용된 몸의 비유는 특별히 교회의 유기적 관련성을 통한 보편적 측면을 강조하는 것이라 할 수 있다.

'그리스도의 몸'(σωμα του Χριστου)이라는 용어에 대한 근거자료를 구약이나 후기 유대교나 헬라 영지주의에서는 찾아볼 수 없으며, 우리는 교회와 관련되어 몸이 사용된 경우는 오직 바울 서신에 국한되어 있기 때문에 교회를 이해하는데 있어서 그 독특성을 지니게 된다. 이 개념은 교회의 본연의 모습을 이해하는데 기초가 되는 것이요, 바울은 '그리스도의 몸'이란 은유적인 표현을 통해서 교회의 본질을 나타내고 있는 것이다. 특히 이 개념은 교회의 역동적인 통일성과 다양성을 묘사해 준다.

리델보스(Ridderbos)는 바울이 묘사한 교회의 가장 독특한 것으로는 "그리스도의 몸"(The Body of Christ)이라고 하는 바로 그 점이며, '몸'이라는 용어의 비유를 다른 어떤 은유보다 교회의 집합적 일치, 곧 공동체성에 근거하고 있다고 하면서 '그리스도의 몸'으로 표현한 용어의 사용은 전형적인 바울의 것

바울은 그리스도의 몸이란 은유적인 표현을 통해서 교회의 본질을 나타내고 있는 것이다.

이라고 밝힌 바 있다.[89] 실제로 교회에 대한 이해 가운데 가장 보편적으로 널리 이해되고 연구된 것이 '그리스도의 몸'(고전 12장, 엡 4장)의 개념이기 때문에 우리는 '그리스도의 몸'을 바울 신학적 입장에서 살펴보아야 한다.

이것은 교회 공동체의 모든 지체들이 이 세상의 어떠한 다른 공동체들보다도 더욱더 일치를 이루며 서로 온전히 하나(Unity)를 이루어, 상대방의 일을 바로 내 일로 알고 돌보며 사랑하라는 뜻임이 자명하다. 그렇다면 바울이 말한 '그리스도의 몸'이란 무엇을 말하고 있는 것일까? 이에 대해 데이빗 왓슨(D. Watson)은 "그는 하나의 유기적 통일체를 말하고 있는데, 이는 그리스도인들이 그리스도께, 그리고 서로에게 속해 있을 뿐만 아니라, 동시에 그분 안에 거하고 그 안에서 생명을 발견한다는 것이 확연한 듯하다"고[90] 했다. 아울러 거쓰리(D. Guthrie)는 말하기를 "이 몸 비유는 바울의 교회론에 대한 우리의 이해에 중요한 공헌을 하는 것이며, 이것이 또한 그리스도의 격위에 대한 그의 교리와 불가분의 관계를 맺고 있음을 보여준다. 그는 교회를 항상 그 머리와 연결되는 것으로 여겼으며, 신자들의 총체는 그리스도의 몸을 구성하고 있다. 그가 일상적으로 쓰는 표현은 그리스도인들이 그리스도의 몸의 지체가 된다는 것이다"라고 설명하고 있다.[91] 따라서 그리스도인들은 서로를 향한 연결고리가 그리스도 안에서 이루어져야 하며, 교회는 머리되신 그리스도의 다스림 아래 놓여야 하는 것이고, 또한 그리스도인들은 그 몸의 일부로서 서로 사랑하는 관계여야 하는 것이다. 실제로 모든 성경적인 교회의 모습들은 그리스도와 교회 사

---

89) Herman Ridderbos, Paul, (바울신학, 박영회 역; 서울 : 지혜문화사, 1985) 425.
90) David, Watson, 교회의 진정한 표상, 오광만 역, (서울 : 여수룬, 1993), 844.
91) Donald Guthrie, New Testament Theology, 정태원 김근수 역, 신약신학, (서울 : 기독교 문서 선교회, 1988) , 844.

이의 본질적이며 생생한 사랑의 관계를 강조하고 있다. 이것은 하나님의 계획 속에서의 교회의 중요한 역할을 강조하여, "그리스도께서 교회를 사랑하시고 위하여 자신을 주셨다"(엡 5 : 25)는 것을 상기시키시고 있는 것이다.[92].

교회가 공동체라는 말을 강조하기 위해서 "몸"이라는 단어를 사용하는 것보다 더욱더 강조되는 단어는 없다. 교회 공동체의 구성원들은 결코 분리(分離)될 수 없으며 하나님의 생명으로 거듭난 영적 가정의 구성원으로서 서로 온전히 하나가 되어 살아야 한다. 특별히 그리스도의 몸된 교회 공동체 안에는 여러 직분과 다양한 은사를 가진 다양한 지체들이 있다. 그러나 모든 지체들은 주님의 성찬식에 참여하여 떡을 나눔으로써, 서로간의 직분과 은사의 다양함에도 불구하고 그리스도의 한 몸임을 늘 잊지 말아야 한다. 사도 바울은 고린도 교회에 보내는 서신을 통하여 그리스도의 공동체는 그 지체의 다양성에도 불구하고 서로 연합해야함을 강조하고 있다.[93] 그러므로 교회는 머리되신 그리스도를 중심으로 지체들이 연합하고 일체감을 갖는 공동체적인 삶을 통하여 그리스도의 사랑을 선포해야 하는 것이다. 그리고 또한 그리스도의 몸으로써 교회 공동체는 곧 그리스도 자신을 의미한다. 다메섹 도상에서 사울이 주님을 만나게 되었을 때, 주님께서는 사울에게 "사울아 사울아, 네가 어찌하여 나를 핍박하느냐"(행 9 : 4)라고 물으셨다. 사울이 핍박한 것은 성도들, 곧 교회 공동체였다. 그런데도 주님께서는 "나를 핍박하느냐?"라고 물으신 것이다. "그리스도의 몸"으로써 교회 공동체는 바로 "그리스도 자신"이다.[94]

---

92) Howard Snyder, 김영궁 역, <u>그리스도의 공동체</u> (서울 : 생명의 말씀사. 1992) 68-69.
93) "떡이 하나요, 많은 우리가 한 몸이니 이는 우리가 다 한 떡에 참예함이라" (고전 10 : 17) Cf. Robert John Banks. 장동수 역, <u>바울의 그리스도인 공동체 이상,</u> (서울 : 여수룬 출판사, 1991). 104. 또한 Icenogle, Ibid., 261-266.

바울이 그리스도인 공동체를 제일 처음 '몸'으로 기술한 것은 고린도전서 후반부에 나온다. 이 첫 번의 두 언급은 성격상 매우 신비스러운 것으로 바울이 '주의 만찬' 대하여 논할 때 나온다. 그 언급들은, 지체들간의 연합이 단지 서로의 유익을 위하여 은사를 단순히 사용한다는 것에만 아니라 오히려 그리스도와 연합함으로써 이루어져야 한다고 강조한다. 바울은 '떡이 하나요 많은 우리가 한 몸이니 이는 우리가 다 한 떡에 참예함이라'(고전 10 : 17)고 말한다. 이 구절은 지체들의 다양성에도 불구하고 공동체가 그리스도 안에서 연합해야 함을 말하며, 그 전후 구절들은 공동체가 그리스도와 연합해야 함을 말하고 있다.

여기에서 뱅크스는 매우 흥미로운 견해를 내세우는데, 그에 따르면, 바울은 인간의 몸을 비유적으로 취급하여, 이 몸과 그리스도인 공동체를 상관짓는 유추를 여러 상이한 용어들로 묘사하고 있다는 것이다. 이 구절들에서는 다음과 같은 점들이 특별히 주목할 수 있다고 말하고 있다.[95] 그에 따르면 '그리스도의 몸'이라고 묘사된 것은 바로 고린도에 있는 지역 공동체라는 것이다. 바울은 주장하기를, '너희는 그리스도의 몸이요 지체의 각 부분이라'고 말한다(고전 12 : 27). 그는 여기에서 생겨날 수 있는 두 가지 오해를 피하도록 권면한다. 첫째는, 이런 용어들로 묘사된 대상이 "에클레시아"라기 보다는 오히려 공동체라는 것이다. 이것은 몸이라는 뜻의 "소마"(soma) 비유와 "에클레시아"(ekklesia)를 설명하는 용어들의 개념이 완전히 같지 않다는 말이다. 왜냐하면, "몸" 비유가 "에클레시아"라는 용어보다 더 넓은 영역을 내포하고 있기 때문이다. '몸'이라는 용어는 교회 안에 현재 참석하고 있는 지체들간의 관계 뿐

---

94) 따라서 그리스도의 몸이 되는 지체들로서의 성도들을 섬기는 것이 또한 바로 주님 자신을 섬기는 것임을 알아야 한다.

95) Cf. 고전 12 : 12-30. cf. Robert Banks, Ibid., 104-108.

만 아니라 교회 밖의 지체들에게도 적용될 수 있다. 그러나 그럴지라도 서로에 대한 지체들의 의무는 일차적으로 '함께 모임'으로써 완성될 수 있다. 둘째는 고린도에 있는 공동체가 그리스도의 더 큰 몸의 일부분도 아니고 다른 수많은 '그리스도의 몸' 중의 하나도 아니라는 것이다. 그것은 그 곳에 있는 '그리스도의 몸'인 것이다. 이 사실은 그리스도인들이 어디에서 관계를 맺고 있을지라도 그리스도의 몸이 온전히 그대로 거기에 있다는 것을 암시해 준다. 왜냐하면 그리스도는 참으로 온전하게 그곳에 그의 영으로 함께 계시기 때문이라는 것이다 (고전 12 : 31).

뱅크스(Banks)에 따르면 공동체(共同體)의 각 지체들은 공동체의 여러 다른 지체(肢體)들을 섬기도록 되어 있다. 이 말은 어떤 사람이나 어떤 무리도 자기들이 특별한 은사를 가졌다 할지라도 다른 이들의 '몸'에 기여해야 할 책임을 무시해서는 안되며, 다른 이들에게 자신과 똑같아야 된다고 강요하여서도 안된다는 말이다. 공동체는 대단히 다양(多樣)한 사역을 포함하고 있다. 그리고 몸이 온전하게 되는 것과 일치(一致)를 이루게 되는 것은 바로 이런 기능의 다양함 때문인 것이다. 하나님께서는 공동체가 합당하게 기능하도록 하기 위하여 각 사람이 각각 특별한 공헌을 하도록 모든 것을 고안(考案)하신 것이다(고전 12 : 14-21). 덜 귀해 보이는 바 섬김을 수행하는 지체들이 가장 존귀하게 여김을 받음이 합당하다. 외적으로 가장 매력적이며 극적인 사역들이 반드시 가장 중요한 것은 아니다. 그렇기 때문에 어떤 은사들은(예를 들면 방언과 같은) 공동체의 유익을 위한 그 중요도를 평가하는데 있어서 조심을 기울어야만 한다. 성격상 덜 두드러지고 덜 과시하면서 더욱 은밀하게 행하여지는 다른 은사들이 어쩌면 공동체의 유익과 성장에 더 본질적인 기여를 하고 있을 수도 있다(고전 12 : 22-25).

여기에서 말하고자 하는 것은, 공동체의 지체들끼리 연결관계가 너무나 밀접하기 때문에 한 지체가 온 지체에게 영향을 미친다. 여기서 바울은 공동체 각 지체들의 경험들이, 기쁜 것이든 슬픈 것이든, 공동체에 속한 모든 다른 이들에게 부담으로서 분배되어야 한다고 말하는 것이 아니다. 오히려 다른 지체들이 의식적으로 경험하고 있든 아니든 그런 마음들이 서로에게 이해되고 나누어져야(Sharing)된다고 말한다. 이 '몸'은 공통된 신경을 가지고 있다. 공동체 안에는 각자가 다른 지체와 일체가 될 수 있는 공통된 생명이 있다. 즉, 모든 이들 안에 하나이고 또 하나 안에 모든 이가 있다는 것이다(고전 12 : 26).[96] 바울이 말하는 바 공동체와 그리스도 사이의 관계에 있어서는 그리스도가 공동체의 머리요, 또는 공동체가 전적으로 그의 몸이라는 의미이다. 바울은 자신이 성령으로 이 공동체에 연합되어 있다고 서술하며(고전 12 : 13), 지체들간의 관계들도 동일한 성령으로 말미암아 이루어진다고 말한다(고전 12 : 4-11).

바울은 몸 비유를 은사들의 실행에 일차적으로 적용한 것이 분명하다. 공동체의 연합은 확실히 다양한 지체들의 힘의 분량을 따라서 뿐만 아니라 다양한 형태의 기여를 통해서 이루어진다(롬 12 : 6). 로마서 12장에서 바울은 공동체와 그리스도와의 관계를 고린도전서에서 사용했던 것보다 더 친밀한 용어로 서술하고 있다. 그들은 단순히 '그리스도의 몸'이 아니라, '그리스도 안에서 한 몸'이라고 말한다(롬 12 : 5). 이런 식으로 말함으로써 그리스도가 공동체 연합의 근원이라는 사실을 강조한다.

바울이 공동체를 '몸'으로서 말할 때, 그는 몸 안에서 불일치의 가능성에 대응하여 그 틀을 제시한 것이다. 우리가 살펴본 대로 지역교회 안에서 연합은 인식되어야 할 잠재적인 것이라기보다는 오히려 인정해야만 하는 명제인데, 바

---

96) Ibid., 106

울은 자주 가능성이 있거나 현존하는 분쟁에도 아랑곳없이 이와같은 연합을 유
지해야 한다고 호소하고 있다(고전 1 : 10 ; 롬 15 : 5 ; 빌 2 : 1 ; 골 3 : 12-14
; 엡 4 : 3). 바울에게는 편당이라는 말이 교회들 사이의 분열을 의미하는 것이
아니라 동일한 한 공동체 안에서의 분열을 뜻하였다. 그는 말하기를 이 편당은
서로 의견이 일치하지 못하거나 서로 돌보는 것이 부족한 결과로 생겨나며(고
전 1 : 12 ; 11 : 21), 이 편당은 '육신'의 일 가운데 하나라고 진술한다(갈 5 :
20).[97]

공동체를 '몸'으로 표현하는 바울의 묘사는 공동체의 목표가 단지 지체들간
의 조화를 창조하는데 있을 뿐만 아니라 --이것은 그의 가족이라는 용어보다
강한 의미를 지닌다-- 성숙을 향한 발전에도 있음을 나타낸다. 바울은 일반적
으로 공동체의 성숙에 관하여 언급하고 있는 문맥 속의 (고전 1 : 10 ; 14 : 20
; 고후 1 : 13-14 ; 골 1 : 21-22 ; 4 : 12 ; 엡 4 : 11-16 ; 5 : 25-27) 많은 부분
에서 각 개인의 성숙이 필요함을 강조하고 있다. 하나님의 의도는 단지 성숙한
개인을 형성시키는 것 뿐만 아니라 성숙한 공동체를 형성시키는 것이다. 비록
성숙한 그리스도인 공동체가 각 지체의 개인적인 성숙을 도모하는 중요한 한
요인이긴 하지만, 그렇다고 이 공동체가 단지 각 개인의 목적을 위한 수단으로
서만 존재하는 것은 아니다. 성숙에 대해서는 바울의 글 전반에 걸친 많은 구
절들이 더 자세히 밝혀주고 있다. 그는 이것을 하나님의 '모양'에 더욱 가까워
지는 것으로 간주하고 있으며 이것은 그의 태도와 관심에 점증적으로 반영되었
고 그의 활동에도 점증적으로 나타난다. 그는 그리스도를 '닮아' 가도록 부르신
것과 그의 '모범'을 따르는 것, 그리스도의 '마음'을 가지는 것과 그의 '인격'

---

97) Ibid., 113.

에 그리스도의 표지를 가지는 것, 자신 안에 그리스도가 '형성될' 수 있도록 그리스도로 '옷 입는 것' 및 그리스도를 가장 잘 특징지워주는 독특한 특성인 그의 '영광'으로 변화하는 것이다(갈 4:19 ; 고전 11:1 ; 고후 3:18 ; 롬 13:14 ; 15:7 ; 빌 2:5).[98]

이제 여러 가지 논의들에 대해 '그리스도의 몸' 대한 논의를 교회에 대한 이해라는 관점에서 좀 더 다루어 보고자 한다.[99]

첫째로, 바울은 성육신하고 십자가에 못박힌 그리스도의 몸이 신자들을 위해 행한 구원사역을 묘사할 때, '그리스도의 몸'이란 술어를 비유적으로 사용한다. 그래서 바울은 로마의 독자들이 '그리스도의 몸으로 말미암아 율법에 대하여 죽임을 당하였다' (롬 7:4, 8:3 ; 골 1:33, 3:15 ; 엡 2:15f ; 벧전 2:24)고 말한다. 이 모든 구절들은 십자가에 못박힌 그리스도의 몸을 지칭한다. 교회의 정체성(正體性)은 십자가 위에 달린 바로 그의 몸에 의해서 확증되고 측정된다. 교회는 십자가 위에 달린 그리스도의 몸의 형상을 지닐 때 그리스도의 교회일 수 있다.

둘째로, 교회는 십자가에 못박힌 그리스도의 몸에 의해 그 정체성이 측정되기 때문에, 교회를 그리스도의 몸이라고 할 때 그리스도의 십자가 사역이 완성시킨 교회의 통일성과 완전성 개념이 전면에 부각된다. 그러나 바울이 교회를 '그리스도의 몸'이라고 말할 때, 그는 단순히 교회와 그리스도를 동일시하는 것은 아니며, 그리스도인들은 단순히 교회에 속했기 때문에 그리스도에 속한 것은 아니요 십자가에 못박힌 그리

---

98) Robert Banks, Ibid., 117-118.

99) 여기에서의 내용들은 H. Ridderbos의 Paul : An Outline of His Theology(Eerdmans : Michigan, 1979) 356-375. 와 M. Barth, A Chapter on the Church - The Body in Christ : Interpretation of 1 Corinthians(1959) 132-156. 의 내용을 보여주고 있다. 또한 E. Best, One Body in Christ(1955)의 내용에 나타난 것을 중심으로 서술하고 있다.

스도께서 그들 모두를 포함하기 때문에 교회의 참된 구성원이 되는 것이다. 모든 신자들은 그리스도와 함께 죽고 그의 부활에 연합하였기 때문에 부활의 몸에 동참하여 같은 부활의 생명을 누리는 공동체(共同體)가 되는 것이다.

셋째로, 교회가 '그리스도의 몸'이라고 불리울 때, 교회는 십자가에 못박혔고 지금은 영광 중에 계신 그리스도에 참여하여 그를 통해 양육을 받고 인도를 받으며, 그를 통해 성장해 간다는 개념이 함축되어 있다(엡 4 : 15f ; 골 2 : 19f). 십자가에 못박힌 그리스도의 역사는 이미 지나간 과거의 사건이 아니라, '그리스도의 몸'이란 의미가 보여주듯이, 전체 교회와 그 구성원들에게 생명을 불어넣고 양육하며 감동을 주고 통제하며 지도하면서 계속되는 '현재적 능력'으로 간주된다.

넷째로, '그리스도의 몸'이라는 명칭이 교회에 붙여질 때, 그것은 그리스도께서 교회에 나타나시고, 교회에 의해 그리스도가 현현(顯現)되는, 역동적이고 살아있는 관계를 함축한다. 그것은 교회를 통치하시며 교회를 자신의 도구로 사용하시는 그리스도의 권한을 의미한다.

다섯째로, '그리스도의 몸'이란 말은 종말론적인 새 창조의 질서를 예견하는 표현이다. 교회는 세상에서 연약함과 비천함에 쌓여있을지라도, 공동체 구성원들의 연약한 몸은 현재 그리스도의 부활의 능력과 그들을 통치하시는 그분의 왕적인 영광을 예시적으로 경험하고 있으며 이것은 교회가 언젠가는 그리스도께서 입으신 썩지 않는 영광의 몸을 덧입게 될 것을 미리 시사하는 것이다.

마지막 여섯째로, 후기서신에서 바울은 교회를 그리스도의 몸으로 이해한 전기 서신의 기본 사상을 받아들이면서 특별히 '교회의 머리'(엡1 : 22 ; 골 1 : 18)되신 그리스도의 개념을 우주론적인 맥락 속에서 발전시킨다. 따라서 그리스도는 교회의 머리가 되실 뿐만 아니라 만물(萬物)의 머리도 되신다.[100]

그러므로 바울은 '그리스도의 몸'을 사용할 때 십자가에 달린 그리스도의 구속사역을 지칭하는 것이며, 이 몸은 구속사역에 참여했을 뿐만 아니라 지금도 양육과 인도를 받는 모든 지체들을 포함하고 있는 것이다. 따라서 교회는 성장 발전하는 유기체로서 존재하는 것이며 지금도 교회는 역동적인 힘을 가져야 한다.

이상에서 살펴본 바와 같은 바울의 교회관을 통해 볼 때, 새롭게 선택되어 삶을 공유하고 있는 하나님의 백성들이 그리스도의 몸이라는 사실은 교회의 머리가 그리스도라는 것이며 교회는 그리스도안에서 성장하고 성숙되어져 간다는 것이다. 그리스도의 몸인 교회는 성장할 뿐만 아니라 모든 지체를 하나로 묶어 주는데, 그리스도안에서 한 몸된 교회는 서로 사랑함으로 연합되고 살아 있는 유기체적인 인격 공동체로서 예수 그리스도와의 연합 속에 정초(定礎)되는 공동체적 삶으로 파악되어지는 것이다. 따라서 몸으로서의 교회는 하나님과 화목된 하나님 백성 상호간에 , 그리고 세상과 새로운 관계질서를 맺는 성도들의 공동체인 것이다. 다시 말하면 예수 그리스도 안에서 연합되어 이루어진 성도들의 공동체가 곧 교회이므로 그리스도의 몸으로서 교회의 개념은 새로운 인간, 즉 그리스도 안에서 존재하는 인간과 교회를 의미론적으로 동일시함을 의미하는 것이며, 그리스도 안에 있는 한 몸이라는 것은 그리스도의 구속적 죽음으로 인한 새 계약으로 말미암아 이루어지는 '새로운 사람들의 공동체'를 의미하는 것이다.[101]

---

100) Herman Ridderbos, Paul 387. 을 보라.
101) Howard Snyder, Ibid., 101-103

4장 : '언약 공동체' 로서의
교회의 특징과 성격들

1. 언약 공동체란 무엇인가?

언약을 뜻하는 가장 보편적인 히브리어는 "베리트"(בְּרִית)로서 '동의, 협정' 등을 나타낸다. 이 단어는 "빵을 함께 먹다"라는 뜻의 히브리어 "바라"에서 유래한다. 이것은 언약 당사자들이 협정을 체결한 후에 함께 식사를 하는 것을 암시하는 말이다. [102]

로버트슨(Palmer Robertson)은 "언약(言約)은 하나님의 주권적인 사역으로 맺어지는 피(血)의 약정이다"라고[103] 한다. 그것은 아담으로부터 시작하여 그리스도가 성만찬을 집행함으로 형식적으로 수립되며 그리스도인들이 성만찬을 기념할 때 "새 계약"의 피에 의해 이룩된 하나님과 교제에 의해 새 계약의 축복을 현재 경험하는 것이다. [104] 성경에 나타난 공동체의 시작은 에덴동산이라 하겠

---

102) 팔머 로버트슨, <u>계약신약과 그리스도</u>, 김의원 역, (서울 : 기독교 문서선교회, 1983), 12-24.
103) 아가페 성경사전 편찬 위원회, <u>성경사전</u>, (서울 : 아가페 출판사, 1991) 1147-1148.
104) Ibid, 303-305.

다. 하나님께서 아담과 하와를 창조하시고 그들을 에덴동산에 살게 하셨다. 그들만 그곳에 살게 하신 것이 아니라 하나님께서 그 동산을 거니시며 그들과 대화를 하시며 함께하신 것을 본다(창 1-3장). 이것이 바로 창조주 하나님이 피조물 인간과 함께 사는 신인공동체의 시작이다. 그러나 이 최초의 신인공동체는 인간의 범죄로 파괴되었고, 인간은 하나님의 존재로부터 이탈되어 버렸다.

그러나 신인공동체가 에덴동산에서의 모습으로 끝난 것이 아님을 성경은 보여준다. 하나님의 아들이 세상에 오셔서 그분의 백성들과 '함께' 계셨으며(요한 1 : 10), 또한 성령 안에서 그분의 교회로 나타나고 있음을 성경은 가르친다. 더 나아가 요한계시록 21장에 보여주는 대로, 새 하늘과 새 땅에서 하나님의 장막이 사람들과 함께하여 하나님께서 친히 그분의 백성 중에 거하심으로 새롭고 영원한 신인 공동체가 완성되어질 것을 가르쳐주고 있다(계 21 : 1-3). 그 미래의 천상 공동체는 죄가 없으며 또 공동체 구성원들에게 죄지을 내적, 외적 요소가 없기 때문에 파괴될 수 없는 영원한 신인 공동체임을 알 수 있다. 그러나 비록 이 땅에서의 공동체가 완전한 모습을 갖추지는 못해도 이 공동체는 교회를 중심으로 한 "하나님의 중심적 행위"(God's central act)로 말미암아 온전한 언약관계 속에서 하나님의 뜻을 드러내는 공동체가 되는 것이다.[105]

2. 옛 언약 공동체

아담과 하와는 하나님 형상의 담지자(擔持者)로서 창조되었고, 그 두 사람은 하나님과의 관계에 있어서 최초의 공동체적 구성원이 되었다. 아담으로부터 시작하여 오늘에 이르기까지 인간은 하나님과의 관계에서 그 모든 언약의 기초를

---

105) Julie A. Godman, Community That Is Christian, 34.

이루도록 계획되어 있었다. 그러나 성경에서 보여주는 대로, 첫 신인공동체는 아담과 하와의 범죄로 파괴되었고 그들의 범죄로 인하여 인간의 공동체적 관계는 사실상 파괴되었으나, 하나님은 그분의 영원한 계획 속에 있는 신인공동체를 파괴된 채로 내버려두지 않으셨다. 하나님은 이 신인공동체를 다시 새롭게 완성시키기 위하여 이 공동체가 파괴된 즉시 이 공동체를 회복하기 위한 새로운 계획들을 새롭게 약정하신다(창 3 : 15-16). 죄와 원수되고 죄의 문제를 해결할 여인의 후손을 약속하심이 바로 그것인 것이다. 하나님께서 이 여인의 후손을 통하여 저 영원한 신인공동체를 완성할 것을 작정하시고 그 준비로서 옛 언약 공동체를 그 준비의 과정으로서 이루어가심을 성경에서 보여주신다.

구약 성서는 이스라엘 백성을 하나님께서 그분의 백성으로 선택했다는 사실을 말하고 있다. 하나님께서는 아브라함, 이삭, 야곱, 요셉을 택하셨고, 모세를 통해 이스라엘 백성을 제사장 나라와 거룩한 백성으로 삼았다는 고백들, 그리고 다윗 왕조를 택하셔서 그분의 백성들을 보존하셨다는 성경의 사실들은 이스라엘 백성의 믿음의 근저에 선민사상으로 자리잡게 했다. 뿐만 아니라 이스라엘 백성은 하나님께서 그들을 국가적인 고난으로부터 구원해 주시는 분이라는 확신을 가졌다. 그 중에서도 출애굽 사건이야말로 이스라엘 백성을 향한 하나님의 구원 행위를 가장 극적으로 묘사한 것으로서, 구약 성서의 여러 곳에서 하나님의 구원 의지를 밝힐 때마다 인용된다. 그러나 무엇보다도 이스라엘 백성으로 하여금 하나님의 백성으로 확신하게 만드는 것은 계약사상, 즉 언약사상이다.

아브라함과의 언약

하나님께서 옛 언약 공동체를 만드시기 위하여 아브라함을 갈대아 우르에서 가나안 땅으로 부르시고 그와 언약을 맺으셨다.[106] 그에게 주신 하나님의 언약적 약속은 그에게 준 약속의 복을 이어받을 후사(창 15 : 4)와 그 후사가 영원히 소유할 기업의 땅 가나안(창 13 : 14-16)을 주실 것과 아브라함과 그의 후손은 복의 근원이 되리라(창 12 : 1-3)는 것이다. 아브라함이 하나님의 언약적 약속들을 믿고 순종하므로 옛 언약 공동체의 초석이 놓여지고 건설되기 시작했다. 여기에서 주목되는 점은 옛 언약 공동체의 건설을 위한 준비의 주역은 하나님 자신이신 것과 그분이 어떻게 준비하셨는가 하는 것이다.

하나님은 자신의 약속을 믿음으로 순종하여 나가는 아브라함과 함께 동행하시면서 많은 민족 중에 이스라엘을 택하여 그들의 하나님이 되시고 그들은 그분의 백성이 되도록 아브라함의 자손을 창대케 하셨다. 아브라함과의 언약은 이스라엘로 옛 언약 공동체를 이루는 이스라엘의 언약의 기초가 되었다.[107]

이스라엘과의 언약(모세언약)

이 언약은 이스라엘 백성의 신음 소리를 들으시고 아브라함과의 언약을 기억하여 모세를 대표로 해서 맺은 언약이다(출 2 : 23-24, 24 : 1-18). 출애굽기 1장 7절은 그들이 종살이 중에도 "생육이 중다하고 번식하고 창성하고 심히 강대하여 온 땅에 가득하게 되었더라"라고 말한다. 이것은 그들이 다산(多産)하는 족속이 되어서가 아니라 애굽 종살이 기간에도 하나님께서 아브라함과 맺은 언약을 기억하시고 이스라엘 백성을 간섭하신 것이다. 신인공동체와 관련하여

---

106) 창세기 12, 15, 17장

107) 아담과 하와의 타락 이후에 아브라함과 모세를 통하여, 그리고 다윗과 그 후손을 통하여, 그리고 룻과 그 후손을 통하여 끊임없이 계속되는 언약의 관계에 대해서는 성경의 언약 사상을 이해하는 것이 매우 유익할 것이다. Cf. Julie A. Gorman, Community That Is Christian, 4-41. 또한 유영기, "신인 공동체를 바라보면서", 목회와 신학, (1989년 9월호), 44-45를 보라.

이 언약의 중요성은 하나님께서 이스라엘을 그분의 백성으로 삼으시고 이스라엘 공동체의 하나님이 되셔서 그들 중에 거하시며 그들과 교통(交通)하심에 있다. 물론 하나님께서 그분의 백성들과 교통하심에 있어서는 다음의 전제가 필요했는데, 이는 곧 그 중에 거하시기 위해서는 한 가지 선행 조건이 필요한 바, 그것은 그분의 백성이 거룩해야 한다는 것이다. 왜냐하면 거룩한 하나님은 부정한 백성 중에 거하실 수 없기 때문이다. 이 문제를 해결하시기 위하여 첫째로, 하나님은 이스라엘이 악(惡)에서 떠나도록 율법을 주셨다. 율법 주심의 전제는 "나는 너희를 애굽 땅 종되었던 집에서 인도하여 낸 여호와 너의 하나님"이라는 것이다(출 20 : 2). 그러므로 하나님과 계속적으로 교제(交際)를 나누기 위해서는 이스라엘은 언제나 악에서 떠나 있어야만 했다. 둘째로 부정한 백성을 거룩하게 만드는 희생 제도를 만드셨다. "육체의 생명은 피에 있음이라. 내가 이 피를 너희에게 주어 단에 뿌려 너희의 생명을 위하여 속하게 하였나니 생명이 피에 있음으로 피가 죄를 속하느니라"(레 17 : 11) 여기에서 회막은 바로 죄 문제가 해결되는 곳인 동시에 하나님께서 이스라엘 백성 중에 거하시는 처소가 되었다.[108] 이는 장차 예수 그리스도의 구속적 보혈 가운데 있게 될 그분의 백성들을 예표하는 것이기도 하다.

옛 언약 공동체의 구성원이 된 이스라엘은 하나님이 그들 중에 거하시도록 죄악에서 떠나기 위하여 율법을 지키고 희생 제도를 충실히 이행할 책무를 지고 있었다. 이는 언약 공동체 안에 있어야 하는 이스라엘 백성들이 하나님과 교제하는 관계를 유지하기 위하여 하나님의 뜻을 드러내는 것이라 하겠다.

---

108) Ibid., 45-46.

다윗과의 언약

회막에서의 제사와 예배는 임시적인 것이었던 반면에, 여호와께서는 한 장소를 선택하셨고(신 12장), 하나님께서 택하신 장소는 다윗과의 언약에서 약속하신 대로 솔로몬을 통하여 세워진 성전을 의미했다. 그곳은 아브라함이 이삭을 희생제물로 바치려 했던 모리아 산(창 22장)인 동시에 화목 제물을 드림으로 온역이 그친 오르난의 타작 마당(대상 21장)이었다. 솔로몬이 세운 성전은 여호와께 제사를 드리는 곳으로 여호와의 이름이 영원히 계신 곳이며, 그분의 눈과 마음이 항상 있는 곳으로 죄가 사하여지는 특별한 장소, 곧 성전을 의미했다(대하 7 : 11-16). 그 가운데 다윗과의 언약은 또 하나님의 율례와 규례를 지키는 것을 강조한다. 이렇게 성전을 짓고 율례를 지키는 자에 대하여 "나는 그 아비가 되고 그는 내 아들이 된다"고 하셨다. 솔로몬이 성전을 건축하였으나 하나님의 아들이 되는 이 고귀한 개념은 그 의미에 있어서 다윗에게로 돌린다. 오히려 성전을 실제로 건축한 솔로몬을 비롯하여 옛 언약 공동체의 구성원인 이스라엘 백성이 하나님의 율법을 지키지 못했음은 선지자들의 글을 통하여 알 수 있다. 솔로몬에게는 다윗과 달리 하나님의 징계가 임할 때에도 그 악한 길에서 스스로 겸비하여 회개하는 마음을 찾아보지 못한다.

그러나 다윗과 언약을 맺으신 하나님께서는 다윗의 육신적인 자손에게만 그 언약의 성취를 이루신 것이 아니었다. 하나님께서 언약을 맺으신 다윗과의 약속은 궁극적으로 다윗의 후손인 "그리스도 안에서" 그 언약의 실질적인 모습이 이루어지게 된 것을 우리는 성경에서 찾을 수 있게 된다. 그러나 그 중에서도 하나님은 백성과의 언약 관계를 계속적으로 선포하셨다. 물론 이스라엘 백성들의 반역과 언약의 파기가 있었던 것도 사실이다. 그러므로 선지자 예레미야는 이스라엘이 하나님과 맺은 언약을 파하였다고 선언했고(렘 31 : 32), 호세아가 이스라엘은 하나님의 백성이 아니요, 하나님은 그들의 하나님이 아니라고 선언했다(호 1 : 9). 그러나 언약 공동체에 대한 하나님의 영원한 계획이 실패할 수 없기 때문에 하나님께서는 예레미야를 통해 그의 백성과 "새 언약"(New Covenant)을 맺으실 것을 선포하셨다.[109]

이처럼 구약 성서는 하나님과 그의 백성들간의 언약을 다양하게 드러내고 있다. 예컨대 아담과의 시작 언약, 노아와의 보존 언약, 아브라함과의 약속 언약, 모세와의 시내산 언약, 다윗과의 왕족 언약 등으로 나타났지만 이러한 다양한 언약들은 새 언약과 관계하여 주제의 통일성(統一性)을 보이고 있는 것이다.[110] 언약관계에 있어서 이러한 주제의 통일성이란 측면에서 볼 때, 시내산 언약은 이스라엘을 신앙 공동체로서 가시화(可視化) 내지는 실제화 시켰으며, 신약시대에까지 이어져 발전하는 신학적 주제들을 함축하고 있다. 따라서 시내산 언약의 성격과 그것을 통해 이루어지는 이스라엘 백성의 공동체를 이해함으로써 구약에서 보여주는 신앙 공동체에 대한 중요한 전망을 얻을 수 있는 것이다.

하나님께서는 시내산 언약을 통해 자신의 신앙 공동체인 이스라엘 백성들에게 신앙적이고도 사회 윤리적인 교훈을 구체적으로 제시하였고, 또한 그것들을

---

109) 렘 31 : 31-34 : 나 여호와가 말하노라 보라 날이 이르리니 내가 이스라엘 집과 유다 집에 새 언약을 세우리라. "나 여호와가 말하노라 이 언약은 내가 그들의 열조의 손을 잡고 애굽 땅에서 인도하여 내던 날에 세운 것과 같지 아니할 것은 내가 그들의 남편이 되었어도 그들이 내 언약을 파하였음이니라. 나 여호와가 말하노라 그러나 그 날 후에 내가 이스라엘 집에 세울 언약은 이러하니 곧 내가 나의 법을 그들의 속에 두며 그 마음에 기록하여 나는 그들의 하나님이 되고 그들은 내 백성이 될 것이라. 그들이 다시는 각기 이웃과 형제를 가리켜 이르기를 너는 여호와를 알라 하지 아니하리니 이는 작은 자로부터 큰 자까지 다 나를 앎이니라 내가 그들의 죄악을 사하고 다시는 그 죄를 기억지 아니하리라 여호와의 말이니라."

110) 이 주제의 통일성은 하나님께서 자기 백성을 사랑하셔서 복주시고, 그의 백성은 그의 복으로 인하여 생육하고 번성하며 땅에 충만하며, 그들이 하나님의 법을 좇을 때에는 하나님께서 그들을 복주시고, 또 그들이 비록 하나님을 떠날지라도 하나님은 그들을 버리지 아니하시고, 그들을 때려서라도 돌이킬 것이며, 그들은 다시 돌아올 것이며, 또한 그들은 영원히 그 하나님을 찬양하는 것이다.

가감없이 지킴으로 그와의 교제를 할 수 있도록 명하셨다. 이스라엘은 자신에 대한 정체성을 언약 관계와 하나님의 구원 사건을 통해 하나님의 백성이라는 관계성을 확인할 수 있었으며, 하나님의 백성으로서 받은 사명은 하나님과의 거룩한 교제를 통하여 이방에 대한 여호와의 증거자로서의 삶의 자세를 명하고 있음을 알 수 있다. 따라서 언약 백성으로서의 사명은 만민에게 하나님의 공의와 사랑과 평화를 제공하되 그들이 하나님 앞에서 전인적인 평화를 누리는 것은 하나님의 백성으로서 하나님과의 "코이노니아"를 통하여 드러낼 수 있는 것임을 말하고 있다.

비록 구약 성서에서 "코이노니아"라는 말이 직접적으로 언급되지는 않지만 그와 연관된 개념과 그 정신은 구약 성서 전체에 걸쳐서 나타나고 있다. 이스라엘 백성이 그들과 하나님과의 언약 관계를 코이노니아로 표현하지 않는 이유는 하나님을 두려워하는(경외하는) 구약적 가르침 때문이었을 것이다. 구약 성서에서 코이노니아 개념의 기초가 되는 정신은 하나님과의 '언약 사상'이지만, 그 언약 사상속에 숨겨진 또 하나의 정신은 '공동체적 연대성'(Community Solidarity) 혹은 '집합적인 인격'(Cooporate Personality)정신이다. 이러한 사상과 정신은 하나님의 백성들이 개인적으로는 하나님을 두려워하는 마음을 갖게 할 뿐만 아니라 개개인은 신앙 공동체의 일원이자 동시에 전체의 책임을 지니는 중요한 주체들로서, 그 한 개개인이 감당해야 할 전반적인 책임을 다하도록 동시에 일깨워 주고 있는 것이다.

이처럼 하나님께서는 이스라엘과의 언약 관계(Covenant Relationship)를 통해 언약 공동체를 주도하셨으며,[111] 그 언약 백성들에게 어떤 삶과 책임을 요청했는가를 살피는 것을 통해 그리스도의 몸으로써 공동체 삶을 알 수 있는 것이다. 따라서 출애굽 사건과 시내산 언약은 이스라엘 백성으로 하여금, '공동체적인 삶으로 하나님을 계속적으로 체험하도록, 그리고 풍성한 삶으로 이끄는 현관 역할'을 하였고, 하나님의 율법에 순종하는 가운데 그들의 현재와 미래를 하나님께 맡기도록 하는 신앙 공동체로 형성시키는 것이었다.

시내산 언약을 가장 명료한 형태로 재현시킨 부분인 출애굽기 20장, 레위기 17-26장, 신명기 12-26장에서 공통적으로 강조되는 교훈은 하나님의 백성이 개인적인 경건 생활을 유지하고 종교의식에 질서있게 참여함과 동시에 정치·경제·사회적인 영역의 삶에서도 공동체적 공의와 사랑을 실천해야 한다는 점이다. 시내산 언약에서 강조되는 정치 원리는 모든 사람이 하나님 앞과 그분의 계명 앞에서 모두가 존엄하고 공평하다는 사상이며, 주된 경제 원리는 평등주의에 입각하여 신앙 공동체(信仰共同體)의 자원을 구성원의 각자 필요에 따라 분배 제공해 주는 정신이며, 특히 가난한 자들과 소외된 자들이 공동체적 원리 아래 사회·경제 체제 속에서 보호받도록 율법을 준수하는 것이었다. 그리고 이에 대한 구체적인 실천적 모습으로서 안식년 제도와 희년 제도를 통해 하나님의 백성과 만물을 공의(公義)롭고 평화(平和)롭게 보전시키려는 하나님의 의도를 드러내게 된다는 것이다.

---

111) 자신의 백성과 언약 공동체를 맺으심에 있어서의 하나님은 "언약의 주인"(Lord of the covenant)이시다. 따라서 언약의 주인으로서의 "하나님의 주권성"(Lordship)은 "하나님의 공동체"(Divine Community)의 주도자 되심(Leadership)은 당연하다. 즉, 하나님은 하나님의 공동체의 주권을 행사하시는 분이시다. 이것은 기독교 공동체에 있어서의 하나님 중심이라는 특성을 드러내며, 이는 "하나님의 의지"(Divine Will)를 반영해야만 하는 교회 공동체의 특징을 보여준다고 하겠다. 이에 대해서는 Icenogle 의 다음의 말이 그 의미를 갖는다고 하겠다 :

"하나님께서는 거룩한 공동체로서 살아계시고 인도하신다. 하나님께서는 공동체를 위한 공동체로서 (as community for community) 그 주권을 행사하신다. 하나님께서는 단체를 이루어 가심에 있어서 주도권을 지니고 계시며, 따라서 그 단체는 하나님의 본성과 그 모습을 따라서 그 모든 삶의 양식을 이끌어 나가게 된다. … 단체의 주인으로서의 하나님은 모든 구성원들로 하여금 하나님 중심의 특성과 모습을 닮아가도록 요구 하시는데, 이렇게 함으로써 피조된 인간속에서 하나님의 모습을 드러내고자 하는 것이요, 이는 곧 만물을 다스리는 것을 인간과 함께 나누시고자 하는 의미이다. Icenogle Ibid, 47.

물론 이러한 원리와 제도는 선택이 아닌 필수적 행위로 요구되었던 것이요,[112] 이 모든 제도의 실천은 하나님과의 언약(言約)에 기초한 것임은 말할 것도 없다. 이런 공동체를 이룩하는데 요구되는 바는 단순히 제의적(祭儀的)인 면에서만의 종교적 요소뿐만 아니라, 하나님의 의지 표현으로 정치·사회 경제의 제반 규범들이 서로 균형있게 조화될 때, 비로소 그 공동체는 하나님 앞에서 온전한 신앙 공동체로써 나타날 수 있었다는 점이다. 따라서 이스라엘 백성이 신앙 공동체로 실체화되게 해 주는 이 시내산 언약이야말로 신약에서의 교회 공동체를 이루는 근거(根據)가 되며 원형(原形)을 제공해 주는 중요한 역할을 하는 것이다.[113]

3. 새로운 언약(신약)에서의 신앙 공동체

예레미야를 통하여 약속하신 새 언약은 예수님께서 십자가에 그의 피를 흘리신 죽음을 통해 완성되었고, 이는 성만찬 예식을 통해 확증되었다(눅 22 : 20, 고전 11 : 25). 새로운 언약을 통한 새로운 신앙 공동체는 하나님의 아들되신 예수 그리스도로 시작 되었고, 이것은 초기 기독교 공동체의 형태로서 그리스도 공동체 또는 제자(초대교회) 공동체로 발전되었다.

예수님과 새 언약의 성취

"자기 백성을 저희 죄에서 구원할 자"(마1 : 21)로 오신 예수님의 공생애는

---

112) "공동체란 결코 선택 되어야 하는 문제가 아니다 - 이 공동체는 하나님께서 우리들에게 요구하시는 필수적인 모습일 뿐이다. … 창조자와 함께하는 공동체가 우선적이긴 하지만, 이 공동체는 동시에 다른 사람들과 함께하는 모습이 요구되는데, 피조된 존재(인간)는 창조자가 원하시는 상태를 충족시켜 드려야만 한다는 점이다. Jalie A. Gorman, Community That Is Christian, 30.

113) Icenogle, Ibid., 47-48.

세례 요한에게 세례를 받으심으로 시작 되었다. 예수님은 세례 요한에게 세례를 받음에 있어서 죄가 있으므로 세례를 받은 것이 아니라 "세상 죄를 지고 가는 하나님의 어린양"으로서 세례를 받으셨다(요 1 : 29, 36). 이는 예수님께서 죄인들이 받는 세례를 받으심으로 그분의 백성들과 동등하게 되셨고, 또한 그들의 대표자로서 그들의 죄를 없앨 수 있게 되셨다는 것이다. 달리 말한다면 세례를 받으심으로 그분의 백성들에게 그들의 죄를 대신 받으신 것이다. 예수님은 자기 백성의 대표자로서 그분의 죄를 없애기 위하여 십자가에 죽으심으로 인하여 죄를 회개하는 자들에게 선언될 죄 용서의 근거를 제공하셨다. 따라서 이 십자가에 죽으심의 세례는 성만찬의 자리에서 이룩하신 새 언약의 근거가 되어졌다. 예수님께서 하나님의 아들로 이 세상에 오셔서 자기 백성의 대표자로 그들의 죄를 대신하여 십자가에 죽으심으로, 예레미야를 통하여 하나님께서 자기 새 언약 백성의 죄를 사하시며 다시는 그 죄를 기억지 아니하리라 하신 새 언약의 약속이 성취된 것이다(렘 31 : 34).

이렇게 새 언약 공동체의 기반으로 오신 예수님은 그분의 삶과 가르침 속에서 개인의 중요성을 강조했을 뿐만 아니라 공동체에 대한 관심도 지대하셨다. 예수 그리스도에게 있어서 개체(個體)와 공동체(共同體)와의 관계가 때로는 대립적으로 나타나지만 사실은 유기적 관계를 맺고 있다. 그분의 백성들과의 새로운 언약을 성취하기 위해 오신 예수 그리스도는 열 두 제자를 선정하여 함께 먹고, 마시는, "함께함"(Togetherness)의 생활을 통하여 새 공동체를 시작하였고, 그들을 통하여 하나님의 나라를 소개하면서 그 영역을 확대함으로써 복음 안에서의 일치성(Unity)을 이루고자 하는 공동체를 지향해 나갔던 것이다. 예수님께서 이루시고자 했던 공동체의 사명은 기존 유대 공동체의 지배 이념과는 전혀 다른 모습으로 나타났다. 그것은 예수 그리스도께서 십자가에 죽으심으로 인간의 죄를 용서하는 바탕위에 자신을 희생하는 자세로 나타났다. 그리고 이

예수 그리스도는 열두 제자를 선정하여 함께 먹고, 마시는 함께함의 생활을 통하여
새 공동체를 시작하셨다.

새 언약의 공동체는 그분의 부활과 더불어 그리고 예수님이 약속하신 성령의
강림과 더불어 공동체적 삶을 실천함으로 그 모습을 드러내게 된 것이다. 이
공동체에서 삶의 자세는 무엇보다도 예수님의 가르치심인 마태복음의 산상수훈
을 중심으로 이루어졌다. 그런데 이것은 단지 "행위를 통해서만" 이루어지는
공동체는 아니었다. 이와는 달리 예수 공동체는 새로운 관계성(關係性), 즉 "가
족 개념"을 통하여 형성되었다.[114]

또한 이것은 오직 현세만을 염두해 둔 공동체도 아니었다. 예수님께서는 신
앙 공동체를 이루기 위해 모든 것을 버리는 자들에게 현세에서 뿐만 아니라,

---

114) "관계성"(relationship)으로서의 공동체의 개념은 무엇보다도 하나님과 그분의 아들에 대한 표
현에 근거를 두는 것으로, "아버지"와 "아들"의 관계를 보여준다. 이에 대해서는 신약 성서에 나타난 수
많은 이와 같은 표현들을 보여주는 구절들을 참고하라. 요한 4 : 34 ; 5 : 30 ; 8 : 38 ; 14 : 9 ; 16 : 7 ;
17 : 6, 7, 9 참조

장차 올 새 가정과, 새 땅, 그리고 미래의 복을 약속했다. 물론 이 새 가정과 새 땅의 복은 본래의 혈연을 초월하여 신앙 공동체 안에서 예수 그리스도를 중심으로 한 형제·자매들의 공동체를 의미하고 있다.

이 공동체의 모습은 당시의 일반적인 통념을 뒤집어서 가장 잘 "섬기는 자"(Servant)가 가장 높은 자가 되며, 높임을 받으려는 자가 낮아지게 되는 아름다운 "섬김의 공동체"를 의미하는 것이었다.

오순절과 새 언약 공동체로서의 교회

예수 그리스도의 부활 승천 이후 그를 따르던 제자 공동체는 하나님의 백성으로, 부름받은 집단으로서 이스라엘을 지향하는데, 이방인도 제자 공동체에 참여하여 같은 하나님의 백성 곧 새 이스라엘을 이룬다. 그러나 이방인의 동참은 주로 바울의 선교 공동체를 통해서 이루어지며, 예수 그리스도에 의해 시작된 제자 공동체는 성령의 임재와 더불어 확고히 되었고, 예수 공동체의 연속으로서 초대교회 공동체는 예수 그리스도의 뜻을 따르는 것을 그 이념으로 삼았다.[115]

예수님께서 이룩하신 새 언약에 근거한 공동체로서의 교회는 제자들이 오순절에 성령의 세례를 받음으로 시작되었다고 볼 수 있다. 오순절 이후에는 성령님께서 성도 안에서 역사하심을 본다. 이 성령의 임재와 사역은 새 언약 공동체의 구심점과 생명력을 불어 넣었다. 다시말해서, 하나님의 백성으로 부름받은 새 이스라엘로서 초대교회 공동체는 사도행전 2장에 나오는 성령강림 사건을 통하여 하나님과의 새 언약을 맺으며 구약의 모든 언약을 성취하게 된 것이다.

이것은 이스라엘이 민족적 차원에서 하나님과 언약관계를 맺음으로써 코이

---

115) 박건택, "기독교 공동체의 교회사적 고찰", <u>신학지남</u>, (1992년 여름호), 94-95.

노니아의 모형을 이루게 된 것이요, 또한 성령의 임재를 통해 이스라엘 뿐만 아니라 모든 이방인도 하나님과 언약 관계를 맺는 완전한 성도들 상호간에 연합된 관계에 들어가며, 구약에 나타난 언약관계적 삶의 양식, 곧 코이노니아를 완전하게 구현하게 된 것이다.

이스라엘 백성들 가운데서 희년사상이 선포되고, 실천된 것은 이것이 초대교회의 실현된 공동체성, 곧 코이노니아를 특징지어 주는 중요한 삶의 양식에 기초가 된 것이다. 초대교회는 희년의 원리를 그 사회 경제 생활에 적용하려 애썼고, 그러므로 초대교회에서 코이노니아를 실현하였던 바, 그들이 다 함께 있어 모든 물건을 서로 통용하고, 또 재산과 소유를 팔아서 각 사람의 필요를 따라 나누어 준 것은 매우 의미있는 일이라고 하겠다(행 2 : 44-45).

초대교회의 이러한 공동체적인 면모는 광범위한 구제행위로 나타나게 되는데, 교회내적 구제와 대(對)사회적인 활동으로 나누어진다. 초대교회 집사는 바로 구제를 위해서 생긴 직책이라는 것을 볼 때(행 6장), 초대교회가 구제를 얼마나 강조하였는지 알 수 있다.

따라서 초대교회 공동체는 성령의 역사로 영적, 정신적 교제뿐만 아니라 물질(物質)도 나누었던 공동체였으며, 초대교회 공동체의 원리로서 성령 안에서의 코이노니아는 지금도 계속되어져야 할 복음의 열매와 그 측면이요, 또한 교회 갱신의 또 다른 한 목표가 되어야 하는 것이다.

공동체로서 신약적 의미의 교회 개념은 결코 새로운 것은 아니다. 구원 역사와 언약 관계에 있어서 신·구약의 연속성을 생각할 때 공동체는 이미 구약에서 약속한 공동체적 의미를 오순절 성령세례로 말미암아 성취하신 새 언약(New Covenant)에 초점을 맞춘 것이요, 신약에 이르러 보다 적극적이고 상호 교류적인 공동생활이 강조된 것이다. 이스라엘을 향한 신앙 공동체는 카리스마적(은사적) 유기체로서 신약 교회에 성령 공동체의 기초를 쌓아놓은 것이다.

그러므로 초대교회의 자원적 희년의 성취, 곧 초대교회 공동체의 원리는 구약의 희년사상을 실현시킨 것으로 이해될 수 있다. 그리고 그 공동체의 정신은 구약의 희년제도 안에서 모든 것을 자유롭게 해방시킨 것과 마찬가지로 지금의 현실에서도 유무상통(有無相通)의 집단적인 생활 공동체로서 나타날 수도 있고, 좀 더 구체적인 모습으로는 그리스도 중심의 교회 공동체 형태로도 구현될 수 있다고 보겠다. 왜냐하면 우주적 통일체로서의 모든 교회는 모두가 자원(自願)의 희년을 선포하며 그리스도의 구속사역에 동참하는 하나의 몸에 속하기 때문이다.

지금까지 우리는 공동체적 원리 가운데 교회에 대한 이해를 해왔다. 이제 한국사회에 등장했고 또한 지금까지 활동을 하고 있는 기독교적 공동체 운동의 실상을 연구해 보고자 한다. 이러한 연구의 목적은, 기독교 공동체로서 있어야 할 중요한 내용들을 점검하고자 하며, 이를 통하여 한국 교회의 공동체성 회복을 염두에 두고자 함에 있다.

제 3 부
한국사회에 나타난 공동체 연구(1)
1970년대 이전을 중심으로

교회는 공동체적 이상을 가지고 하나님의 나라를 확장하고자 하는데 그 의미를 갖는다. 이것은 비단 어느 지역, 어느 계층에 속한 교회만의 이상이 아니요, 한국교회도 이러한 의미에서 예외는 아니었다. 그러나 한국교회는 공동체로서의 이상을 특별히 삶의 영역에서 반영하지 못한 채 제의적(祭儀的) 요소만이 교회의 요소로서 강조되어 왔던 것도 사실이다.

따라서 삶의 영역에서 인간관계를 상실한 교인들이나 주변 사회에 적응하지 못한 적지않은 사람들이 폐쇄된 영역에서 신앙의 공동체성을 위해 몸부림 치기도 했으며, 잘못된 교리적 집단속에서 그 신앙을 송두리째 빼앗긴 모습을 지녀 왔다. 이러한 현상은 한국교회가 변화하는 사회에 적절히 그 공동체성을 발휘하지 못한 결과임을 오늘날에 와서야 반성하는 계기가 되었으리라 믿는다.

그러나 다행스럽게도, 현대에 이르러 교회는 그 공동체적 사명(共同體的 使命)을 깨닫고 사회의 여러 분야에 걸쳐 공동체적 의식을 불러일으키기도 했으며, 이에 동참하는 모습을 보여준 것도 사실이다.

물론 여전히 전형적이고 의례적(儀禮的)인 교회의 모습이 있는 것은 사실이나 한국사회에 나타났던 여러 형태의 공동체적 현상에 대해 건설적인 대안들이 나오는 것도 또한 현실이요, 이러한 현실은 오늘날 한국사회에 있어서 감당해야 할 교회의 공동체성을 논하는데 매우 중요한 요소를 이루게 될 것이라고 생각한다.

따라서 3부에서는 현대 한국교회가 유의해야 할 모습들이 한국사회에 존재해 왔거나 존재하고 있는 몇몇 공동체 운동을 살펴봄으로써 오늘날 한국사회와 한국교회가 지양해야 할 공동체적 구조에 참고적으로 이해되었으면 한다. 이러한 모습은 오늘날 공동체로써 교회의 의미를 상실해 가는 듯한 한국교회의 새로운 공동체성 회복을 위한 좋은 예들이 될 것이다.

오늘날 교회 그 자체의 대형화를 지향해 나가고 있는 모습과 비교해 볼때, 공동체성의 회복을 위하여 1970년대 또는 1980년대를 기점으로 그 이전과 이후에 나타난 공동체 운동들을 살펴보고자 한다. 물론 다음의 공동체 운동이 전형적인 교회의 이름으로 나타난 것이 아님을 유의해야 할 것이다.

1장 : 가나안 농군학교

1. 설립배경 및 역사적 흐름

　가나안 농군학교는 김용기 장로가 1933년 스물한 살의 청년시절 농사꾼이 될 것을 작정한 이후에 예수 그리스도를 믿는 믿음으로 땅에 대한 사랑과 기독교 정신을 실천하기 위해 설립한 것이다. 가나안 농군학교가 오늘에 이르기까지의 과정을 간략하게 살펴보면 1차 개척지는 경기도 남양주군 소재 봉안이라는 곳에서 시작되어 봉안 이상촌을 설립하여 농민운동을 시작했고, 2차 개척지는 은평구 구기동으로 이 지역에 삼각산 농장을 세웠다(1946년). 3차 개척지는 용인의 에덴농장(1950년)으로 이때 약 50여 명이 공동생활을 하였으며 4차 개척지가 바로 경기도 하남시 풍산동에 있는 제1가나안 농군학교이다. 이곳에 '농군 사관학교'를 세울 계획이었으나 명칭관계로 논의가 있다가 1962년 2월 1일 '가나안 농군학교'로 정식 개교하였다.

　1982년에 이르러 가나안 농군학교는 「농군 사관학교」와 「복민대학」 등 새로운 과정을 신설했다. 이 「사관학교」는 농촌운동에 뜻을 둔 젊은이들을 선발하여 4개월간 집중훈련을 시키는 과정이며 「복민대학」에는 목사, 전도사, 장로를 위한 무료교육 프로그램이 있다. 이 가나안 「복민대학」(전북 완주군 경천면 소재) 89년 7월 29일 개교식을 가졌는데, 이는 83년 개간작업을 시작한 후 6년간의 땀의 결과였다.

김용기 장로의 생애와 사상

일가(一家) 김용기 장로는 1909년 경기도 남양주군 와부면 능내리 봉안 마을에서 한학자 출신이었으면서 후에는 독실한 기독교인이 된 부친 김춘교 씨의 영향과 신앙심 깊은 모친 사이에서 태어났다.

젊은 나이(27세)에 교회의 장로가 된 그는 많은 교회를 설립하였고 더 나아가 교회의 부흥집회를 인도할 정도로 뜨거운 신앙심과 애국심을 바탕으로 활동을 하기 시작했다. 그의 활동은 일찍이 여운형이 양평에 세운 광동학교(廣東學校)에서 애국주의를 중심으로 이루어졌다.

서구의 발전된 사회와 기독교 신앙을 바탕으로 애국적인 마음과 더불어 국가와 사회의 발전을 바라는 그의 사상은 동양의 유교적이면서도 중용에 가까운 보수성을 바탕으로 함께 어울려져 있게 되었다. 그것은 그의 사상이 사회의 이상향(理想向)을 바라는 진보적인 사회발전과 더불어 동양적인 효(孝)와 충(忠)을 바탕으로 하는 새로운 한국사회 건설을 이루어나가고자 한 것을 보아서도 알 수 있는 것이었다.

물론 이러한 그의 사상은 구한말부터 시작된 애국운동과 기독교적 신앙의 확산과 더불어 이해되어야 할 것이다. 그의 생애의 목표를 한마디로 하자면 가나안 농군학교의 설립 목적이 된 다음의 내용에서 잘 알 수 있다 :

가나안 농군학교는 물질적 궁핍과 정신적 빈곤으로 나날이 황폐화 되어가는 인간과 사회를 구출할 수 있는 지도자를 양성하기 위하여 설립되었습니다. 예수 그리스도의 생애와 교훈을 교육지표로 삼아 투철한 민족정신을 되찾는 지도자를 배출함으로써 국민 대중에 잠재된 민족적 에너지를 활성화시켜 민족주체 세력을 형성하고 곤경에 처한 민족의 비극적 현실을 스스로 극복하려는 민족 구원운동의 진원지이며 민족정신의 도장으로 소임을 다하기 위하여 설립, 운

영되고 있습니다.[116]

어쨌든 애국심과 신앙심을 바탕으로 한 이상주의적 사회건설을 향한 그의 집념에는 부친의 영향이 절대적이었다고 자서전인 '가나안으로 가는 길'에서 밝히고 있다 :

나는 오늘날에도 때때로 내가 아버지의 10분의 1만큼만 했더라도 지금 처지보다 나은, 나라를 위한 일꾼이 되었을 것이라 생각한다. 아버지는 한학자이자 농사꾼이셨다. 그 농사꾼이라는 신분을 자랑으로 여기시며 땀흘려 먹어본 일이 없는 조상들의 후예임을 부끄럽게 여기셨다. 아버지는 "이 세상에서 가장 부끄러워 해야 할 일이 일 않고 앉아서 먹는 일이며, 땀을 흘려서 먹는 것이야말로 가장 떳떳한 일"이라 하시며 나에게 농사일을 하도록 말씀하셨다… 내가 오늘날 후회없는 농사꾼이 된 그 계기는 오로지 아버지가 만들어 주신 것임으로 나는 항상 아버지께 감사드린다.

이러한 부친의 사상은 "일하기 싫으면 먹지도 말라", "내집부터 잘하자", "외모 단장 말고 마음 먼저 아름답게 단장하자" 등의 강조 내용으로 그에게 이어진다. 이러한 아버지의 영향과 더불어 그의 마음을 사로잡게 된 것은 그의 소년시절에 체험하게 된 당시의 국가와 사회 분위기였다. 그가 10세 되던 해에 일어난 3. 1운동과 그 이후로 일어난 일제의 군국주의의 부활, 한국인을 상대로 한 일제의 경제적 수탈행위, 그리고 그러한 극심한 어려움 속에서 일어난 민족주의자들의 독립운동과 애국을 향한 활동 등은 일가 김용기 장로로 하여금 그 시대 속에서 애국(愛國)을 위한 활동을 불러일으키게 되었던 것이다.

그는 일제가 마지막 몸부림을 치던 무렵인 1944년경, 여운형 선생의 지도를 받으며 양주의 용문사 인근에서 각군의 농민대표를 모아 농민동맹을 결성하여

---

116) 가나안 농군학교 교육안내서 (1988년 판), p. 6

일제의 공출이나 징용, 징병 등에 항쟁하면서 나라의 미래를 염려하는 일에 애썼으며, 해방후에는 정치적 의도를 벗어나 순수한 애국적 태도에서 농민운동을 전개하고자 했던 것이다. 실제로 청년 시절에 그는 한때 나라의 독립을 위해 만주에 있는 독립단에 들어가려고 마음을 먹기도 했으나, 독립운동지사였던 이성락 목사를 만난 후, 그의 권면에 따라 만주에서 귀국하여 애국의 길로써 땅을 일구는 농인(農人)으로, 그리고 이상사회 건설을 향한 진보적 사상가로 그의 삶을 이루어 나갔던 것이다.

또한, 이상사회 건설을 위해서는 당시 국민의 대다수를 이루었던 농민들(당시는 전체 국민의 80%)을 깨우쳐야겠다는 일념으로 황무지가 되다시피한 국민들의 정신을 일깨우는 개척자로서 살아가게 되었던 것이다.[117]

1988년 8월에 가나안 농군학교의 설립자였던 일가 김용기 장로가 노환으로 소천했는데 우리 나라 최초의 농민장으로 거행되었다. 그의 유언은 "나원용, 한경직, 조향록 목사님만을 모시고 가족과 함께 장례식을 조출히 치룰 것과 내 관은 특별히 사지 말고, 베니어 합판으로 간단히 만들어서 하고, 유족들에게는 상복을 입히지 말고 '복민복'을 입히라"고 하였다. 물론 이대로 지키지는 않았지만 이 유언의 내용에서 가나안 농군학교의 근본적인 모습을 볼 수 있다.[118]

1994년의 활동사항은 김용기 장로를 기념하는 일가상(一家賞)제도, 93년부터 시작하고 있는 선교원 형태의 유아교육을 보육학교 수준으로 끌어 올리는 일, 그 밖의 새롭게 추진하는 것은 농군학교의 정신을 이어 받은 '가나안 대학'의 설립 및 현재 낙후된 시설과 환경의 개선, 그리고 통일 후를 대비하여 중국

---

117) 가나안 농군학교의 역사와 김용기 장로의 생애 및 그 삶의 목표나 추구에 대해서는 가나안 복민운동(가나안 복민연구소 편)을 보면 상세히 나와 있다.
118) 신앙세계, (1994년 9월호), 129

에 세울 제 3의 가나안 농군학교 등이 있다. [119]

가나안 농군학교의 교육

이 학교의 교육은 그 설립목적에서 다음과 같이 말하고 있는 바와 같은데, 그것은 "인간과 사회를 구출할 수 있는 지도자를 양성하기 위하여"라는 것으로 이를 위하여 다음과 같은 원칙을 가지고 사람들을 교육시키고 있다 :

1. 우리 민족의 주체성 확립
2. 도덕 교육을 통하여 바람직한 윤리규범의 생활화
3. 책임있고 민주적인 지도자의 인격함양
4. 올바른 국가관, 사회관 및 인생관을 확립
5. 우리실정에 맞는 근검절약의 생활화
6. 자기극복을 통한 개척정신의 생활화

가나안 농군학교는 '한국의 땅을 살리고 농촌을 바르게 살게 하기 위해' 시작되었는데 처음 시작할 때는 나라를 지키는 육·해·공군처럼 이 땅을 지키는 농군(農軍)을 낼 목적으로 정신교육과 실기교육이 실시되었으나 이에 대한 반응이 호응을 얻자, 교육내용이 일반 정신교육 위주로 방향이 바뀌었다. 교육과정은 2박 3일, 4박 5일, 열흘, 한 달, 석 달, 일 년의 기간으로 효자상, 지도자상, 가나안으로 가는 길, 민족 진로의 바른 선택, 삶의 원리, 인간의 사회성 개발, 가나안 여인상, 특강 등이며 농사실습은 두시간 정도이다. 처음 계획했던 농군교육은 농촌 후계자가 될 청소년들을 대상으로 강원도에 위치한 제2농군학교의 농군 사관학교가 특별하게 따로 맡고 있다. [120]

---

119) 신앙세계, (1994년 9월호), 71-72
120) 신앙세계, (1994년 9월호), 65

　1973년에는 강원도 원주군 신림면에 제 5차 개척지인 '제2가나안 농군학교'[121]가 세워졌다. 이곳은 농군학교 수료자인 김윤환, 김기해 장로 두 분이 이 지역 땅 15만평을 사서 기증하였다. 이곳 역시 숱한 땀을 필요로 했는데 황무지에서 비탈을 깎고 자갈밭을 일구었으며 제일 먼저 교회를 지었다. 이 두 가나안 농군학교에서 교육을 받은 사람은 50여 만명 정도 되는데 기업체 직원을 비롯하여 사장, 언론인, 교수, 학생, 공무원, 군인, 기독교계의 목사, 가톨릭의 신부와 수녀, 심지어는 불교계의 승려들도 다녀갔다고 한다.[122]

　경기도와 강원도에 있는 제1, 제2가나안 농군학교에서 운영하는 것 중에 지역사회를 위한 신용 협동조합이 있는데 1970년 11월에 돈 3만원으로 시작하여 철저한 신용을 바탕으로 1994년에는 조합원이 1만 5천 명에 돈은 360억원에 이른다. 이곳의 운영은 은행법에 기준하여 움직이며 주주가 없이 발생하는 이익은 모두 지역사회 개발에 투자했다.

가나안 농군학교는 한국의 땅을 살리고 농촌을 바르게 살도록 하기 위해 시작되었다.

2. 가나안 농군학교의 공동체 사상

가나안 농군학교에서의 가르침들은 지도자들의 삶 전체에서 나타나는데 아버지의 뒤를 이어 가나안 농군학교를 이끌어 나가고 있는 김종일 목사가 강조한 몇 가지를 살펴보면 알 수 있다. 일반적인 의미에서 볼 때, 그는 오늘날 한국사회에서 잊혀져 가는 '효'(孝)를 특히 강조하였다. 그러면서 현대 교회들이 하늘 아버지를 대상으로 한 "신앙"만 강조하고 "효"사상을 외치지 않기 때문에 많은 문제들이 발생한다고 주장한다. 물론 바른 신앙 아래에서 하나님과의 관계는 마땅히 부모를 비롯한 이웃간의 관계를 바르게 설정해주는 것이 당연한 것이나, 오늘날 한국사회 속에서 비대해진 교회들의 상실되어가는 "바른 가족관계"를 강조하고자 하는 그의 의도를 엿볼 수 있다고 하겠다.

가정의 중요성을 통해 바른 가족관계를 강조하는 가나안 농군학교의 '효'(孝) 사상은 오늘날 한국교회가 "복음과 함께", 그리고 "복음 속에" 내재되어 있는 올바른 가정의 문제 내지 이웃과의 관계성(關係性)을 중요한 공동체의 내용으로 삼아야 할 교훈이 된다고 하겠다.

그리고 공동체 안에서 서로를 위하여 아끼는 '절약' 문제를 또한 강조한다.[123] 그는 현대의 한국사회가 신앙을 떠난 극도의 향락과 소비위주의 사회로

---

121) 제2 가나안 농군학교의 위치는 원주에서 제천으로 가는 국도를 따라 30여 분 가면 신림면 정류소를 조금 지나 가나안 정류소가 있다. 여기서 버스가 서는데, 바로 그 오른쪽이 제2 가나안 농군학교이다.

122) 신앙세계, (1994년 9월호), 67

123) 그는 이렇게 밝힌다. "나는 평생 비누를 세 번 이상 비빈적이 없고 치약도 2mm이상 짜지 않는다." 또한 근검 절약에 대해서도 언급하면서 "밥 한 그릇이 쌀 오천 톨 정도 되는데 4천만이 한끼에 한 톨을 아끼면 8천명이 한끼 식사를 할 수 있다."고 말함으로써 그리스도인들의 절제된 삶의 자세를 실천적으로 보여주고 있다. 신앙세계, (1988년 1월호), 89

전환되어가는 것을 안타까워하면서 "기독교적 검소함"의 정신을 신앙으로 이루어 나갈 것을 말한다. 그리고 기독교적 봉사와 근로의 정신을 언급하면서 땅에 대해 애착을 갖고 땀흘리며 살아가는 삶의 자세를 강조한다. 그의 가나안 농군학교는 기독교적 가르침을 본받아 "심은 대로 거두는" 삶의 철학을 가지도록 권한다. 이상과 같은 가나안 농군학교의 정신은 "근로, 봉사, 희생"을 그 이념으로 하는 (가나안 복민의) 생활 헌장에 잘 나타나고 있는데, 그 생활 신조에서 다음과 같이 밝히고 있는 바와 같다 :

우리의 생활 신조 :
1. 윤리를 되찾아 부모님께 효도하자.
2. 씨족 관념을 버리고 다 하나가 되어 살자.
3. 지방적인 파벌의식을 버리고 살자.
4. 남을 멸시하는 계급의식을 버리고 살자.
5. 빈부 귀천의 거리를 없애고 살자.
6. 빼앗지도 말고 빼앗기지도 말고 서로 먼저 주면서 살자.
7. 사람은 누구나 연쇄적인 책임을 가지고 살자.
8. 목적은 하나가 되고 소질과 기능에 따라 힘써 일하고 살자.
9. 만유의 구세주 그리스도를 중심삼아 살자.[124]

가나안 농군학교의 교육 이념은 근로, 봉사, 희생으로서, 이것은 결국 「십자가의 정신」임을 가나안 농군학교는 주장한다. 그리고 이곳의 교육 방법이 전근대적

---

124) 가나안 복민의 생활헌장 참조. 가나안 농군학교-복민운동회 편

이라는 비난과 조소도 있고 기독교 신앙을 강조해 거부감을 준다고도 하지만 가나안 농군학교의 입장은 그 어떤 비난에도 불구하고 "한 손엔 성경, 한 손엔 호미"였다.[125] 이 가나안 농군학교를 통해 가르친 근검, 절약, 봉사, 희생의 정신을 고(故) 박정희 대통령에게 힌트를 주어 새마을 운동이 시작되었다고 한다.[126]

농군사관학교와 복민학교(福民學校)의 가르침

가나안 농군학교와 김용기 장로, 그리고 김종일 목사로 이어지는 가나안 농군학교의 사상을 이해하려면 우선 '가나안 복민운동'이 무엇인지 알아야 한다. 가나안 복민운동은 복음을 바탕으로 영(靈)과 육(肉)이 어우러져 사는 운동을 말한다. 복민운동에는 첫째로 "온 국민의 주체성을 확립하고 뚜렷한 이념을 정립시키려는 정신운동"과 둘째로는 "빈궁과 기아로부터의 해방을 추구하는 경제운동"이 내포되어 있다.[127] 가나안 농군학교에서는 창세기 3장 17절 말씀처럼 육신의 삶은 종신토록 수고해서 그 소산을 얻어야 한다고 가르치면서, 노동을 목적으로 보지 않고 범죄한 인간이 살 수 있는 하나님의 은총과 구원의 수단으로 보았다. 일가(一家)의 아들로서 현재의 가나안 농군학교를 이끌고 있는 김종일 목사는 구원의 필수요건을 '노동'으로 보았고, 따라서 복민운동은 한마디로 성경으로 돌아가자는 복음주의와 일치하여 영과 육이 조화롭게 될 때 오늘날의 농촌문제와 한국병, 더 나아가 사상문제까지도 문제될 것이 없다고 진단한다.[128]

---

125) 김종일, <u>역경의 열매-절망은 신의 출발</u>, (서울 : 국민일보 출판국. 1990), 117-124

126) <u>신앙세계</u>, (1988년 9월호), 127

127) Cf. <u>가나안 복민운동</u>, 가나안 복민운동 연구소편, 1997년, 머리말 참조. 이 가나안 복민운동은 가나안 농군학교라는 이름으로 교육이 지속되어 오던 중, 오늘날 일어나는 인류사의 많은 문제들(예컨대, 에너지, 식량, 공해, 자원, 그리고 현대사회에 나타난 다양한 정신적 공해를 비롯한 심각한 위기 등의 문제) 앞에서 인류와 사회의 건강을 위한 길을 제시하고자 내놓은 글들이다.

가나안 농군학교의 이러한 배경에는 철두철미하게 땅을 기초로 한 근로관(勤勞觀)과 이웃을 향한 봉사관(奉仕觀)이 기초되어 있다. 복민운동의 근로관은 성경에 나타난 노동을 통한 땀흘림을 기초로 하여 막스 베버(Max Weber 1864~1920 : 독일 사회학자)가 말한 근대적 의미에서의 직업노동 윤리관과 칼빈의 신적 소명에 따른 직업관이 들어있다. 그의 봉사관(奉仕觀) 역시 오늘날 자본주의 사회에서 일고있는 빈부간의 격차를 좁히고 인간의 이기적 성향을 최대한 낮추면서 기독교적 황금률이 되는 "남에게 대접을 받고자 하는 대로 너희도 남을 대접하라"는 이상적 사회의 공동체성을 향하고자 하는 자세에서 나온 것이다.

가나안 농군학교의 복민운동은 이것들을 기초로 하여 희생관, 경제관, 문화관, 그리고 행복관 등에 대하여 가르치고 있다. 이러한 일련의 세계관(世界觀)적인 지침을 통하여 가나안 농군학교의 복민운동은 한 개인의 올바른 삶의 길과 이를 통한 사회구원의 방법을 제시하고 있다고 보아야 할 것이다. 또한 복민운동의 일환으로 이어지고 있는 가나안 농군학교의 정신은 그 설립배경과 그 의의에서 이를 잘 반영하고 있다 :

이 학교의 교육이념은 7대 강령에 잘 나타나 있다.

    1. 우리는 역사의 동상이 되자.

    2. 우리는 시대의 등불이 되자.

    3. 우리는 판단의 저울이 되자.

    4. 우리는 문화의 발판이 되자.

    5. 우리는 선악의 거울이 되자.

---

128) 신앙세계, (1994년 9월호), 68

6. 우리는 지식의 채찍을 가하자.

7. 우리는 신앙의 불길을 일으키자.

이것은 가나안 복민학교의 교육이념(농군학교의 이념은 "근로〈Labour〉, 봉사〈Service〉, 희생〈Sacrifice〉)을 잘 보여준다. 이 학교는 앞으로 우리 사회의 가나안화(化)와 한 개인의 인격 완성의 참 복민(福民)을 위해 신앙을 실천 생활화하는 신앙의식화 교육, 진실, 사랑, 겸손을 이념으로 한 가나안의 통일교육인 복민교육, 자체소득사업으로 이상촌과 지역봉사기관을 운영할 복지사업, 복지농촌 실현을 위한 소득사업 등을 실시할 예정이다. 즉 복민학교의 교육은 가르친다기보다 '보여주는' 교육을 실시함으로써 교육장에서 직접 행동에 옮기고 구체적으로 삶 속에 체계화시키는 것이다. 복민학교 자체를 삼천리 반도의 축소판이라 생각하여 한 마을 공동체로 젖과 꿀이 흐르는 살아 있는 가나안 모델을 만드는 것이라 할 수 있다. 결국, 복민학교는 이스라엘의 키부츠(Kibbutz : 이스라엘의 농업 공동체)처럼 자급자족뿐만 아니라 복지면에서도 이상적인 공동체(Ideal Community)로 성장할 '복지마을'을 만들기 위한 첫 전초기지인 셈이다. 이 가나안 복민운동으로 한 개인 개인이 변화된다면 나아가서 가정과 사회, 국가와 세계가 하나님의 뜻에 합당한 모습으로 변화될 것을 힘주어 강조한다.[129] 가나안 농군학교의 공동체적 사상은 '근로, 희생, 봉사'를 강조하면서 동시에 '한 손에는 성경, 한 손에는 호미'를 역설하여 늘 "노동과 함께하는 신앙"을 강조하면서 확실한 '예수의 복음'을 강조하고 있으며, 그들이 신성한 것으로 생각하는 '노동'이라는 것도 영(靈)과 육(肉)의 조화로운 생활을 위한 것이라고 본다. 그리고 이러한 가나안 농군학교의 정신은 그 속에서 이루어지고

---

129) <u>빛과소금</u>, (1989년 9월호), 120-121

있는 교육방침들, 즉 정신 교육, 공동체 교육, 전인 교육, 그리고 지도자 교육 등을 통하여 이루어지고 있는 것이다. [130]

3. 기독교 공동체적 관점으로 본 평가

김용기 장로와 김종일 목사, 그리고 그 뒤를 잇는 가족들 모두가 이러한 구체적인 삶에서 드러내는 공동체적 이상을 부르짖고 있으며, 이는 복음 안에서의 구체적인 실천을 필요로 하는 교회 공동체에게 많은 의미를 준다고 하겠다. 가나안 농군학교는 삶의 구체적인 실천을 교회생활과 분리시키지 않고, 더 나아가 교회와 연계하여 복음의 바탕 아래에서 여러 기관들을 위한 위탁교육 등을 실시함으로 사회나 교회와 연계하여 사업들을 벌여 나가고 있으며, 복음주의적 학교의 설립과 교육과정 등을 통하여 바른 복음을 가르치기에 노력하고 있다.

물론 가나안 농군학교는 교육실습의 현장을 농군학교 내에 둠으로써 사회에 직접 참여하거나 소외된 계층의 사람들을 직접적으로 돌보는 일 등을 하지는 않지만, 여러 가지 교육 프로그램들을 통하여 올바른 생각을 가진 사람들을 배출함으로써 사회와 교회에 봉사하고자 한 면에서는 긍정적인 평가를 내릴 수

---

130) 농군학교의 교육방침은 가. 정신교육(여기에서는 "신앙을 바탕으로하여 정신적 자세확립과 절제있는 생활과 심신의 단련을 통해 불굴의 강인한 신념과 정신력 상화를 도모하여 인생관을 확립하고 생활관을 세워서 지도자로써 갖추어야 할 정신적 지주를 굳히는데" 있다.) 나. 공동체 교육(여기에는 "교육생 전원이 합숙하여 규율있는 단체생활을 통해 개인과 사회가 복리를 이룰 수 있도록 상부상조하는 자율적인 인격건설을 도모"함에 있다.) 다. 전인교육(여기에서는 "배우고 가르치는 이들이 전인격적으로 만남으로써 한 인격체의 생활과 지식과 행동을 일치시키는 전인교육을 실시"한다.) 라. 지도자 교육(여기에는 "급속한 사회적 변화를 적응시키고 새로운 관을 세우며 생활화시켜서 유능한 사회지도자를 길러냄으로써 보다 빠른 사회발전을 기함"을 목표로 한다.) 참고, 가나안 농군학교 교육 안내서(1988년판), p. 7.

그것은 지나간 우리 사회의 모습을 비추어 볼때, 상당한 의미를 한국사회에 보여준 공동체라고 할 수 있다.

있을 것이다. 다른 공동체 운동과는 달리 가나안 농군학교는 넓은 교육 시설과 환경의 이점을 활용하여 공동체로서의 장(場)을 활발하게 진행시켜 온 역사를 보여주고 있다. 그것은 지나간 우리사회의 모습에 바추어 볼 때, 상당한 의미를 한국사회에 보여준 공동체라 할 수 있겠다.

그럼에도 불구하고 가나안 농군학교의 현재 모습은 공동체적인 삶의 이상을 실천해 나가는 데 있어서 단순히 교육의 장(場)에 불과하다는 한계를 갖는 것이 사실이요, 이것은 공동체를 이루어나가고자 하는 데에는 그 나름대로의 한계일 수밖에 없을 것이다. 더 나아가 복음 안에서의 신앙고백(信仰告白)을 전제로 한 그리스도 공동체로서 이상적 삶의 구체성 보다는 사람들의 의식화(意識化)의 과정을 통하여 한국사회의 필요에 의한 삶의 변화를 추구해 온 교육 과정의 한계(限界)가 있었다는 지적을 받는 것은 타당하다고 보며, 이는 앞으로 이 공동체가 그리스도 안에서 그의 나라를 실현하고자 하는 분명한 자세를 가져야 할 당위성을 추구하는 계기가 되어야 할 것이다.

물론 이와 같은 모습은 현대의 교회에서도 찾아볼 수 있는데, 교회가 단지 말씀을 가르치는 장소(場所)로서만 이해될 뿐, 실제적인 교제(交際)를 행하며, 더 나아가 교회의 활동 영역을 구체화 시키고 넓혀서 공동체 실천의 구체적인 장(場)이 되어야 한다는 점은 숙제로 남겨져 있을 뿐이다.

비록 가나안 농군학교가 그 기본에 있어서 신앙의 고백적(告白的)인 요소는 나름대로 견지한다고 해도, 만일 공동체의 장(場)으로써 가나안 농군학교가 단순히 가르침의 장소일 뿐, 이론의 교육에 묻힌 채 그 속에서 실천되어야 할 진정한 공동체로써 나눔의 모습을 구체화하지 않는다면, 가나안 농군학교는 공동체로서의 중요한 한 면을 잃어버리게 된다는 점이 지적되어야 할 것이다. 왜냐하면, 오늘날 한국사회와 한국교회는 단지 교육이념으로서의 이상(理想)에 그치지 않고 그것을 삶에서 실천(實踐)하는 삶의 공동체를 형성해야 할 사명이 있기 때문이다.

이렇게 될 때, 가나안 농군학교는 공동체로서의 가장 아름다운 요소들 중의 하나인 "돌봄과 섬김"(Caring & Serving), 그리고 "나눔"(Sharing)이라는 훌륭한 가르침을 실제화하는 삶의 구체성(具體性)을 과연 얼마나 효율적으로 이루어내고 있는가 하는 점들을 세심하게 점검해야 할 것이다.

물론 그것은 교육기관으로 변모되어간 농군학교의 흐름을 통해서도 알 수는 있으나, 그 안에서 실제적으로 공동체적 삶이 이루어지도록 삶의 현실성(現實性)을 이루어내는 일은 그 좋은 교육의 내용이나 이념적 가르침 못지않게 또한 중요하리라 생각된다. 따라서 가나안 농군학교가 공동체로서의 좋은 본보기가 되고자 할 때 해결해야 할 과제는 여전히 남게 된다.

그럼에도 불구하고, 가나안 농군학교는 그 어려웠던 한국이 근대사(近代史)의 흐름속에서 일구어 냈던 아름다운 열매들을 증거로써 지니고 있다. 나라가 가난하고 어려웠던 시절에 실제적인 농업혁명을 일으키기 위한 근면성과 정신적 가치관을 일깨운 일이나 기독교적 가르침을 토대로 봉사와 희생을 기초로 한 인간상(人間像)을 구체적인 교육 프로그램 속에서 실시하여 이루어내고자 한 일들은 매우 의미가 있다고 하겠다. 더 나아가 급변하는 시대 속에서 매몰되어가는 인간성의 회복을 위한 새로운 프로그램들을 개발하되, 한국 전통의 효(孝) 사상의 복원을 꾀하고 또한 현대사회에서 상실되어가는 인간성 회복을 위한 여러 가지 방침들을 세우고자 노력하는 것은 매우 뜻깊은 일이라 할 것이다. 다만 실제적으로 농민의 숫자가 현격히 줄고 있으며 또한 사회의 구조적 패턴이 농민이나 노동에서 지식 산업사회(産業社會)로 전환되어가는 오늘날의 시점에서 농군학교는 과연 그 정신성만으로 그 존립의 의미를 어떻게 계속 이어갈 수 있을 것인가에 대한 진지한 성찰(省察)이 요구된다.

2장 : 신앙촌

I. 설립배경 및 역사적 흐름

'신앙촌'은 창시자인 박태선 장로에 의해 이루어졌는데, 그는 평북 영변군 구장면 구장리 태생으로 초등학교 졸업 후 무위도식하다가 일본에 건너가 공업학교에 다녔으며 태평양 전쟁시 동경에서 군수품 공장을 경영하다가 1939년 귀국하여 서울의 여러 교회를 배회하다 남대문 교회(당시 김치선 목사 시무)에 정착하여 집사로 봉사했다고 한다. 그후 교회에 다니던 중, 1948년 남대문 교회에서 이성봉 목사가 인도하는 부흥집회 마지막 날 새벽 4시에 불세례를 받았다고 주장하면서 1955년 1월 1~7일 성동구 무학교회 집회를 시발로 해서 남산, 대구, 광주, 한강 백사장 등에서 부흥집회를 인도했으며, 이때 기독교계에서는 이 돌발적인 감정주의 집회를 무시하고 그의 비성경적인 원리 해석을 들어 이단으로 간주하였다. 그러다가 그는 1958년 12월 14일과 19일, 61년 1월 27일 두 차례에 걸쳐 횡령 및 폭행, 선거법 위반과 사회질서 혼란 등 혐의로 구속 기소되어 투옥되었다. 그 역사를 보면 다음과 같다 :

1955. 12. 25 중앙 전도관 개관(당시 신도수 80명)

1957. 4. 30 하늘의 권세를 받았다고 선언

1957. 5. 18 자기에게 후광이 있다고 했다가 동아일보가 성화조작을
          폭로하자 신문사 습격
1957. 6. 9 자칭 "감람나무"
1957. 10. 23 자칭 "동방의 의인"
1957. 10. 25 기독교를 마귀의 소굴이라고 하며 전도관만이 유일한
          구원의 방주라고 주장
1957. 11. 10 제1신앙촌 소사에 건립(대지 15만평)
1958. 4. 6 재림주가 소사 소래산에 재림한다고 주장
1958. 8. 10 박태선이 한강을 향해 축복하면 천연자원이 된다고 함
1962. 7. 20 제2신앙촌을 덕소에 건립(대지 50만평)
1970. 4.   제3신앙촌을 기장에 건립(대지 1백만평)
1980. 1. 1 교명을 전도관에서 천부교로 바꾸었음

2. 신앙촌

신앙촌은 그 어떤 것보다도 그 집단적 삶을 만들어낸 공동체성과 여기에서
이루어졌던 생활을 그 특징으로 한다. 창립자 박태선은 1957년 11월 10일 경
기도 부천군 소사읍 범박리(현 부천시 소사구 범박동)에 15만평 규모의 제1신
앙촌을 건설했다. 그러나 박태선 장로가 처음 계획했던 대로 천년성을 만들기
에는 입지 조건이 좋지 않았다. 그러다가 박태선이 사기, 상해, 불법감금, 부정
선거등 혐의로 투옥되어 2년 6개월간 감옥 생활을 하는 동안 잠시 지연되었다.
그후 1962년 7월에 한강변 덕소에 제2신앙촌을 완성할 정도로 힘을 쏟아 부었
다. 1970년 4월부터는 경남 양산군 기장면 죽성리 해변가에 제3신앙촌 건립이
추진되었다.

이렇게 신속히 제3신앙촌 건립을 서둘렀던 것은 덕소 신앙촌에 67년 1월 1

일 대화재가 발생하였고 뒤이어 홍수로 인해 한강물이 범람하여 신앙촌 공장이 물에 잠긴 사건 때문이었다. [131]

신앙촌의 입주자격과 주거형태

제1신앙촌은 주로 한 마을에 살면 행해지는 주택 건축과 교육을 위주로 하고 있고, 제2신앙촌은 공업단지라고 할 수 있다면 제3신앙촌은 수출 공업단지라고 할 수 있다. 그런데 아무나 신앙촌에 입주할 수 있는 것은 아니며 제1신앙촌에 들어 가려면 지방 전도관의 신도로서 1년 이상 교회에 봉사한 실적이 있고 전도사의 추천을 받아 입주금을 내야만 한다. 또 제2신앙촌을 들어가려면 제1신앙촌에서 추천을 받아야만 제2신앙촌에 들어갈 수 있으며 제3신앙촌은 제2신앙촌에서 모범 신도로서 입주의 자격이 주어진다. 덕소에는 A형에서 H형의 아파트 10개형 3백동으로 소사보다 입주금이 비싸다. 덕소 신앙촌은 주택형에 따라 A, B, C, D, E, F(연립주택) 및 아파트 등 여러 가지가 있는데 최하 12

제2신앙촌은 공업단지라고 할 수 있다면 제3신앙촌은 수출 공업단지라고 할 수 있다.

만원짜리부터 최고 5백만원~1천만원짜리 고급 독립가옥까지 있었다.

공동체 생활의 내용

신앙촌에는 목사제도가 없으며 기성교회에서 목사직에 있다가 개종하면 그대로 목사로 불러주기는 하나, 그 자체에서 목사 안수는 하지 않고 있으며 전도사와 장로직, 그외 집사, 권사가 있다. 전도사의 임명과 이동은 지관(支管)의 요청을 반영하되 최종 결정은 덕소 신앙촌 본부에서 한다. 전도사의 생활비는 본부에서 반 부담하고 나머지는 지관교인들이 부담한다. 신앙촌의 조직은 박태선을 정점으로 신앙을 위한 조직과 기업을 위한 조직으로 나눈다.

즉 한국예수교 전도관 부흥협회 회장인 박태선의 밑에는 천부장, 백부장, 오십부장으로 이어지는 종적인 조직체계가 있는데 모든 실권은 천부장이 쥐고 있다. 한편 기업조직은 전국 전도관 재산을 관리하는 한국 예수교 전도관 유지재단과 신앙촌 안에 시온 철강주식회사, 한일 물산주식회사, 시온 합성섬유주식회사 등 세 중추회사가 있다. 신앙촌의 공동체는 실상 이러한 회사들의 운영을 중심으로 한 생활 형태라고 할 수 있다. 천부장은 사업부를 통해 신앙촌 안의 소비조합, 연령에 따라 조직된 각 천성회(天城會), 각급 학교를 관장하며 백부장, 오십부장을 통해 전 신도들의 생활과 신앙을 감독 지도하고 있다.

당시 부인회는 부녀자 33세 이상으로 구성되며 매월 20원~5백원씩의 헌금과 성미를 갹출하고 50명에 1명씩 오십부장(婦長)을 두고 있다. 여자청년 천성회는 22세 이상 35세 미만 여성들로 매월 50원씩 갹출하고, 노년 천성회는 50세 이상, 장년 천성회는 35세에서 50세 미만, 청년 천성회는 20세에서 35세 미

---

131) 탁명환, 기독교 이단연구, (서울 : 도서출판 연구사, 1986). 165-174

만의 청년들로 구성되어 있다.

또 안내대는 신앙촌의 자체 경비대로 박태선의 근위대 역할을 하고 있다. 또한 학교 법인 시온학원은 교육부와 사업부로 나뉘어져 있으며 교육부는 시온 유치원, 초등학교, 중·고등학교, 제2초등학교, 중·고등학교 분교, 시온 상업 고등학교가 있으며 앞에서 말한 3개 회사 외에 16개 직업 업체가 있는데 총책 임자인 '한영섭'이라는 여자 천부장이 실권을 쥐고 있다.

직업업체는 비닐공장, 우체국, 미장원, 건재상, 양재부, 미곡상회, 부인상회, 세탁소, 식당, 연탄공장, 이발소, 수도부, 제1. 2. 3. 4직매부 등이 있으며 직업공장은 미원, 양재, 이불, 양말, 전구, 메리야스, 장유(간장), 제과, 수예, 양복, 양화, 참기름 등 30여 개가 있다. 제품은 철근, 앵글, 스프링, 모터, 슬레이트, 바이올린 등 무려 80여 개 종으로 그들의 말대로 술과 총포만 빼놓고는 다 생산하는 셈이다. 더구나 5백원권, 50원권, 10원권 쿠폰을 발행하여 신앙촌 안에서는 조폐공사 발행의 지폐보다 더 신용도가 높다는 말이 있고 보면 하나의 거대한 왕국임에는 틀림없다.[132]

3. 기독교 공동체적 관점으로 본 평가

신앙촌이 처음 시작할 때는 분명히 신앙 안에서 삶의 모습을 구현하기 위하여 그야말로 삶의 구체적인 공동체 실현을 목표로 만들어졌다고 볼 수는 있다. 당시의 한국 국민이 당면한 경제적이며 사회적인 고통스런 현실을 감안한다면 신앙촌은 확실히 한국사회에 특이한 형태의 모습을 지닌 공동체로서의 역할을 할 수 있었던 것으로 볼 수 있다.

---

132) 탁명환, 한국의 신흥종교, (서울 : 성청사, 1972), 126-130

그러나 기독교의 이름아래 결성된 공동체가 그 고백적 정체성(正體性)을 분명히 하지 못했을 뿐만 아니라 주도적인 한 사람의 잘못된 신앙관에 의해 그리스도를 믿는 신앙의 이름이 훼손을 당한 것은 한국사회에 앞으로 일어나게 될 공동체에 대한 부정적 영향을 남긴 것임에 틀림없다고 하겠다. 오늘날 신앙 공동체의 경우도 마찬가지겠지만, 공동체의 결성이나 그 운영이 "공동(共同)"의 이름으로 되어지는 경우가 드문 것은 매우 아이로니컬하다고 하겠다. 그만큼 한국사회 안에서의 공동체 운영은 한 개인의 지나친 영향에 의존하는 경우가 많음을 본다. 신앙촌의 경우에도 박태선이라는 한 인물에 의해 주도된 만큼, 그 한 개인의 잘못된 신앙관은 순수한 동기로 모인 많은 사람들에게 엄청난 충격을 주게 되었다. 이것은 무엇보다도 기독교 공동체의 가장 중요한 점이 복음 안에서의 일치성(Unity in the Gospel)을 이루는 일이 얼마나 중요한가를 보여주는 좋은 예가 된다고 하겠다.

그리스도의 이름을 빌린 공동체가 제 아무리 훌륭한 시설이나 넉넉한 삶을 보장해 준다 할지라도, 그 공동체를 인도하는 원리(原理)가 복음 안에서 올바른 신앙 고백(信仰 告白)을 전제로 하지 않을때는 그 맛을 잃어 버릴 수밖에 없는 것이다. 그것은 신앙의 이름으로 모인 공동체가 그리스도 안에서 "서로를 돌보며 섬김"을 통하여 하나님의 나라를 확장하고자 하는 데 그 목표를 두기 때문이다. 공동체의 목표를 단지 사람들간의 먹고 사는 경제적인 문제만을 해결해 주는 데 있다거나 오직 자신들의 이상만을 실현하는 데 둠으로써 사회와의 단절을 주장한 채 자신들의 성(城)과 틀 속에서만 살아갈 때의 그 결과는 공동체의 목표와 방향을 상실할 수밖에 없다는 교훈을 준다. 신앙고백의 일치를 상실하면 그 어떤 공동체라 할지라도 그의 나라를 확장해 나가야 하는 사명을 이루어 낼 수가 없는 것이다.

박태선 장로가 꿈꾸어 오던 이상적 공동체는 그의 신앙사상이 문제가 됨으로 오늘날과 같은 사교적 집단으로 변해 버렸음을 그 흐름이 보여준다. 그는 자신을 가리켜 스스로 '감람나무', '동방의 의인' 등이라고 칭함으로써 자신을 통하지 않고서는 구원을 받을 수 없다고 하였고 이러한 것들은 기독교 공동체가 기반을 두어야 할 올바른 신앙에 정면으로 도전이 되는 것이요, 따라서 기독교 공동체로서는 그 자격을 상실했다고 볼 수 있다.

신앙 공동체에 있어서 지도자의 위치는 중요하며, 무엇보다도 지도자의 바른 사상에 그 미래가 달려있다고 할 것이다. 그것은 한 개인으로서의 힘에 있는 것이 아니라 그 개인이 소유한 신앙의 내용에 있다고 할 것이다. "신앙촌"은 예수 그리스도께서 중심이 되어야 할 신앙 공동체가 박태선이라는 사람 중심으로 가면서 근본적 신앙 공동체로서의 방향을 잃어버렸다는 점과 이로 인해 그리스도를 떠나 이단화 되어 버린 것이 가장 큰 문제점이라 하겠다.

그럼에도 신앙촌은 그 외적 조건이나 활동에 있어서, 그 당시의 상황으로 볼 때 매우 적절한 의미를 보여 줄 수도 있었던 것은 사실이다. 왜냐하면 신앙촌은 삶의 여러 조건들이 상당히 열악하여 먹고 살기 힘든 60년대에 생겨나서 그 초창기에는 함께 모여 생활하는 공동체로서의 대단한 꿈을 가졌던 것으로 그 초창기의 모습을 평가할 수 있기 때문이다.

그들은 어려운 이웃들을 함께 모으면서 당시의 많은 사람들이 힘들어 하던 현실들을 극복해 보고자 하였고, 실제로 많은 실업자들에게 일자리를 제공하기도 했다. 그들의 처음 동기는, 그들이 만든 동거주택에 들어가는 입주자격에서도 볼 수 있듯이, 하나님 나라의 모습으로 그들 나름대로는 기독교 공동체 역할을 수행하기 위해 만들어졌다고 볼 수 있으며, 또한 그 신앙 공동체를 통해 가난한 자를 먹임과 동시에 일자리를 마련해 주고, 더 나아가 교육시설까지 갖춘 조직화된 공동체적 모습을 가지고 있었다.

그럼에도 불구하고 공동체의 고백적 신앙 형태가 성경에서 이탈되어 나가자,

초창기의 이런 그럴듯한 명분마저도 박태선이라는 지도자의 욕심만을 챙기는 일로 변질되었고, 그리스도 중심이 아닌 교주(敎主) 박태선의 개인적인 사리사욕을 위한 신앙촌은 신앙 공동체로서의 모습을 잃어버리고 사업을 통한 물질의 분배적 측면으로 치중되는 모습으로 전락되었다. 따라서 공동체로 출발했던 기본 이념인 그리스도안에서의 봉사와 희생, 진정한 의미의 나눔과 섬김의 정신이 사라져 버렸다.

　서로의 배고픔과 어려움에 직면하여 이를 극복하고자 삶의 공동체를 꿈꾸었던 신앙촌은 한국 사회나 교회의 아름다운 모델이 되지 못하고 전락된 모습을 보인 것은 안타까운 일이 아닐 수 없다. 복음에서 이탈한 공동체는 순수한 그리스도 안에서 나눔의 모습을 잃어버린 채 오히려 사회의 지탄을 받는 사교적 집단으로 이해된다는 것은 그 내용상으로 볼 때는 당연한 귀결이기는 해도, 너무나도 안타까운 일이 아닐 수 없다. 참된 신앙의 고백이 선행되지 않는 채, 기독교의 이름을 빙자한 공동체의 결말은 기독교적 이상으로서의 공동체를 꿈꾸

공동체를 출발했던 기본 이념인 그리스도 안에서의 봉사와 희생, 진정한 의미의 나눔과 섬김의 정신이 사라져 버렸다.

는 사람들에게는 무언가를 교훈한다.

　신앙촌이 복음안에서의 일치성을 무시한 채 다만 물질생산과 분배의 수단으로 공동체를 운영해 나갈 때 그리스도안에서의 진정한 사랑은 사라지고, 다만 지도자의 강압적인 명령에 의해 움직이는 공산주의식 사회에서 나타나는 노동과 분배의 모습만 드러날 것이요, 진정한 그리스도의 영광은 사라져 갈 것이다.

　한때 한국 사회에 막대한 영향을 끼치던 신앙촌이라는 거대한 공동체는 결국 현재에 있어 여러 곳에서 배척당하고 있을 뿐 아니라[133] 내적으로도 많은 어려움을 겪고 있어 자립성 상실과 와해의 위기를 맞고 있다. 성경에서 말하고 있는 공동체적 이상의 틀을 벗어난 신앙촌은 그 동기는 어떻게 판단해야 할지 모르나 결과적으로는 실패한 공동체라 할 수 있다.

---

133) '신앙촌 재건축 주민 마찰 심화' (국민일보, 1995년 9월 12일자) "남양주시 와부읍 덕소리 신앙촌 연립단지내 도곡지구 재건축사업이 조합결성을 둘러싸고 2개 조합이 팽팽히 맞서고 있어 차질을 빚고 있다…"

신앙촌 현황

<1996년 기준>

구　　분	소사신앙촌	덕소신앙촌	기 장 신 앙 촌
건　　설	1957. 11. 10	1962. 7. 20	1970. 4.
소　　재	경기도 부천시 범박동	경기도 남양주군 와부읍 덕소2리	경남 양산군 기장면 죽성리
토지면적	150,000 평	70,000 평	2,400,000 평
시설내역	주택, 학교, 공장	주택, 학교, 공장	주택, 공장, 농장
재산소유	학교법인 시온학원	시온산업 (주) 한일물산 (주)	삼평물산 (주) 삼광개발 (주)
건설재원	전국 신도 헌금 건설대 노력봉사 입주권 시가 10배 매각 주금모금	소사 신앙촌 토지 일부 처분 충당 전국 신도 헌금 건설대 노력봉사 입주권 선매	덕소 신앙촌 재산 일부 처분 충당 덕소 공장 설비 이전설치 전국 신도 헌금 건설대 노력봉사 입주권 선매
주민현황	2,300가구 1만명 (신도 6백명)	800가구 4천명 (신도 4백명)	80가구 4백명 (신도 3백명)

3장 : 예수원

I. 설립배경 및 역사적 흐름

무디 (D. L. Moody)와 더불어 서구 기독교계의 영적 흐름을 주도했던 토레이(R. A. Torray) 목사의 손자인 토레이 신부는 한국의 외진 산골 강원도 삼척군 하장면 하사미리에서 또 다른 영적 흐름을 주도하며 대천덕 신부라는 이름으로 더 잘 알려져 있다.

그는 1918년 1월 19일 중국 산둥성 제남에서 출생하여 1933~34년 한국 평양 외국인학교서 고등학교 졸업, 1934~35년 중국 연경대학 수학, 1936년 여름 무디성경학교, 1935~39년 데이빗슨 대학교(학사), 1939~42년 프린스턴 신학대학원, 1943~45년 남부대학교(석사), 1946년 사제서품(Georgia 교구), 1950~51년 하바드 대학교 수학, 1957년 성공회 미가엘 신학원 재건, 1960년 연세대학교 한국어학당 졸, 1960~61년 영국 성 어거스틴 대학원 졸업 등의 학력과 함께 1962년 헨리 죠지협회 회장으로서 사역, 성경적 토지문제 연구, 1964년 성공회 신학원 원장 사퇴 등의 다양한 사역과 인생의 역정을 거쳐 드디어 1965년 강원도 하사미리에 "예수원"을 설립하였다.

그는 1989년 이래 예수원 원장을 맡으면서 동시에 성공회 강원도 교구 총사제, 성령운동 지도자, 건축일, 수부생활, 노동조합활동, 목회생활, 그리고 정치 참여 등 다양한 사회경험을 가지면서 오늘에 이르고 있다.[134] 그는 1957년부터 한국 선교사였던 부모님[135]의 뒤를 따라 약 40년간 한국에 살면서 처음 7년간은 성공회 신학교에서 교수로, 그 이후 33년간을 강원도 외진 산골에서 순종에의 외길을 걸어왔다.[136] 그는 자신이 예수원을 통한 한국사회에서의 공동체 운동(共同體 運動)을 시작함에 있어서 한국의 기독교적 신앙의 상태를 다음과 같은 말로서 설명한 적이 있다.

당시 한국 기독교인들 중 대다수가 '성령'이라는 말의 사용을 거북하게 생각하고, '기도의 중요성' 대하여 인식치 못한 상태였습니다. … 단지 '율법 종교'로서의 기독교가 전부인 듯한 사고가 편만해 있었고, 내면의 종교, 심령의 종교로서의 기독교에 대한 인식이 극히 저조한 상태에 있었습니다.

이러한 현실 속에서 1965년 봄, 지금의 자리에 예수원을 설립하게 되는데 지금은 태백시에서 예수원으로 가는 길목에 버스들이 자유롭게 드나들 수 있는 포장도로가 되어있기는 하지만, 당시만 해도 두어 사람이 간신히 지나갈 수 있는 샛길만 있었고, 서울에서 태백까지 걸리는 시간도 지금의 두 배가 넘는 10여 시간씩이나 걸렸다고 한다.[137] 처음 그는 아무에게도 알리지 않고 천막을 살 돈 몇 푼과 쌀 몇 가마를 등에 지고 뜻이 맞는 청년 8명, 그의 아내, 아들 딸과 함께

---

134) 예수원, 예수원 안내 팜플렛 참조, 1989.
135) 대천덕, '평신도가 목사를 교만하게 만들어요', 신앙세계, (1988, 7월), 37. "그는 부친 R. A. Torrey 2세와 모친 Janet Mallary 사이에서 1918년 출생했다."
136) 신앙세계, (1988년 9월호), 38, "그의 할아버지인 토레이 박사의 손자라는 좋은 가계 속에서 자란 그가 어찌해서 이런 산골에서 거의 반평생을 살게 되셨냐는 기자의 질문에 그는 '하나님의 뜻'이라는 간단한 답변과 함께 자신의 삶 속에서 계시로 말씀하신 하나님이 체험과 그런 하나님의 응답이 당시에 한국 기독교로서 받아들이기 무척 어려운 것이었음을 설명하며, 하지만 오히려 이러한 갈등이 하나님의 뜻과 맞물려 예수원을 운영하는 동기가 되었다고 대답하였다."
137) 신앙세계, (1988년 7월호), 39

그곳에 예수원을 설립한다.[138] 그는 덕분에 어려움은 많았으나 그때마다 바로 곁에서 역사하시는 하나님의 손길들을 체험할 수 있었다고 곳곳에서 간증한다.[139] 대천덕 신부는 자녀들을 시골 분교에 입학시켜 한국에서 고등학교까지 마치게 할 정도로 한국에 뿌리를 내리고자 했으며 늘 목사가 진정으로 하나님 앞에 겸손할 수 있다면 청빈한 목사가 될 수 있다고 주장하며 양복 다섯 벌과 한복 두 벌도 너무 많다는 생각을 하고 자신의 옷이 너무 커서 다른 이들에게 줄 수 없음을 안타까워 할 정도로 청빈한 삶을 몸소 실천하며 살아가고 있다.[140]

예수원의 공동체적 삶의 모습은 공동체 내에서의 '더불어 살아가는' 자립적 자세에 있다. 공동체 내의 자급 자족을 원칙으로 하며 서로 가족같이 나눔의 삶을 살아가려고 애쓰고 있는 것이 예수원의 현실이다. 그러나 최근에는 자립이 불가능한 상태가 안타까운 현실로 나타나고 있다고 한다. 따라서 최근에 이르러서는 예수원의 공동체는 2/3가량은 국내외의 헌금으로 충당하고 있는 실정이다.[141] 예수원과 같이 건전한 공동체가 여러 역동적인 교회들과 올바로 연계

예수원의 공동체적 삶의 모습은 공동체 내에서의 더불어 살아가는 자립적 자세에 있다.

되어 나눔의 사역들을 이루어 간다면 지금처럼 자급 자족의 어려움을 극복할 뿐더러 사회로의 역량을 키워나가는 데도 많은 도움이 될 것이라 생각한다.

현재의 모습과 앞으로의 계획

대천덕 신부는 생활공동체인 '예수원'을 설립한 이후 33년간 이곳에 모인 80여 명의 사람들과 함께 한 가족처럼 기도와 노동을 함께 하며, 참된 신앙을 몸소 실천하고자 노력하고 있다. 이곳에 모인 원생들은 교단도 다르고 심지어 외국인, 비신자들까지 함께 모여 살면서도 제각기 맡은 노동일을 하면서, 또다른 한편으로는 남을 위해 봉사하고 수련생활을 하며, 신앙 속의 낙원을 일구어 가고자 애쓰고 있다. 이들은 예수원을 운영하기 위해 15만여 평의 목장에 2백여 마리의 양과 소를 치고 텃밭을 일구며 각종 도서출판 수익과 목각 십자가를 판매해 살림살이를 해결하고 있다. 처음 대신부가 이곳에다 서부 개척시대의 가옥을 연상케 하는 돌집을 지어 공동체 생활을 시작할 당시에는 부랑자들이 모여들어 갱생의 집으로 오인을 받기도 했다. 그러나 기도와 노동의 생활공동체

---

138) 대천덕, 신앙세계, (1988년 7월), 40. "저는 예수원을 할 때, 광고를 내거나 남한테 알리지 않았고, 모금을 하지도 않았습니다." 참고로, 지금도 대천덕 신부님은 한국에서 돈을 받지 않고, 미국의 선교회에서 나오는 연금을 생활비로 사용하고 있다.

139) 48면 3섹션 "정보신문" 중앙일보, "서울에서 멀리 떨어진 곳을 원해 휴전선 부근에서 제주도까지 32군데를 물색하다가 당시 가장 오지로 알려진 하사미리골을 택하게 됐지요. 한적한데다가 산림과 계곡물이 풍부해 수도하기에는 최적지이기도 하구요."

140) 대천덕, 신앙세계, (1998년 7월호), 41 "옷이 꽤 많습니다. 양복이 다섯 벌이나 되고 한복이 두 벌입니다. 내가 사서 입은 것이 아니라 선물로 받은 것입니다. 미국에 골프기재를 취급하던 친구가 갑자기 사망했다는 소식을 듣고, 미망인과 국제전화를 하던 중 필요하면 남편의 옷가지를 주겠다는 겁니다. 그럼 양복 두 벌만 달라고 했더니, 우편으로 구두 13켤레와 양말까지 받게 되었는데, 모두 꼭 맞는 것이었습니다."

141) 신앙세계, (1988년 7월호), p44.

로 세인(世人)들에게 알려지기 시작하면서 3개월 이상 묵는 40여 명의 수련생들을 제외하고도 2박 3일의 단기 방문객만도 매년 6천여 명에 이른다. 교단에 관계없이 누구나 입학할 수 있는 예수원의 정규과정은 지원생과 수련생, 정회원등 세가지가 있다.[142]

예수원의 장래 계획에 대해서 대신부는 "예수원은 다른 수도원이나 선교단체와는 달리 처음부터 상세히 계획된 것이 아니라 주님의 인도와 성령의 역사에 의해 나타난 사역이며 설립 당시부터 확실한 방향을 갖지 않는 자유로운 실험과 개척자의 정신을 그 특징으로 합니다. 그러므로 예수원의 미래 형태에 대해서는 하나님만이 아실 수 있는 것입니다."[143]

2. 대천덕 신부의 공동체 사상

초기에 예수원은 강원도 두메 산골에 자리를 잡은 것에서 알 수 있듯이 약간은 사회와 동떨어진 수도원과 같은 모습을 가지고 있었다. 공동체에 모인 구성원들끼리의 실제적 삶의 나눔은 있었지만 그것이 사회에 쉽사리 알려지거나 반영되지는 못하였다. 그러나, 최근에는 자칫 사회와 동떨어지기 쉬운 신앙 공동체의 단점을 보완하여 사회를 도외시하지 않고 강연이나 공동체에의 참여를 통한 복음의 실천적 자세를 강조하는 모습은 기독교 공동체로서 한국사회에 많은

---

142) 예수원 발행 팜플렛 참조. "3개월간의 지원과정이 끝나면 1년간의 수련이 허용되고 1년수련이 끝나면 2년 수련신청이 가능하고 입회비는 전혀 없다. 이것이 끝나면 정회원이 되고 예수원의 주인이 되어 예수원 운영에 관한 행정가가 된다. 현재 정회원은 모두 32명에 이른다. 특히 이곳에는 정회원 5〜6명으로 구성된 공동의회가 있어 매일 아침 그날에 있을 작업이나 예수원 살림살이 프로그램에 책임을 지는 독특한 제도를 갖고 있다. 그러나 예수원의 살림살이는 자급 자족을 원칙으로 하고 있으나 33년이 다 된 현재까지도 완전히 자급 자족을 못하고 있어 국내외의 헌금으로 근근이 꾸려가고 있다."
143) 예수원 발행 팜플렛 참조

영향을 주고 있는 것이다. 예컨대, 대천덕 신부는 각 대학에서의 강연이나 예수원의 가르침을 통하여 복음의 바른 정신을 삶으로 실천해 나가고자 하는 모습은 세금문제나 각종 토지제도개혁 관련 모임, 또는 기독교 대학 설립 의지 등을 통해 잘 드러나면서, 성경적 사회 개혁 운동 등을 주도해 나가고 있다고 평할 수 있을 것이다.

그의 공동체관(共同體觀)은 무엇보다도 하나님 나라의 구현에 있음을 그의 여러 저술이나 강연 등에서 볼 수 있다. 대천덕 신부는 한국교회의 "하나님 나라"에 대한 이해가 현실을 무시하고 지나치게 "저 너머의 나라"에 있음을 비판하면서, "여기에 지금"(here and now) 임해야만 하는 현실성의 문제를 강조한다. 따라서 그는 이렇게 말한다 :

천국간다는 이야기와 하나님 나라가 임한다는 이야기는 차이가 있습니다. 어떻게 임하는가, 한마디로 요약하자면 '공동체 생활'입니다. 두세 사람이 모여 올바르게 살고 아름답게 산다면 하나님의 나라가 우리에게 임하십니다. 성경에 죽어서 천국 간다는 비유는 제 기억에 없습니다. 여러 가지 하나님 나라가 있는데, 첫째는 내 마음에, 둘째는 두세 사람이 모여 예수님을 왕으로 인정하는 교회를 보면 하나님 나라의 모습을 볼 수 있는 것입니다. [144]

위의 진술에서도 볼 수 있듯이, 대천덕 신부는 그의 예수원이 하나님의 나라를 이루고자 하는 소박한 장소가 되기를 원한다. "하나님의 나라"가 이루어지기를 바라는 마음 가운데, 예수원은 '노동하는 것이 기도요, 기도가 노동이다'라는 정신의 공동생활을 통해 그리스도 안에서 초자연적으로 모든 사람이 한 형제가 되어 진정한 '코이노니아'를 나누는 곳이며 특정 교단, 또는 종교적 편

---

144) 이 내용은 그가 강연했던 내용을 담은 테이프를 참조로 옮긴 것이다 : 대천덕, 산골짜기에서 온 말씀, (서울 : 미성문화원, 1987), tape No. 1
145) 48면 3섹션 "정보신문" 중앙일보, (1995년 3월21일)

견과는 관계없이 모든 사람들에게 항상 열려있다고 강조한다. [145]

그는 기존의 교회 중심(教會中心)의 한국 기독교가 하나님의 나라를 확장하는 사명에 있어서 바른 대응을 하는데 실패했음을 지적한다. 그는 사회를 향한 오늘날 교회의 역할을 강조하면서, 한국사회의 문제는 하나님의 나라를 확장하기 위한 사명을 띠고 있는 교회가 제 역할을 하지 못하는 데 있다고 주장하면서, 기독 청년들을 향해 다음과 같이 말한다 :

70년대에는 학생들이 기독교에 대한 기대가 있었지만 80년대 말에는 그런 기대를 다 버리고 막스주의 방향으로 나가는 중입니다. 갈수록 막스주의 경향으로 치우치는 대학생들이 더 많아집니다. 이유는 기독교가 사회 문제에 대해 아무 대답을 하지 않았기 때문입니다. 이것은 상당히 슬픈 일입니다. … 다윗은 죽으면 천국갈 예정이 없습니다. 하지만 그는 민족을 위해 싸워야 한다고 하는 의로운 생각을 하는 것을 볼 수 있습니다. 지금은 왜 이런 좋은 정신이 없습니까? 사랑이 없기 때문입니다. 민족을 위하여 기도하지 않기 때문입니다. 천국 이야기? 좋습니다. 하지만 그건 나중에 생각할 일이고 우선 이 민족을 위하여 하나님의 뜻이 무엇인지 찾아보겠다고 기도하는 사람 없습니다. [146] (이 내용은 테이프를 구술한 것입니다.)

그의 말에서도 알 수 있듯이, 한국교회의 신앙이 국가와 사회를 향한 구체적인 방향을 제시하거나 헌신하고자 하는 태도가 없는 현실에 대하여 그는 지적한다. 이것은 아마도 교회들이 서로 돕거나 협력하지 못하는 현실에서도 지적이 될 수 있을 것이다. 따라서 한국교회가 서로 협력하지 못하는 현실에 대하여 지적한 다음의 말은 공동체로서의 한국교회가 귀담아 들어야 할 내용이 될 것이다 :

한국교회의 문제점은 협력(協力)할 줄 모른다는 것입니다. 동료 선교사들 한테서 들은 이

---

146) 대천덕, Ibid., tape No. 7

야기인데, 한국 선교사는 못쓰겠다고 합니다. 물론 다 그렇지는 않겠지요. 모이기만 하면 틀어진대요. 겸손할 줄 모르고 화합할 줄 모른답니다. 선교적 역량을 소유한 한국교회가 제 역할을 다하기 위해선 이 문제부터 고쳐야 할 것입니다.[147]

그는 한국사회가 지니고 있는 문제로서 사회적 부(富)의 편중현상에 대하여 말하는 중에, 좀 더 구체적으로는 토지에 대하여 언급하면서, 특히 토지에 대한 교회의 입장이 성경적 원리로 돌아갈 것을 강조한다.[148] 그는 작은 글들을 통한 기독교적 사고를 확산시켜나가는 중에 한국사회가 안고 있는 구체적인 문제들에 대하여 교회가 좀더 적극적으로 대처해 나갈 것을 제안하기도 한다.[149]

---

147) 신앙세계, (1988년 7월호), 44

148) 신앙세계, (1988년 7월호), pp43~44 그는 한국 사회가 앓고 있는 질병중의 하나인 토지 문제에 대하여 말한다. "조그만 땅덩어리를 갖고 있는 홍콩이 발전한 이유는 토지 문제를 잘 해결했기 때문입니다. 홍콩은 토지세만을 사용해서 모든 예산을 충당하고 있어요. 이런 이유로 토지세가 상대적으로 높기 때문에 일부 사람이 토지를 과점 내지 독점을 하지 못하게 되고, 균점되게 되지요. 누구나 다 어느 정도의 토지를 소유하게 되는 것입니다… 한국의 국토 개발연구원이 이런 차원으로 국토를 관리하면 땅값이 내리고 땅은 온 국민에게 골고루 분배되겠지요. 예전엔 집값과 땅값의 비율이 4 : 1이엇는데 지금은 거의 반반이 되었어요. 이제 돈없는 사람은 땅은 물론 집도 소유하기 어렵게 되었어요. 땅은 하나님께서 주신 가장 귀중한 선물이며, 땅을 통해서 감사하는 법을 배우고 인생의 교훈을 배울 수 있습니다. 그러므로 노동은 신성한 것이다… 불로 소득이 없어야 합니다. 땅을 과도하게 소유하여 놀고 먹는 사람이 없어야 합니다. 자기가 일한 만큼, 거기에서 나오는 수고의 결실을 가지고 사는 것을 배울 수 있어야 합니다."

149) 서울대 강의 〈성경적 토지학교〉 국민일보 97년5월 5일자 "교회는 토지를 관리하는 정도만큼 교회를 둘러싸고 있는 사회에 영향을 미칠 수 있다… 역사적으로 종교는 오직 내세에만 관련돼야 한다는 관념 때문에 권력을 장악한 사람들은 그들에게 맡겨진 세상을 마음대로 다스릴 수 있게 되었다. 교회가 교회를 둘러싸고 있는 세상을 변화시키고자 한다면 교회는 가능한한 토지를 차지, 하나님이 바라시는 목적을 위해 토지의 힘을 사용해야 한다. 교회가 토지를 보유하면서도 부패하거나 사명을 망각하지 않는 것은 교회와 토지사이에 놓여 있는 두 개의 문제이다. 우리들이 사명을 다하기로 결심한다면 교회의 역사 속에서 새로운 시대가 시작될 수 있다고 믿지 못할 이유가 없다"고 주장한다. 대천덕, 〈토지와 교회의 사명〉 국민일보, 97/01/25, 또한 대신부는 이러한 '토지문제'가 학생 운동의 새로운 방향이 되었

3. 기독교 공동체적 관점으로 본 평가

예수원은 특별히 젊은이들에게 하나님의 뜻을 따라 살아나가는 구체적인 모습이 무엇인가를 조명해주고자 노력하고 있으며, 좀더 구체적인 방법으로써 하나님의 나라를 확장해 나가는 길이 어디에 있는지를 여러 모습으로 보여주고 있다. 그러한 가운데에서, 예수원은 영성 수련센터의 성격을 강화하여 초교파적으로 개방하여 학생단체나 신앙단체들이 그 공동체 안으로 들어와 같이 생활하며, 배워갈 수 있는 프로그램들을 마련하고 있다.

예수원은 공동체적 삶의 현장(훈련 과정)을 통하여 하나님의 나라를 삶의 어떠한 모습에서 드러낼 수 있는가를 보여주고 있다. 그리고 이러한 일을 위한 프로그램을 통하여 공동체 회원으로서의 자격을 부여하고자 한다.

따라서 교회와 삶의 현장을 연결해주며, 공동체안에서의 논의와 계획들이 사회와 관련을 짓도록 유도함으로 신앙의 공동체가 사회와 연결되고자 노력하고 있음을 본다. 그렇게 함으로써 교회라는 신앙 공동체가 사회에서 분리(分離)되는 것을 막고 동시에 하나님의 뜻이 자신들의 영성과 활동을 통해 사회에 영향을 미칠 수 있도록 하는 생각을 실천하고자 한다.

설립 초기 때부터 예수원은 그리 거대한 계획을 세운 것이 아닌 것으로 보여진다. 이것은 예수원을 처음 세우고 지금까지 인도해 온 대천덕 신부의 소박한 생각에서 알 수 있는 것으로서, 그는 하루하루의 모든 일들을 믿음으로 하나님께 맡기면서, 다만 삶의 구체적인 실천을 통해 하나님의 뜻을 이루어 나가고자 한다.

이러한 모습은 오늘날 기독교의 이름을 빌린 많은 단체들이 인위적인 세밀한 조직과 프로그램을 통하여 하나님의 나라를 세워보고자 하는 경향에 비추어 볼 때 예수원의 사상과 실천이 많은 젊은이들에게 호응을 얻고 있는 형편이라고 할 수 있다. [150]

또한 그 안에서 이루어지는 경건성의 모습과 노동의 과정, 그리고 여기에서 더 나아가 한국 사회를 향한 젊은이들의 의식구조의 변화를 일으키기 위해 토론과 발표 등을 해 나간다는 것은 매우 적절한 모습이라고 할 것이다.

예수원이 공동체를 이룸에 있어서 그 나름대로 좋은 열매를 맺게된 것은 대천덕 신부의 투철한 헌신과 처음에 가졌던 공동체적 신념에 동참하고자 하는 여러 사람들의 공동체적 삶의 모습에 있다고 할 것이다.

교회와는 달리 폭넓은 공동체로서의 예수원 활동은 기존의 폐쇄성을 지닌 여타의 기독교 단체들과는 처음부터 그 성격을 달리하고 있음을 찾아 볼 수 있다. 그리고 그러한 요소는 예수원으로 하여금 열려진 미래를 향해 나아가도록 만든다.

예수원 헌장이 보여주는 바대로, 예수원은 전통적인 의미에서의 신앙고백과 더불어 삶이 증거하는 헌신으로서 하나님의 나라를 확산시켜 나가야 한다는 사명을 강조한다.

물론 예수 공동체로서의 예수원은 그 많은 노력과 프로그램들이 분명한 신앙고백(信仰告白)의 터 위에 계속적으로 존재해야만 할 것이다. 한국교회가 지금까지 분열과 대립 속에서 연합하지 못함으로 사회를 향한 변혁의 주체가 되는 일에 실패해 왔음은 예수원이 지적하는 바와 같다. 따라서 예수원이 그리스도의 분명한 신앙 공동체로서 존재하고자 함과 동시에 하나님의 나라로서의 그리스도의 영역을 확장하고자 하는 이러한 강조점은 한국교회가 공동체로서의 삶을 실현해 나감에 있어서는 본받아야 할 모습이다. [151]

---

150) 이것은 앞서 언급한 바대로, 해마다 수천 명의 젊은이들이 예수원의 훈련과정을 거쳐 나가고 있음에서 그 증거를 보여주고 있다.

예수원이 그리스도를 중심으로 한 공동체로서 현실에서의 개혁을 통한 하나님 나라의 확장을 추구하는 것은 매우 의미있다고 할 것이다. 다만, 예수원의 이러한 의도가 오늘날 하나님의 나라를 확장하기 위해 세워진 교회들과 관련을 갖도록 하는 사명이 있다고 보아야 할 것이다.

그럼에도 불구하고 예수원은 하나님 나라의 현재성('here and now')만을 지나치게 강조하여, 교회의 복음적 영성활동과 사회운동(Social movement)간의 구별을 모호하게 만드는 모습을 드러내고 있다. 물론 기독교 정신이 사회전반에 걸쳐서 하나님의 주권사역으로 나타나야 하는 것이긴 하나, 기독교 공동체가 구성원들간에 삶의 친밀성보다는 사회의 영역에 지나친 관심을 둘 때 인격적 소외와 사회적 적응의 실패, 그리고 신앙 안에서의 새로운 자아확립을 추구하기 위해 모인 구성원들의 내적 상태를 치유할 수 있겠는가? 라는 과제를 남기게 된다는 것이다. 그런 면에서 예수원은 기독교 복음안에서의 "운동"보다는 공동체로서의 내적인 삶의 모범을 예수 공동체의 증거로 남겨야만 하지 않겠는가라는 지적에 관심을 가져야 할 것이다.

예수원이 단순한 수도원이나 기도원의 형태를 넘어서 교회 공동체를 향한 그

---

151) 예수원은 "예수원 헌장" 제 3조에서 그들의 교리로 신앙고백(信仰告白)을 나누고 있다. 예수원은 그 신앙고백의 내용에 있어서 성경을 하나님의 말씀으로, 성부와 성자와 성령을 유일한 참 하나님으로, 그리고 전통적 의미에서 강조하는 그리스도에 대한 이해(그의 동정녀 탄생, 대속적 죽음, 육체의 부활, 재림 등)와 헌신된 삶 등을 언급하고 있다. 그중에서도 예수원은 성도의 삶에 대한 내용으로서 다음과 같이 진술하고 있음은 공동체로서의 형태에 필요한 모습이요, 또한 유익하다고 하겠다. : "모든 성도들은 믿음의 생활을 나타내며 그리스도와 그분의 복음이 전심으로 봉헌된 삶을 살며 기도(祈禱)와 대도(代禱) 및 특별히 모든 민족에게 복음을 증거하도록 세상으로 나아가라는 주님의 지상명령을 성취하기 위하여 자신을 끊임없이 드려야 한다는 사실을 성경이 명확하게 가르치고 있음을 믿는다. 이것이야 말로 그리스도의 몸 된 교회의 유일한 사업이며 이 일의 진보를 위하여 어떠한 세속과의 타협도 있을 수 없다고 믿는다. 우리는 하나님의 능력이 그 분의 뜻을 따라 그 분을 섬기는 일에 필요한 모든 요구를 충족시키기에 충분하다는 사실을 믿는다.

하나님 나라에 대한 현재성뿐만 아니라 미래성을 잃지 않은 채, 공동체적 이상을 복음의 구체적 제시와 함께 실현해 나가야한다.

어떤 영향을 제공해 주기 위해서는 많은 노력이 요구될 것이다. 물론 예수원이 단순한 교회의 형태로써 존재하는 것은 아니다. 그러나 예수원이 전통적인 관점에서 보여주는 단순한 조직교회의 형태를 지니고 있지 않은 관계로 기존의 다른 교회조직과는 다른 활동을 하는 것은 이해되는 일이나, 기독교 공동체가 그 형태의 다양한 모습 속에서도 성도들의 집합체로써 "그리스도의 몸"이라는 분명한 이해가 없는 한, 전통적인 교회관과는 마찰을 피하지 않을 수 없을 것이다. 따라서 예수원은 그 독특한 형태의 기독교 공동체를 형성해 나간다 할지라도 교회에 대한 분명한 이해 속에서 그 공동체를 운영해 나갈 필요가 있는 것이다.

그리고 교회에 대한 분명한 성경적 입장의 고수와 함께 기독교 공동체가 되기 위한 신앙고백을 강조할 필요성이 제기된다. 전통적 신앙고백을 고수함과 동시에, 하나님 나라에 대한 현재성뿐만 아니라 미래성을 잃지 않은 채, 공동체적 이상을 복음의 구체적 제시와 함께 실현해 나간다면, 예수원은 오늘날 한국 사회 속에 존재하고자 하는 교회의 공동체성을 위한 긍정적인 기여를 할 것이요, 따라서 기존 교회들과의 바람직한 관계를 가질 수 있으리라고 생각된다.

때로는 기존의 한국교회를 비판하기도 하는 등 교회와의 친밀한 유대 관계를 갖지 못한 공동체임에도 불구하고, 예수원은 대천덕 신부를 중심으로 그 오랜 시간을 지내오면서 지속적으로 하나님 나라의 구체적인 실현을 위해 노력해 왔다고 평가할 수 있다. 다만 대개의 공동체 운동이 그 초기의 설립자에게는 그 정신이 살아서 움직인 반면에, 그 후대에 이르러 그 정신이 점점 퇴색해 가는 모습들이 있는 것이 일반적이라고 할 때, 과연 이국인(異國人)으로서 가졌던 그 분명한 정신이 어떻게 한국 역사 속에서 계속 지속될 수 있는가 하는 염려가 있는 것이 사실이다. 그러나 이러한 문제는 오늘날의 한국 사회에 다양한 공동체 운동이 절실히 요구된다는 점에서 볼 때 예수원의 역할이 그 나름대로 의미를 이루어나갈 수 있으리라는 마음을 가질 수 있을 것이다. 또한 예수원의 모습이 한국사회와 교회에 계속적으로 긍정적인 평가를 받기만 한다면, 이러한 공동체의 중요성을 인식하는 많은 사람들의 참여와 후원으로 예수원은 신앙인의 또 다른 삶의 현장으로써, 그리고 영성의 수련장으로써 그 나름대로의 몫을 계속해 나갈 것이라 생각한다.

제 4 부
한국사회에 나타난 공동체 연구(2)
1970년대 이후를 중심으로

1장 : 두레마을

개신교 안에서 그리스도의 복음이 이 땅에 전해진 지 이미 백여 년이 지나고 있는 때에, 한국교회는 세계 교회사의 기적이라 불리어질 만큼 놀랍게 성장하였다. 그것은 한국교회 성도들의 뜨거운 기도와 전적인 헌신으로 이루어진 것임을 부인할 수는 없을 것이다. 그리고 한국교회는 1980년대를 지나면서 한국사회의 경제적인 발전과 그 축을 같이 하면서, 한국의 경제와 사회가 변모하는 만큼의 물질적 부요를 누리게 되었다.

그러나 사회의 발전과 풍요로운 성취의 이면에는 때때로 어둡고 소외된 계층들이 있던 것이 사실이요, 그러한 면에서 볼 때 한국사회도 예외는 아니었다. 그리고 그러한 사회의 현상 앞에서 한국교회는 누려온 풍요와 발전의 모습에 걸맞게 사회의 어둡고 그늘진 곳을 향해 복음과 함께 그리스도의 사랑을 실천하는 일이 적었다는 지적을 받아왔음이 또한 사실이다.

기업이 부(富)를 축척하면서 그 축척된 부로 사회의 어두운 곳에 환원하는 자세를 갖지 못할 때 사회의 지탄을 받게 되듯이, 만일 교회가 하나님의 은혜 가운데 성장했으면서도 막상 교회가 사회를 향해 빛과 소금의 역할을 감당하지 못할 때는 하나님의 교회 역시 사회로부터 외면당할 것은 자명하다. 1970년대의 한국사회가 지속적인 성장을 계속하는 사이에, 도시 한구석에서는 성장의 혜택과 아무런 관계없는 사람들이 그늘진 모습으로 살아왔던 현실이 있었고, 이들에 대한 사회나 교회의 관심이 없었을 때, 복음의 사명을 지닌 한 사람에 의해 조명이 된 일들이 쌓여서, 오늘날 "두레 공동체"의 시작을 알리는 계기가 되었다.

한국사회가 군부독재의 억압 속에서 신음하고 있을 무렵, 또 한편으로는 경제적 부의 편중 현상으로 다수의 노동자들이 노동의 대가를 제대로 받지 못함으로 극심한 경제적 어려움을 겪고 있는 시점에서, 소외된 도시 빈민층을 대상으로 구제와 사랑을 실천하며 궁극적으로는 그들로 하여금 기독교 신앙의 뿌리 아래에서 집단적 촌락을 이루어 하나님의 나라를 구현해 보고자 하는 일이 있었다. 그 대표적인 것으로 김진홍 목사의 '두레 공동체 운동'이 있다. 도시 빈민선교를 위한 '활빈교회'(현재는 남양만에 소재)를 시작으로 해서 농어촌 선교를 거쳐 공동체 운동인 '두레마을(남양만)'을 이루고, 이제는 교회갱신과 사회개혁, 세계선교를 바라보는 '두레선교회', '두레연구원', '두레시대', '두레성서연구모임' 등의 가지로 뻗어 자라났다. 두레 마을은 다양한 문제를 그 과제로 두면서 21세기의 교회 갱신을 위한 연구로, 또한 공동체로서의 교회를 위한 본보기로 그 일을 해 나가고 있다.

I. 설립배경 및 역사적 흐름

70년대 초 김진홍 목사는 청계천 빈민가를 전도하면서, 동네 주민들의 요청에 의해 활빈(活貧)교회를 세웠는데 이는 '신앙으로 가난을 이기자'는 뜻에서 붙여진 이름이었다. 어려운 삶을 사는 사람들을 향한 선교를 하면서, 김진홍 목사는 젊은 전도사 시절에 눈에 보이는 사람들의 비참한 상황을 참으로 안타깝게 생각했다.[152] 그리고 이들을 위해 무언가 보다 나은 삶의 터전을 만들어 보고자 고심했다. 그러면서도 그는 그 빈민가의 희망없이 죽어가는 사람들을 위해 동분서주하면서 그리스도의 사랑을 실천하기 위한 모습을 몸소 체험해 보았다.

그러던 차에 그의 계획에 변화를 가져오게 된 일이 생겼다. 1975년 서울시 당국으로부터 청계천 빈민가에 철거명령이 떨어진 것이다. 빈민가의 동네 대표들과 교회에 모여서 이 일을 의논하면서, 어디엔가 함께 이주를 하여 공동체(共同體) 마을을 시작해 보자는 것이었다. 아무것도 없는 사람들에게 새로운 삶의 개척이기에 모두들 찬성하여, 처음 의도는 비무장지대로 들어가 농사를 지으면서 공동체를 이루는 것이었으나, 당시의 상황으로 월북(越北)하려는 것이라는 의심을 받고, 정부당국에서 끝내 허락하지 않아 결국 서해안의 남양만 간척지로 이주하였다. 처음에는 50세대만 뭉쳐서 개인의 주택을 짓고 나머지 농토, 교육기관, 공공시설 등은 모두 공동으로 하는 이스라엘의 키부츠와 같은 공동체를 만들려고 계획을 세웠다.

지금까지 제대로 먹지도 못하고 자식들을 가르치지도 못하며 살았던 옛 삶을 청산하고 50세대가 한데 뭉쳐 서로의 삶을 나누는 유무상통(有無相通)의 자세와 예수 제자들의 자세로서 살아가 보자고 시도했다. 처음 이러한 의도에 따라 50세대가 공동체 신청서를 냈을 때, 한국 중앙 정보부에서의 반응은 냉담했다고 전해진다. 마치 이북의 집단 농장과 같다는 판단을 하여 이 의도는 거절당했다.

따라서 그들은 처음의 의도를 버린 채 처음 이주했던 10세대가 남양만의 15개 마을에 뿔뿔이 흩어지게 되는 과정을 겪는다.[153] 그러나 그러한 흩어짐은 비

---

152) 당시에 청계천을 중심으로 한 도시 빈민층의 모습을 위해서는 김진홍 목사가 쓴, <u>새벽을 깨우리로다</u>를 참조하라.

153) 그들의 처음 의도는 정부에 의해 거절당하고 오히려 그들이 한 동네에 모여서 살지 못하도록 적당히 거리를 두고 15개 마을에 걸쳐 집들을 배당받게 된다.

록 집단의 삶을 살게 되는 데에는 실패했으나, 그들이 15개 마을에 퍼짐으로 인해서 남양만 일대에 많은 교회들이 들어서는 계기가 되었고 따라서 그들은 남양만에 일곱 교회를 세워 자립할 수 있는 기틀을 마련하였다. 그러면서도 1978, 1979년도에 이르러, 그들은 생각치도 않은 남양만 간척에 큰 성공을 거두게 되었다. 3년 동안에 걸친 간척사업이 성공을 거두자 처음 남양만으로 내려올 때의 꿈이었던 '공동체'에 대한 이상이 더 절실하게 되었다. 따라서 그들은 '두레마을'이라는 이름 아래, 제2단계 (제1단계는 남양만에 내려와서 정착하는 단계) 사업을 시작하게 된다.

이 과정에서 활빈교회가 창립 7주년을 맞는 1978년 10월 3일에 그들은 20세대 단위로 '활빈 두레마을'을 남양만에 세우기로 선포했다. 그날로부터 그들은 1년 간 준비하여 79년 4월에 '제1차 활빈 두레마을'을 8세대 시작했다.

김진홍 목사에 주도된 두레 공동체운동 약사(略史)와 그 활동을 살펴보면 다음과 같다.

한데 뭉쳐 서로의 삶을 나누는 유무상통의 자세와 예수 제자들의 자세로서 살아보자고 시도했다.

71. 10. 3   서울 청계천에 〈활빈교회〉 창립.

76. 1   〈활빈귀농개척단〉 제1진 50세대 남양만에 이주.

76. 1   〈활빈교회〉 남양만에서 활동 시작.

77. 3. 13   〈남양만 주민회〉 조직. (80년 12. 12. 재 조직)

77. 4. 13   〈남양만 신용협동조합〉 창립(현 조암 신용협동조합)

79. 4   8세대가 입주하여 1차 두레마을 시작.

83. 6. 1   남양만 신용협동조합 조합원 70명, 6백만원
                  자산으로 탄생.

86. 10   제2차 두레마을 시작.

87. 3. 27   〈두레선교회〉 창립.

87. 4. 3   〈두레성서연구모임〉 개원.

87. 7. 12   두레마을에 소망관과 평화관 준공.

87. 10. 10   활빈교회 창립 16주년을 기념하여 두레선교훈련원
                  건축 기공.

88. 10. 29   두레마을 내에 두레선교훈련원 준공.

89. 3. 1   두레장학회 창립.

89. 6. 20-23   제1회 농촌 교역자 세미나가 훈련원에서 개최.

89. 7   제1회 전국 두레가족수련회 개회.

90. 1. 15-18   제1회 농촌교회 교역자 부인 세미나 개최.

91. 1. 14-24   말씀과 노동학교 개교.

91. 4. 26   〈두레시대〉 등록.

91. 11. 11   두레장학관 기공.

93. 1. 28   〈두레연구원〉 개원.

93. 10. 9   서울, 신림동 소재 〈두레학숙〉 완공

94. 3. 7   〈두레어린이집〉개원.

94. 4. 29   미주두레 본부 설립.

95. 5. 30- 6. 6   두레마을 전인건강 국제세미나

                 암환자의 치유와 재활을 중심으로〕

95. 7. 24- 27   제1회 두레청소년 여름학교 개교.

95. 9. 3   괌, 두레교회 창립

95. 11. 30   두레마을에 가공공장 및 저온창고 완공.

96. 5. 26   두레마을 내 활빈교회 신축예배

96. 6   사회복지법인 〈두레마을〉 발족

위에서 볼 수 있는 대로, 현재의 두레 공동체운동은 여러 가지 목표를 향해 나가는 상당히 다양한 모습을 지니고 있다. 예컨대 "성서한국", "통일한국", "선교한국"등을 목표로 하여 "신앙운동", "공동체운동", "교회갱신운동", "사회개혁운동"등을 추진해 나가고 있다. 그리고 이를 위해 다양한 조직을 만들고 이를 운영해 나가고 있는데 이를 위해서는 "활빈교회", "두레마을", "두레선교회", "두레유통", "두레연구원", "두레성서연구모임", "두레포럼", "두레시대", "미주두레" 등을 두면서 다양한 사업들을 이루어 나가고자 애를 쓰고 있다.

2. 공동체로서의 두레마을

"두레"라는 말이 "공동의" 삶을 이루며 영위해 나가는 예로부터 내려오는 우리 민족의 공동체이듯이, 두레 마을은 예수공동체를 목표로 하고 있으면서 여러 사람들이 함께 모여 생활하는 삶의 공동체를 목표로 한다. 이 공동체에는 앞으로 복지의 대상이 되는 갈 곳 없는 노인과 어린이, 각종 병든 자와 같은 도움이 필요한 자들 뿐 아니라, 성서한국을 꿈꾸는 미래의 지도자인 청년들이 함

게 살아가는 모습을 따르고자 한다. 특히 두레 공동체에서는 "성서", "노동", "봉사", "학문"을 공동체의 목표로 삼으며, 이를 통하여 "하나님의 나라 실현"을 꿈꾸고 있다. 공동체 생활뿐 아니라, 성서한국을 이루기 위한 훈련 및 교육 프로그램이 선교훈련원을 중심으로 활발히 이루어지고 있으며, 여러 농촌교회를 지속적으로 지원하면서 수시로 신앙과 삶의 고민을 갖고 찾아오는 이들에게 상담과 공동체 생활을 통해 위로와 소망을 주고자 한다. 또한, 우루과이 라운드 등의 문제로 인한 농촌의 문제를 극복함과 더불어, 적극적인 소득증대를 위해 여러 가지 영농, 축산, 가공사업을 운영하고 있으며, 그 외 지역사회운동, 농촌문화운동 및 환경운동을 이웃과 연대하여 실시하고 있다.

두레연구원

두레연구원은 21세기 우리 민족과 인류의 역사를 새롭게 이끌어 나갈 일꾼을 기르기 위해 세워진 크리스천 지도자 육성기관으로서의 면모를 꾀하고 있다. 두레연구원은 성서에 담긴 진리의 말씀으로 세워지는 '통일한국'을 이루기 위해 한국교회의 기도와 지혜와 물질을 우선적으로 모아야 된다는 판단 아래 이루어진 기관이다. 여기에서는 "성서의 사람", "영감의 사람", "비전의 사람"을 길러내어 장차 "통일한국"을 이끌어 나가게 하고, 그들로 하여금 "성서의 바탕 위에 선 한국"을 이룩하여 "새 하늘과 새 땅"의 창조라는 원대하고도 귀한 사명을 감당케 하자는 것이 두레연구원이 목표로 하고 있는 비전이라 할 수 있다.

이를 위해 두레연구원은 그 주요 활동으로 월 2회 국제 연구원 중심으로 강의 및 세미나를 개최하고, 연 2회에 걸친 노동훈련과 공동체 생활을 실시하면서 두레연구원들의 연구 성과를 모아 「두레사상」을 발간한다. 이를 위한 장학후원회도 조직하여 미주와 유럽에 사는 교포와 두레회원들간의 섬김을 실천하고 있다. 향후 공식적인 두레 장학재단 설립을 추진중이며, '두레교육원'을 준비하여 대중적인 교육과 훈련의 장(場)을 만들고자 하고 있으며, 또한 다른 기독교 운동단체와 함께 교회의 연합과 일치를 위한 운동에 동참하고자 준비하고 있다.

두레선교회

두레선교회는 두레 공동체운동의 서울사무소 역할과 아울러 대외기관과 협력사업을 주도한다. 특히, 전국과 해외의 두레 성서연구모임과 여러 형태로 동역하고 있으며, 주일 설교테이프, 도서 및 강해테이프를 판매하거나 선교용으로 보급하고 있다. 그 외에 방송 등을 통한 홍보에도 관여하며, 두레운동을 섬기는 기능을 담당한다. 두레선교회에서는 총체적 두레 공동체운동의 체계화 및 보급을 목표로, 교육 문화선교사업, 청소년, 성인 등을 상대로 한 선교운동, 비기독교적인 일반인을 대상으로 한 두레운동, 해외교포를 상대로 한 공동체 선교 등을 추진중이다.

두레시대

두레시대는 복음운동, 공동체운동, 교회갱신운동, 사회개혁을 실천하는 출판문화 운동으로 '월간' 「복음과 상황」,' 반년간' 「두레사상」 등과 단행본을 발간 중이다.

미주두레

미주두레운동은 지난 10여 년간 교포 교인들의 기도와 헌신으로 꾸준히 성장하면서, 특히 초기 두레마을 건립에 많은 도움을 주었다. 현재 미국 20여 주(州)에 걸쳐 자발적인 "두레모임"이 결성되어 있으며, 4천여 명의 테이프 회원이 있다. 이런 성장에 힘입어, 좀더 효율적이며 적극적인 미주두레 운동을 위해 1996년 4월 29일에 로스앤젤레스에 미주본부를 설립하였다. 실천운동으로 1.5세, 2세를 위한 청소년 운동, 교포 장학사업을 통한 교회와 교포사회의 인재양성, 두레마을 건립으로 공동체 운동 전개, 정보 교육 훈련을 통한 세계화의 다목적 두레세계센터 건립, 테이프, 저서 보급 등으로 매체선교 등을 펼치고 있다.

3. 두레마을의 공동체 사상

두레마을의 공동체 삶의 시발에 대하여 공동체를 이끌어 온 김진홍 목사는 다음과 같이 말한다 : "71년 당시만 해도 가난한 사람들이 아주 많았다. 빈민촌에는 끼니가 없어 굶는 사람, 직업이 없어 헤매는 사람, 중병에 걸렸어도 돈이 없어 치료를 못하는 사람 등, 참으로 어려움에 시달리는 사람들이 많았다. 나는 절대 빈곤에 가까운 처참한 가난을 보면서 '왜 이렇게 가난해야만 하는가', '왜 이렇게 가난한 자들이 있는가' 라는 질문을 끊임없이 던졌다."[154]

그 가난한 시대를 살면서 생각하고 그가 결론을 내리기를 이 가난은 없어서 생겨난 것이 아니라 "나눔이 없어서" 생겨난 것이라는 점이다. 가난과 빈곤의 문제는 국가 전체로 볼 때, 없어서 생긴 것이라기보다는 나눔을 실천하지 않음으로 생긴 것이라는 결론을 얻은 김진홍 목사는 "어떻게 하면 나누는 삶을 살 수 있는가"를 생각했다고 한다. 물론 나누는 삶에 있어서는 공산주의나 사회주의가 단연 앞서지만, 거기에는 오직 무력에 의한 것밖에는 없는데, 그렇다면 오늘 이 나라에서의 모습은 무엇이어야 하는가를 생각한 후에, 바른 기독교적 실천을 통해서 이 문제가 해결될 것임을 확신한 그는 결국 기독교적 "사랑"에

---

154) 김진홍 편저, <u>한국을 성서위에,</u> (두레마을, 1992), 12-13

의한 공동체로서 예수께서 가르치신 방법만이 진정한 나눔의 실천이라고 생각을 한 후에, 그리스도의 사랑 속에 있는 공동체를 실천하는 것을 그 이상으로 삼는다.

김진홍 목사를 비롯한 두레 공동체원들은 '두레' 란 말에 상당한 의미를 부여했다. 두레는 촌락민들의 공동 조직이자 공동노동의 방식이기 때문에[155] 그들이 시작하는 공동체의 상징으로 '두레'를 삼았다.

'두레' 란 말은 우리 조상들이 쓰던 순수한 한글이다. '두레' 란 말은 옛날 한 마을에서 같이 쓰던 우물의 바가지, '두레박' 에서 나왔다. '원둘레' 란 말도 옛날 우리 조상들이 공동체로 살던 마을 경계선을 나타내는 말이다. 옛날에는 '두레 품앗이' 란 것이 있었다. 농촌에서 농번기 때 서로 돌아가며 일손을 돕던 것을 말한다. 또 '두레 길쌈' 이라는 것도 있었다. 여름밤에 혼자 길쌈하면 심심하고 졸음이 오니까 동네 아주머니들이 모여서 마당에 화톳불을 피워놓고 함께 이런 저런 얘기를 나누며 길쌈하는 것이다. 그 외에도 '향약' (鄕約)이니 '대동계' 니 하는 것이 있었는데, 그것은 서민들의 두레를 양반들이 본떠서 만든 것이다. 당시에는 한글을 업신여기던 양반들이 '두레' 란 순수한 우리말을 쓰면 위신이 손상될까봐 한문으로 대신해서 '향약' 또는 '대동계' 라 이름했던 것이다.

그렇다면 이 두레공동체가 우리 기독교와는 어떤 관계가 있는가? 두레와 성경적 모습과의 접맥을 시도한 김진홍 목사는 이 질문에 대한 답을 사도행전 2장과 4장에서 찾을수 있다고 생각했다. 그는 이렇게 말한다 :

거기에는 성령공동체가 나온다. 나는 이 사도행전을 읽으면서 이 말씀이 '성서의 두레' 라고 생각했다. 한 총각과 한 처녀가 합치면 자녀가 태어난다. 우리 조상들의 두레와 사도행전

---

155) 민속학회 공동저, <u>한국민속학의 이해</u>, (서울 : 문학아카데미, 1994), 59

의 성령공동체를 합치면 무엇이 나올까? 사도행전 2장의 첫 부분을 보면 오순절 성령의 역사가 일어나는 것이 나타나 있다. 그 결과 모인 무리들이 예언을 하게 되고 비전을 보게 되고 꿈을 꾸게 되었다(행 2 : 17, 18). 그러한 역사의 결과로 나타난 것이 성령공동체이다. 성령께서 역사하시니 각 사람이 있는 것을 내어놓아 핍절한 자가 없었다고 했다. 전에는 있는 사람, 없는 사람 따로따로 놀았는데 성령을 받고 나니까 네 것 내 것이 없어지고 없는 사람, 핍절한 사람도 없어진 것이다. 즉 부족함이 없는 공동체가 된 것이다. 그들은 그렇게 성령공동체를 이루면서 또한 복음을 열심히 전했다. 예수님의 부활을 증거하고 말씀을 전하면서 선교공동체가 되었다. 두레마을도 나눔의 공동체이고 함께 사는 공동체이고 그 자체를 선교하는 공동체이다. 사도행전의 말씀 공동체가 '씨앗'이라면 우리 조상들의 두레는 '밭'이라고 할 수 있다. 중요한 것은 씨앗이다. 토착화 즉 밭만 너무 강조하다보면 말씀의 씨앗이 약해진다. 분명히 생명의 씨앗은 예수님의 말씀이다. 진리의 말씀이다. 이 말씀이 씨앗이고 그 씨앗을 심는 밭이 우리 조상들의 전통인 두레이다. [156]

지금까지 살펴본 것과 같은 기본 사상과 함께 김진홍 목사는 두레마을에 대한 꿈을 키워나가면서 다음의 3가지 원칙을 세운다.

첫째, 두레마을은 예수님이 이장(里長)이시다. 둘째, 두레마을은 사랑의 법만 존재한다. 셋째, 두레마을은 능력에 따라 일하고 필요에 따라 쓴다.

이런 3가지 원칙하에 세워진 두레마을은 1971년 10월 3일 활빈교회가 설립되던 날 제정했던 활빈교회 설립목적 5가지중 4번째 목적을 살려 이를 실제화한 것으로 평가한다. 활빈교회가 세운 5가지 목적은 다음과 같다.

첫째, 가난한 자들에게 복음을 전하는 교회가 되자. 둘째, 교회가 속한 마을을 섬기는 교회가 되자. 셋째, 사랑을 훈련하고 실천하고 확장하는 교회가 되

---

156) 김진홍 편저, Ibid., 20-21.

자. 넷째, 한국적인 신학, 교회구조, 선교전략을 수립하는 교회가 되자. 다섯째, 사회정의를 실현하는 교회가 되자.

이중에서 두레마을이 시작될 때의 뜻은 네 번째의 한국적인 신학, 한국적 교회구조, 한국적인 선교전략의 수립과 관련된다. 그것의 구체적인 방안이 우리 조상들의 두레전통과 사도행전 2장, 4장의 성령공동체를 접목시켜서 잘 발전시키고자 한 것이 공동체로서의 '두레마을'이라고 할 수 있다.

4. 기독교 공동체적 관점에서 본 평가

처음 활빈교회는 설립할 당시의 목표인 '가난한 자에게 복음을 전하고, 교회가 있는 마을을 섬기며, 능력에 따라 일하고 필요에 따라 나누는 것'을 따라 진행되어 가고 발전하여 왔다. 이것은 두레 공동체가 그 시작 초기에 있어서는 빈민을 대상으로 하는 섬김과 나눔의 자세를 견지하여 왔기 때문이다. 그것은 설립자인 김진홍 목사가 청계천의 도시 빈민층을 대상으로 한 교회 중심의 활동을 통하여 해왔던 일로써, 그러한 활동은 정치, 경제적 측면에서의 한국사회가 당면한 70년대 당시의 상황하에서, 그리고 아직 도시 빈민층을 대상으로 하는 공동체의 모습이 없던 시절로서는 상당히 의미있는 활동이라고 할 수 있다. 긍정적인 면으로 바라본다면, 초대교회의 신앙 공동체적인 모습을 실천하기 위한 모임이 가장 빈곤한 사람들에게서 시작되어, 그들 서로의 힘을 모아 보다 나은 삶들을 영위할 수 있게 되었다는 점일 것이다. 또한 소외된 자들과 함께 살아가는 그리스도의 사랑 공동체를 지향하는 그 목표 설정에 있어서 보다 나은 하나님의 자녀다운 삶, 즉 서로를 내 몸과 같이 사랑하면서 살아가는 삶의 실천을 보게 된다.

그러나 사회의 변화와 함께 단지 물질의 나눔이나 육체적 봉사는 그 한계에 직면할 수밖에 없다는 생각을 하게 된 것 같다. 따라서 김진홍 목사를 주축으

로 한 두레마을은 최근에 와서 이러한 나눔의 활동을 넘어서서 기독교적 삶의
실천을 이론화하는 작업에 힘을 쓰고 있는 듯하다. 두레 공동체는 지금까지 보
아온 대로 다양한 활동들을 통하여 하나님 나라로서의 두레 공동체를 활성화시
켜 나가고자 애쓰는 가운데, 근래에 와서는 두레시대 등을 통한 출판 사업으로
공동체 사상과 복음주의적 생각들을 사람들에게 교육시키기에 주력하고 있다.

따라서 다른 공동체들이 단순하게 "삶의 나눔"(life-sharing)이라는 실천을
통한 하나님의 나라 확장이라는 의미를 강조하는 것과는 달리, 두레 공동체는
최근에 이르러 다양한 활동들 가운데에서도 성경 중심의 이론적 작업을 해나가
고 있는 것은 미래의 또 다른 공동체를 위해 상당한 의미가 있다고 하겠다. 한
공동체를 이끌었던 지도자가 세상을 떠난 후에는 그 공동체의 의미가 퇴색되기
쉬운데, 한국적 상황에 맞는 공동체의 이론적 뒷받침을 만들어 놓는다는 것은
그 의미가 크다고 하겠다.

그러나 두레 공동체는 출판사업들을 통한 복음전파만을 해나가는 것이 아니

나눔의 활동을 넘어서서 기독교적 삶의 실천을 이론화 하는 작업에 힘을 쓰고 있다.

다. 그들은 최근에 와서, 사회의 제현상들에 대하여 판단하고, 비판하여 올바른 방향들을 제시하고자 하는 사회 과학적 연구를 행하는 것을 보게 된다. 물론 여기에는 정치적인 문제뿐만 아니라 경제를 비롯한 사회 전반적인 문제를 통하여 사회의 여러 분야에 보다 적극적으로 참여하고자 하는 모습들을 보이고 있다. 그리고 이는 그 규모나 질에 있어서 국내외적으로 무시할 수 없을 만큼 성장하여 사회에 영향을 끼치고자 노력하는 것을 볼 수 있으며, 이를 통하여 사회의 변혁을 유도하는 데까지 이르고 있다는 점은 기독교 공동체가 추구하는 바, 하나님 나라의 삶을 생활에 적용한다는 면에서 매우 고무적인 일이라 하겠다.

두레 공동체의 이러한 발전적인 모습이 있는 것은 분명히 긍정적으로 해석이 되어야 할 것이다. 그럼에도 불구하고 최근에 이르러 두레 공동체가 상당할 정도의 규모와 비대해진 활동들을 해나가고 있다는 사실은 오히려 공동체로서의 지녀야 할 진정한 요소들을 과연 반영해 낼 수 있을 것인가에 대해 의구심을 불러일으키기에 넉넉할 것이다. 성경적인 의미에서 지금까지의 공동체가 보여주는 대로, 공동체가 그 바른 신앙고백의 터 위에서 진정한 나눔(Sharing) 과 섬김(Stewardship)을 이루어 내기 위한 세심한 배려들이 과연 이렇게 확대해져 가는 조직의 모습 속에서 얼마나 효율적으로 이루어질 수 있겠는가 하는 과제가 두레 공동체에 남겨져 있다고 할 것이다.[157] 왜냐하면 그리스도를 중심으로 한 공동체는 복음이 의미하는 바대로 그리스도와 "함께", 그리고 "그 안에서" 서로를 돌봄과 섬김을 통한 하나님의 나라를 확장시켜나가는 것이지, 어떤

---

157) 김병서, "교회 공동체의 사회학적 이해", 22. "어느 집단이고 그 집단의 크기가 늘면 집단원 간의 의견일치가 어려워지고 결국 생활 양태도 다양해지며, 규범구조, 역할조직 등도 복잡해 질 수밖에 없다. 또 집단이 커지면 커질수록 다양한 의견, 다른 생활태도 등을 통합시키거나 일관성을 조성시키려는 획일적 제도의 조직 강화는 피할 수 없다. 따라서 공동체적 관계 (communal relationship)보다는 상하 관계의 계층적 체계(hierarchical system)에 더 민감한 형태로 발전하게 되는 것이다."

사업이나 활동(活動)의 공유(公有)만을 통하여 그의 뜻을 이루어 내는 것이 될 수는 없기 때문이다.

그리스도 안에서 공동체의 진정한 의미는 그 안에서 이루어지는 활동과 능률로서만 평가될 수는 없을 것이다. 오늘날의 여러 단체들이 능률과 효율성에 그 단체의 의미를 평가한다면, 이와는 달리 기독교적 공동체나 교회 공동체는 세상 어디에서도 얻을 수 없는 복음 안에서 진정한 사랑의 공동체로서 그 존립의 이유가 있어야 할 것이다. 따라서 이런 면에서 볼 때, 두레 공동체의 앞날은 이러한 다양한 활동을 하면서도 과연 기독교 정신으로 나눔과 사귐, 그리고 봉사를 통한 그리스도의 복음적 정신을 얼마나 살려 나갈 수 있는가에 달려 있다고 할 것이다.

그럼에도 불구하고 최근에 들어서 두레 공동체가 지향하는 이웃사랑의 실천운동은 복음적 삶의 확산으로 긍정적으로 평가될 만하다. 교회들이 연합하여 행할 수 있는 각종 행사들을 두레 공동체 안에서 실시하고자 하는 일들이나 지역 사회를 향한 선교적 일환으로 행해지는 교육의 장(場)들은 전국적 규모로 이루어지고 있으며, 오늘날 청소년들이나 장년들의 불건전한 생활 습관들을 지양하고 사회나 가정의 건전한 삶을 유도하는 행사 등 기타의 계절 프로그램들은 기독교적 삶의 확산을 위한 것으로 호응을 얻고 있다고 본다. 그러나 이러한 일회성적인 프로그램보다도 지속적인 돌봄과 섬김, 그리고 헌신을 통하여 변화된 사람들의 실천적 삶의 모범을 보인다는 것은 매우 중요한 공동체의 근본을 이루어 나가는 것이다. 이러한 삶의 현장으로서의 공동체를 실현시킨다는 것은, 한편으로는 하나님의 나라를 확산시키는 것으로서 좋은 의미를 제공할 뿐만 아니라 또 다른 한편으로는 한국사회나 교회가 안고 있는 질병들, 즉 삶의 현장과 신앙의 모습이 나뉘어지는 잘못된 모습을 극복해내는 장(場)이 되기도 하는 것이다. 이러한 의미에서 두레 공동체는 글자 그대로의 삶의 "두레적 모습"을 만들어 나가야하는 과제를 지니고 있다고 할 것이다.

또 한 가지 지적하고자 하는 것은, 이런 다양한 사역과 활동 중에서 이 모든 일들을 원활하게 진행해 나갈 수 있는 지도자(들)의 지도력이 과연 얼마나 세밀하게 영향을 발휘할 것인가 하는 문제에 있다. 지금까지 보아온 많은 공동체들은 그 공동체를 이끌어 나가는 지도자의 지도력이 지나치게 한 곳에 집중되어 있던 나머지 정작 "공동체적" 운영의 방식에는 미약한 모습이 있어 왔던 것이 사실이요, 이는 공동체의 미래를 위태롭게 하는 요인이 되어 왔다. 한 사람의 지도력으로 이루어지는 공동체는 그 성장속도는 잘 이루어질 수는 있다 해도 그 성장의 이면에 함께 따라와야 할 다양한 사역들을 과연 적절하게 수행하도록 하는 인적 자원이 효율적으로 잘 이루어질 수 있겠는가 하는 의문을 불러일으키지 않을 수 없다. 이러한 현실은 두레 공동체에도 적용될 것이다. 수많은 분업적 일들 속에서 이 모든 일들을 묶어 줄 수 있는 친화력이 과연 두레 공동체 안에서 계속하여 일어날 수 있겠는가 하는 점이다. 그것은 지금까지 두레 공동체를 이끌어왔던 김진홍 목사와 그 뒤를 이을 차세대간의 격차가 과연 얼마나 밀접하게 연결되어 맥을 이어 나갈 수 있겠는가 하는 문제뿐만 아니라, 공동체의 구성원들이 "내 몸"이라는 친밀성 속에서 그리스도와 그의 말씀아래 서로간의 헌신성을 드러내겠는가 하는 문제로 연결되는 것이다.

공동체의 일반적인 문제라 할 수 있는 것은 한 지도자의 역량이 지나치게 비대해진 나머지 공동체 구성원의 응집된 힘이 상실되어 가고, 이로 인한 부작용이 남게 된다는 점을 염두에 둘 때, 두레 공동체 역시 그러한 미래의 과제를 안고 있다는 것이다. 따라서 공동체 회원간의 진정한 코이노니아가 바로 그 공동체 안에서 얼마나 이루질 것인가 하는 면에서 두레 공동체는 한국사회에서 또 다른 주목을 받고 있는 셈이라 할 수 있으며, 이 일에 있어서 두레 공동체는 계속적인 자기 반성이 요구된다고 하겠다.

2장 : 다일 공동체

1. 설립 배경과 역사적 흐름

다일 공동체는 그리스도 공동체를 이루어 나가고자 서울의 도시 빈민과 사창가로 널리 알려진 청량리588에서 가난과 소외당하며 살아가는 사람들에게 일상의 필요를 나누어주는 구제 공동체요, 또한 그곳에서 주일마다 이루어지는 예배를 통하여 영혼의 구원을 향하는 예배 공동체이기도 하다. 다일 공동체를 처음으로 시작한 최일도 목사는 1957년 서울에서 대한방적(효성그룹의 전신)의 고위간부였던 아버지와 대지주의 딸로 고생 모르고 자라온 어머니의 밑에서 태어났다.[158] 그는 장신대 신학과와 동대학 신학대학원을 졸업했으며, 서정주와 함동선 시인의 추천에 의해 월간 〈한국시〉로 등단해 1982년 시인이면서 수녀였던 김연수 수녀와 결혼하여 1982년 다일 공동체를 설립했고, 그후 1991년 목사 안수를 받은 후로 지금까지 다일 공동체의 대표이자 다일교회의 담임목사로 도시빈민선교와 일치하여 공동체 운동을 펴나가고 있다.

---

158) 최일도, 밥짓는 시인, 퍼주는 사랑, 14. 그는 이 책에서 자신에 대하여 말하기를, "…덕분에 어렸을 적부터 가난을 모르고 자랐던 제가 가난한 사람들의 굶주림을 이해하기가 쉽지는 않았었죠."라고 말한다.

신학교 시절 그는 한적한 시골에 영성 수련센타를 마련해 도시생활에 찌든 젊은 지성인들이 쉬면서 영적인 문제를 고민하고 훈련할 수 있도록 하겠다는 꿈을 품고 공동체 신학을 정립하기 위해 아내와 함께 유럽으로 유학을 준비하였다고 한다.[159]

서울에서 화려한 올림픽이 끝난 직후 어느 날인가 수업이 휴강이라 시심(詩心)이나 일으켜 볼 생각으로 경춘선을 타러 청량리 역으로 갔던 최목사는 자기 앞에 쓰러진 할아버지 한 분을 보고 그냥 지나쳐 갔었다가 돌아오는 길에도 그 할아버지는 자기가 본 그대로 방치되어 계신 것을 보고 복지요원들에 대한 불만과 함께 주님의 부르심의 음성을 듣게 된다.[160]

이에 고민하던 그는 등산용 버너 두 개에 코펠 두 개를 들고 다니면서 역 광장에 앉아서, 때로는 수산시장에서, 그리고 야채시장 쓰레기더미에서나 경동시장에서 컵라면에 물을 부어 그런 분들과 같이 먹으면서 그들을 돕고자 했으며, 바로 이것이 그가 말하는 소위 "밥상공동체"의 시작이 되었던 것이다.[161]

그후 그는 아내와 어머니의 반대를 무릅쓰고 1989년 7월 청량리588에 있는 작은 인쇄소를 교회당 삼아 첫 예배를 드리고, 그해 9월 첫 주일에 "다일교회",

---

159) "한국의 '마더 테레사' 시인 목사 최일도 부부" 여성동아, 1995년 11월호, 150. 그는 이 가운데서 이렇게 말한다 : "금방이라도 피리소리가 들려올 것 같은 목가적인 전원공동체를 생각했지, 이렇게 588 한가운데 공동체를 세운다는 것은 생각도 못했어요."

160) 그는 그때 들려온 소리를 이렇게 말하고 있다 : "지금도 (내가) 그때 들려온 소리가 (나)자신의 마음 속에서 나온 소린지, 아니면 흔히 말하는 하나님의 음성인지 잘 모른다. 그저 나의 양심을 깨우는 하나님의 소리라고 믿고 있다." 여성동아, (1995년 11월호), 151

161) 여성동아, 1995년 11월호, 153 "이 때 그는 자신을 변화시킨 성경의 한 구절을 만나게 된다. 그가 수없이 읽고 해석하고 공부해온 성경책이었건만 그날 읽어본 야고보서 1장 27절은 새롭게 다가왔다. '하나님 아버지 앞에서 정결하고 더러움이 없는 경건은 곧 고아와 과부를 그 환난 중에 돌아보고 또 자기를 지켜 세속에 물들지 아니하는 이것이니라'"

"다일 공동체"의 창립예배를 드리게 되었다. [162] 그러나 철도청 부지에 세워진 그의 첫 교회는 주변 포주들이 장사가 되지 않는다고 좋아하지 않아 몇 달 가지 못해 쫓겨나고 말았으며, 그래서 얻은 것이 청량리 역 앞에 있는 현재의 다일교회 자리였다. 당구장과 만화방이 있는 건물 꼭대기였지만 이 건물 주인 역시 교회는 괜찮지만 거지들은 안된다며 나가달라고 하여 다일교회와 다일 공동체의 보금자리가 나눠지고 말았다. 힘든 공동체의 생활이 시작되었으며, S회사 라면 사건[163]도 겪게 되고, 그 시절에는 어쩌다 보름만에 집에 와서 아내가 정성스레 차려놓은 밥상을 대하고서도 가난한 자들을 생각하는 마음에 밥을 제대로 넘기지도 못했다고 최일도 목사는 말한다.

이때 이러한 공동체적 빈민 활동을 하는 최목사를 보고 아내는 자신의 전재산이었던 79만원이 든 통장을 내놓았고, 그 돈으로 90년 4월 부활절에 처음으로 밥을 나누게 되었으며 이후부터 다일 공동체로 매일 약 2백여 명이 찾아와 빈민들을 향한 점심밥이 끊어진 적은 단 하루도 없었다고 한다. 매일의 양식이 주님의 섭리하에 되어지는 기적같은 일들을 체험하면서, 어느덧 전농동과 용두동 사잇길에 있는 쌍굴다리는 "오병이어의 거리"로 불리우게 되었다.

---

162) 최일도, 밥퍼, 26 "이날 예배는 그동안 여러 교회를 다니면서 모은 자료와 리마 예식서 그리고 정장복 교수가 제시한 모범예배 순서를 참고로 새로운 기독교 예배 예전을 만들었다… 당시 교회 신자들에겐 가히 파격적이라 할만하였으나, 예배학에 의하면 오히려 개혁전통 예배양식에 더 가까운 보수적 예배양식이었다."

163) 최일도, 밥퍼, 51~55 "처음엔 이 지역에 많아야 30-40명의 행려자가 있을 거라고 생각했었다. 그래서 단순하게 40명의 하루치 컵라면으로 1백 20개를 염두에 두고 일을 벌렸던 것인데, 실제 현장에서는 웬지 계산이 맞지 않았다… 그러던 어느날 한 남자가 공업용 기름을 썼다고 해서 시끄러웠던 S회사의 라면이라도 괜찮으면 보내주겠다고 해서 '없어서 못먹지요' 하고 대답했더니 당장 다음날 트럭 두 대가 라면을 가득 싣고와서 나누어 주고 갔다…"

2. 다일 공동체의 현재 모습과 앞으로의 계획

현재 다일 공동체가 있는 건물은 어느 기독교인이 싸게 내놓은 집 세 채를 하나로 묶어 공동체 사람들이 직접 만든 장소다. 1백11평 땅에는 비록 가건물이지만 식탁을 들여놓을 수가 있어 이제 더 이상 전과 같이 쌍굴다리 밑에서 떨면서 밥 먹을 필요가 없어졌다. 또한 자원봉사자로 일하는 형제 자매들이 살아갈 방도 마련했고, 여러 후원 단체들의 도움으로 매주 토요일에는 무료 진료를 실시하기도 한다. 이 장소와 그 사업을 위해서는 막대한 돈이 필요했는데, 이 모든 일들은 때마침 조직된 후원회인 천사회원[164]의 도움으로 운영해 나가고 있다.

다일 공동체는 삶의 현실에서 어려움을 당하는 사람들에게 여러 가지를 통해 봉사하고자 한다. 예컨대, 시흥에서 평생을 목회를 하시다가 돌아가신 어느 목사님의 사모가 병환이 심한 것을 알게 되어 평소에 병자가 나오면 늘 돌봐주던 가톨릭에서 운영하는 성가복지병원에 입원시키려다 수녀에게 거절당하는 경험을 한 후 생활에 어려운 이들을 돕는 무료병원을 세우기로 그는 마음을 먹게 되었다. 따라서 이와 같은 상황에서 만들어진 천사회원들은 무료병원인 "천사의 집"을 마련하고자 모금을 해왔고, 현재는 1천 4명("천사"를 뜻하는 1,004명)이 1백만원씩을 낸다는 데서 나온 말이다.[165]

---

164) 여성동아, 95년 11월호, 153, "천사회원이란 무료병원 천사의 집을 마련할 작정으로 모집한 후원회의 이름이기도 하지만 1천 4명이 1백만원씩을 낸다는 뜻이기도 하다. 한 사람당 1백만원씩 내는 것을 원칙으로 하고 더 받지도 않는다. 모두가 조금씩 내서 마련하는 데 더 큰 의미를 둔다."

165) Ibid., "최목사는 거액을 내겠다는 대기업들의 제의를 사양했다. 고단한 삶의 무게가 얹힌 한푼 두푼이라야 진정한 사랑의 병원이 될 수 있다는 신념 때문이다. 1인 1계좌(1백만원)운동을 벌이는 것도 그 이유에서이다. 병원기금에는 영세 상인의 때묻은 지폐, 초등학생의 돼지저금통에서부터 속칭 '588' 윤락 여성들의 쌈지돈까지 가난하지만 마음이 부자인 천사들의 눈물과 체온이 배어있다."

다일 공동체는 삶의 현실에서
어려움을 당하는 사람들에게
여러 가지를 통해서 봉사하고자
한다.

1993년 12월 23일 오후 8시 KBS TV에서 성탄 특집으로 방영된 '다일공동체 쌍굴다리의 기적'을 통해 이를 알게 된 많은 사람들이 후원자로 나서게 되어 97년 5월 7일에는 기독교 100주년 기념관에서 "일천사병원 추진위원회"의 발족식을 가지기도 했다. 이 추진위에서는 2천 4명의 '천사회원'이 낸 24억여 원으로 서울 청량리 역 뒷골목에 1백97평의 병원부지를 마련해 꿈에 그리던 무료병원 건립의 첫 발을 내딛게 되었다. 그는 계속해서 이렇게 말한다 :

병원이 완공되려면 8천 4명의 천사회원이 필요합니다. 5년이 더 걸릴 수도 있고 10년을 기다려야 할 지도 모릅니다.

최목사는 자신의 원고료 3억원 중 1억5천만원은 '천사회'에 내고 나머지는 소외된 이웃에 대한 자원봉사운동인 '밥퍼사랑운동'에 써달라며 동아일보에 기탁했다.[166]

현재 다일교회는 95년 4월 16일(부활절)부터 교회의 모든 헌금의 50% 이상을 빈민구제와 선교와 교육에 쓰기로 결단했다. 동시에 공동예배를 드리기가 어려울 정도로 교인수가 증가했으나 막대한 임대료로 예배공간을 찾지 못하던 중 그날부터 대광고교 학생들과 교직원들의 후원과 배려로 대광고교 시청각실로 예배처소를 옮겨 예배를 드리고 있다.[167]

다일 공동체의 미래에 대해서 최목사는 다음과 같이 말한다 :

저는 다일 공동체가 커지는 것도 좋아하지 않습니다. 이런 공동체가 도시마다, 구(區)마다, 마을마다 생겨 조그맣게 많이 나타나야지 어느 하나가 다 해결하려다 보면 수용소가 되고 다시 그 속에서 소외가 발생하게 되지요.[168]

그래서 현재 그가 계획하고 있는 것은 무료병원과 무료 숙소, 식당을 지은 다음 사창가 한 가운데 막달레나의 집을 세우고, 어디엔가 영성 수련센타로써 "침묵의 집" 마련하는 것으로 자신의 소망을 밝히고 있다.[169]

3. 최일도 목사의 공동체 사상

다일 공동체의 최일도 목사는 처음 주위 사람들이 목사가 되라는 말에도 불구하고 수도자의 삶을 살려고 마음먹었다고 한다.[170] 복음에 매일 뿐, 가정생활에 얽매이지 않은 자유로운 모습으로 살기를 그는 원했다. 그래서 수도원 생활 공동체들을 헤매이면서 공동체 사상에 관심을 갖고 그러한 곳들을 방문하게 되었다. 우리 기독교 내에 수도원 제도가 제도적으로 보호받지 못한 터에 그런

---

166) 운종구 기자, '밥퍼 최일도 목사 무료병원 추진위 발족', (동아일보 97년5월6일자)

167) 신앙세계, 95년 4월호, 230.

168) 여성동아, Ibid., 159 "청량리뿐 아니라 영등포, 평택, 오산, 대구, 목포, 광주, 부산 등등 소외된 사람들과 도시 빈민들을 섬기기 위한 도시공동체들이 누룩처럼 번져 나갈 것을 저희들은 간절히 희망하고 있습니다. 또 그렇게 될 것을 확신하고 있습니다."

169) 여성동아, Ibid., 159.

170) 극동방송 방송대담 자료(II) "만나고 싶은 사람 : 최일도 목사(1991년 12월)", 123

곳들을 보고 느끼면서 '기독교 내에 생활 공동체와 수도원 공동체를 접목시킬 수는 없을까?' 하고 고민했었고, 그의 생각은 다음과 같은 그의 말에서도 알 수가 있다 :

저희 다일 공동체는 처음부터 도시 사창가를 택하려 한 게 아니고요, 제가 대학시절부터 동경해 온 스위스의 라브리 공동체, 독일의 띠아코니아 공동체, 영국의 포스트그린 공동체처럼 한적한 전원을 삶의 자리로 삼으려 했었습니다. 유럽과 미국에는 기독교지만 공동생활을 하는 아름다운 공동체들이 있어요. 지역사회로부터 신뢰감과 존경심을 받고 있는 신앙공동체입니다. 저희 공동체도 좀 한적한 곳으로 자리를 생각했었는데, 그분들을 보고 그냥 지나칠 수가 없더라구요. 하나님의 뜻이셨는지는 아직도 묻고 있습니다.[171]

그러한 중에 그는 한국의 오늘이 현실에서 체험적으로 부딪치게 된 상황아래 현재의 "다일 공동체"를 형성하여 이를 꾸려 나가게 되었다. 따라서 그는 이렇게 말한다 :

저 한적한 깊은 산이나 계곡에 삶의 자리를 정한 것이 아니고 바로 치열한 삶의 현장에서 정말 소외된 사람이 있는 곳에서부터 나눔과 섬김의 삶을 함께 살면서 또한 하나님과의 관계성을 위해 영성생활이 있어야지, 자꾸 도피적 삶이나 수도원적 의미만의 공동체 삶은 상당히 거부했었습니다.[172]

또한 그는 현대교회의 문제에 대한 대안책으로써의 공동체를 주장한다.

본질적으로 교회가 공동체이고 공동체가 곧 교회라는 인식에는 변함이 없습니다. … 오늘날 현대교회는 너무 물질주의와 물량주의, 또는 개인주의와 개교회주의로 흘러가는 그런 안타까운 모습을 보이는 것이 사실이거든요. 너무도 많은 분열과 분쟁으로 얼룩진 한국교회의 모

---

171) KBS 방송대담 자료(I), "한밤에 만난 사람 : 최일도 목사(1992. 3. 6)", 116
172) 극동방송, 126

습, 또는 갈등과 반목, 질시, 겨루기, 키재기 같은 모습들에 대한 대안으로써 공동체가 제게
다가왔었습니다. 그러면서도 저는 한시도 교회밖에서의 공동체 삶은 생각해 보지 않았습니다.
사실 공동체란 용어를 따로 쓸 필요는 없지요. 단지 예수 그리스도의 몸을 이룬 지체된 교회
가 하나되고, 거룩하며, 성결된 모습을 보이지 않기에 공동체성의 회복을 위한 대안으로써 다
일 공동체라는 이름을 가진 것입니다.[173]

　　최목사는 '다일 공동체'라는 뜻은 '다양성(多樣性) 안에 일치(一致)를 추구
하는 공동체'를 뜻하는 의미에서 이 말을 사용한다. 이것은 오늘날 소멸해 가
는 듯한 초대교회의 공동체성을 회복하고, 점점 팽배해져 가는 교회 내의 개인
주의가 없어졌으면 하는 바램을 담은 것으로 그는 풀이하고 있다.[174] 그리고 그
의 "다일 공동체"에 대한 오해의 가능성에 대해서 그는 다음과 같이 부연하여
설명한다 :

　　'다양성 안에 일치를 추구하는 공동체'라고 하면 다원주의(多元主義)하고 관계가 있는 것
이 아닌가 하시는 분들이 있습니다. 다양성 안에서 일치를 추구한다는 건 다원주의와는 성격
이 전혀 다른 것입니다. 그러니까 우리들은 가난한 사람도 넉넉한 사람도, 배운 사람도, 배우
지 못한 사람도 더불어 함께 하나님 아버지 앞에서 한 가족으로, 한 형제 자매로 살아가자는
그런 우리들의 신앙고백과 선언과 결단으로 시작한 공동체의 삶입니다. 오늘날 현대교회가 계
층간의 너무나 뚜렷한 갈등과 대립마저 보이는 아픔이 계속됩니다. 그 대립과 갈등을 넘어서
서 더불어 한 몸을 이루자고 하는 뜻에서 다양성 안에서 일치를, 하나됨을 추구하는 공동체라
는 말의 줄임입니다.[175]

---

173) 극동방송, 125
174) 극동방송 방송대담 자료 126.
175) 기독교 방송(CBS) 방송대담 자료(II), "새롭게 하소서 : 최일도 목사" (1994. 6. 16), 134

그는 자신이 행하고 있는 공동체의 모습은 자신이 꿈꾸어왔던 바람직한 교회 공동체의 변형된 모습일 뿐, 교회와 전혀 다른 자선 단체의 모습으로 비쳐지는 것을 상당히 꺼려하고 있으면서, 다음과 같이 말한다 :

다일 공동체를 자선단체로 보면 곤란합니다. 영성생활과 성사생활을 실천하는 것이지요, 다일 공동체는 이런 젊은이들의 공동운명체입니다. 봉사를 위해서라기 보다는 하나님 앞에 더러움이 없는 참된 경건의 생활을 살고 싶어서 모인 젊은이들의 형제우애회라고 생각하면 될 것 같습니다. [176]

그는 또한 다일 공동체가 어떤 (급진적인) 이념에 의해 움직이는 것이 아니라 교회 속의 "코이노니아"를 일구어 내는 교회 공동체의 모습이기를 바라는 마음으로 이렇게 말한다 :

이데올로기는 아닙니다. 이념이나 신념이 아니라고 하면 왜 그렇게 당신 삶은 진보적인데 의식은 굉장히 골통 보수적이냐고 반문하는 분도 있었어요. 제 생각엔 이 시대가 가장 필요로 하고 요청하는 사람은 사실은 성프란시스코 같은 사람입니다. 그분은 평생 민중(民衆)이나 심지어 "민"(民)자 조차도 말하지 않았습니다. 민족을 들먹인 적도 없지요, 그러나 그의 삶은 죽는 날까지 정말 가난하고 병들고 의지할 곳 없는 민중을 위한 삶이었습니다. 그분은 가난하고 병든 사람 문둥병환자를 평생 돌보면서 살았거든요, 그런 점에서 어떤 이념이나 말로써 구호로써 외치는 건 전혀 우리 공동체 삶과 정신에서 동떨어진 것입니다. 그리고 분배의 정의를 외치는 것에서도 저는 그 한계성을 직시했습니다. 그게 아니라 주 예수의 참된 사랑이 내 안에 있을 때에, 그 사랑을 나누지 않고는 견딜 수 없는 사랑 때문에… 그래서 공동체 삶은 사랑의 나눔, 즉 '코이노니아'의 원리로써 나눔의 원리이지 분배의 정의는 아닙니다. 저 철의 장막 속의 공산주의가 무너져 내리는 것도 좋은 본보기가 될 것입니다. 그러니까 오늘 우리

---

176) 극동방송, 125

교회 안에서부터 참된 사랑의 나눔과 공동체성 회복 그것이 저희에게 맡겨진 하나의 과제가 아닌가 싶습니다. [177]

더 나아가, 최일도 목사는 공동체가 단순한 구제차원을 벗어나고, 또한 오늘날의 교회들이 교회 안의 진정한 사랑의 코이노니아를 회복함으로써 참된 삶의 평안과 행복이 이루어지기를 바라는 마음으로 다음과 같이 말한다 :

이젠 주먹구구식 구제차원의 빈민선교가 차원을 달리 했으면 좋겠습니다. 베푸는 자리라기보다는 구체적인 삶의 나눔에 함께 동참해서 진정한 성도의 코이노니아가 회복되었으면 좋겠습니다. 먼저는 그분들과 참 인격적인 만남부터 이루어져야 할 것 같습니다. 그 만남이 있은 후에 말씀의 나눔이 있고, 말씀의 나눔이 사랑의 나눔으로 이어졌으면 좋겠어요. 처음부터 복음 들고 가서 그 자리에서 말만 전하고 돌아갔을 경우엔 '당신들이나 천당 아랫목에 가서 편히 쉬어라' 그러면서 코웃음 칩니다. 그런 개종획득주의자같은 입만 가지고 하는 정도가 아닌, 기쁨도 슬픔도 하나님 나라의 유산도 함께 나눌 형제우애로서의 삶의 나눔이 있어야겠어요. [178]

4. 기독교 공동체적 관점에서 본 평가

다일 공동체는 여타의 공동체들이 도시 외곽의 산골이나 외진 시골로 장소를 택하여 그 활동을 하는 것과는 달리, 오히려 도시 한복판에서 교회로서의 공동체 사역을 행한다. 이 공동체의 특징은 도시 빈민들을 향한 삶의 구체적인 현실 속에서 그들의 필요를 따라 철저하게 섬기는 자세로서 그 공동체를 움직여 나가고 있다. 다일 공동체는 사회의 한구석에서 사회를 향해 공동체로서의 헌신적 봉사를 이루고자 애쓰고 있으면서, 대가없는 봉사를 통해 교회로서의 공

---

177) 극동방송, 129
178) 극동방송 , 131

동체적 이상을 실현하고자 애쓰고 있다.

그리고 이 일의 구체적인 실천의 모습으로써 자신들이 소유한 것을 사회에 환원하도록 사람들을 유도하되, 무료병원 등을 설립함으로 빈민가의 삶을 돌보도록 하는 데 최선을 다하고 있다. 오늘날 현대의 기독교 공동체가 외면하기 쉬운 섬김(Stewardship)과 봉사의 측면을 적극적으로 강조하고 있음을 본다.

이런 면에서 볼 때, 다일 공동체는 근래에 보기 드문 매우 훌륭하고 바람직한 공동체의 모습을 지니고 있다고 할 수 있다. 다일 공동체는 자신들이 가진 것들을 서로 통용하는 데 그치지 않고, 각 교회들의 참여를 유도하여 일반 신앙인들의 나눔의 모습까지도 이끌어 내고 있다.

다일 공동체는 또한 이러한 공동체의 운동들을 바람직한 교회의 모습으로 연관 짓고자 교회 스스로의 모습으로 이러한 일들을 계속해 나가는 모습은 앞으로의 교회들이 공동체로서의 정체성을 확립하는 데 상당한 기여를 하게 되리라고 생각된다.

오늘날의 각 교회들이 사회의 깊숙한 곳에서 치유적인 사역을 계속해 나가는 한, 그리고 좀더 세심한 자세로서 삶의 현실에서 고통당하는 이들이 소외되지 않고, 교회와의 관련을 통하여 친밀한 교제를 가지면서 그리스도의 뜻을 이루어 나갈 수만 있다면, 다일 공동체와 같은 교회의 모습은 좋은 모델이 될 수 있을 것이다.

다만, 다일 공동체 안에서 이루어지는 당면한 현실적인 문제들과 더불어 말씀의 사역이 좀더 세심한 계획 속에서 이루어져야 한다는 생각을 하는 것은 오늘날의 공동체들 속에 약화되기 쉬운 면들에 대한 염려라고 하겠다.

다일 공동체는 그 설립 초기부터 나누고 먹이는 사역에서 시작되었음은 잘 알려진 일이다. 물론 오직 복음 전도만의 사역이 갖는 한계가 있는 것은 사실이라 할지라도, 구제나 봉사의 사역은 반드시 말씀 사역과 함께 이루어진 것이 초대 교회에서 이루어진 사역임을 우리는 알고 있다. 즉, 유무상통(有無相通)은 그리스도의 말씀 아래 새롭게 된 영혼들의 밖으로 드러난 변화의 모습이라는 것이다.

따라서, 교회 공동체로서의 그 어떤 활동 중에도 말씀을 통한 내적 회심과 생의 변화를 추구하는 나눔과 봉사의 삶은 함께 이루어져야 할 과제가 되는 것이다.

공동체 사역의 열매들이 단기간 내에 그 열매를 드러낼 수는 없는 것이긴 하나, 두레 공동체에서 보아온 바대로, 그토록 많은 빈민자들과 부랑자들이 공동체의 도움을 거쳐 나갔음에도 불구하고 그 자체 내에서 공동체를 위한 섬김과 나눔의 열매가 초기에는 거의 전무(全無)했다는 것을 볼 때, 기독교 공동체, 특히 교회 공동체의 최우선의 과제는 무엇보다도 말씀 사역과 동시에 일어나는 내적인 변화와 인격의 성숙, 그리고 이를 통한 헌신을 향하여야 할 것이다.

교회 공동체로서의 다일 공동체는 다른 공동체적 모임과는 달리 삶의 구체적

다일 공동체는 삶의 구체적인 현장을 찾아 다니면서 그리스도의 사랑과 나눔을 실천해가는 공동체가 되고 있다.

인 현장에서 사람들을 만나고 이들과 대화하며 이들을 둘러 싸고 있는 삶의 구체적인 현실들을 지켜보면서 무언가를 나눌 수 있는 좋은 모습을 갖고 있다. 예수원이나 가나안 농군학교 등이 교육이나 일회성적인 강연 등으로 기독교 정신을 확산시킨다면, 다일 공동체는 삶의 구체적인 현장을 찾아 다니면서 그리스도의 사랑과 나눔을 실천해 가는 공동체가 되고 있다.

3장 : 장애우(障碍友) 공동체

한국 사회는 근대화되기 이전의 모습과는 달리 상당한 발전 속에서 풍요로 운 삶을 누리고 있는 듯이 보인다. 1970년대 후반으로부터 80년대를 넘어서면서, 실제로 한국사회의 전체적인 면에서의 GNP는 예전과 비교할 수 없을 정도의 고도성장을 보인 것이 사실이다.

이러한 사회의 성장 뒤에는 숨겨진 어두운 모습들이 동시에 존재해 왔는데, 그것은 약 4천 5백만 한국인구 중 여러 종류의 장애인이 약 10%에 해당하는 4백50여 만명에 이른다고 하는 수치를 보아서도 알 수 있는 것이다. 즉, 정상인들의 도움과 관심을 필요로 하는 사람들이 그만큼 많이 있다는 것이요, 이는 오늘날의 한국사회나 한국교회가 이러한 현실 앞에서 어떠한 자세로 이들에 대한 봉사적 활동을 필요로 하고 있는가를 보여준다고 하겠다.

그러나 한국사회의 현실이나 심지어 교회조차도 사회 공동체의 일원들인 이 많은 장애인들을 자신의 삶 속에서 포용하고 있지 못하는 안타까운 모습을 보게 된다. 이러한 어려움 앞에서 이 문제들을 해결해 나갈 수 있는 길은 무엇일까? 그것은 이 땅에 오신 그리스도께서 당시 여러 종류의 소외된 사람들을 향해 어떠한 모습을 보여주셨는지, 그리고 그들을 향해 구체적으로 어떻게 도움을 주셨는지를 생각해 볼 때, 오늘날의 교회들을 향한 바람직한 방향이 제시될 것이다. 따라서, 오늘날 한국사회 속에 함께 살아가고 있는 우리들의 이웃인 장애인들을 향한 사명을 가진 교회 공동체는 무엇을 행하고 있는지, 그리고 앞으로 이들에 대한 사랑의 실천이 어떠한 방향으로 이루어져야만 하는지를 살펴보는 것은 매우 의미있다고 하겠다.

그러므로, 이제는 우리 그리스도인의 책임이라는 올바른 설정을 위한 모습으로, 또한 앞으로 우리 공동체로서의 교회들이 이웃을 섬겨야 하는 자세를 가지고서 우리 한국사회에 이루어지고 있는 특수한 사랑의 공동체로서 장애인들을 향해 사역을 벌이고 있는 모습들을 연구한다는 것은 이들을 보다 효과적으로 돕는 데 유익이 될 것이다.

1. 다솔 선교회

작곡가 류인남 목사가 세상 부귀와 명예에 욕심부리지 않고 값없이 받은 것을 값없이 준다는 말 없는 실천으로 '다솔 선교회'를 운영하고 있다. '다윗'과 '솔로몬'의 첫 자를 따서 지었다는 이 선교회는 질병이나 사고, 또는 산업재해로 인하여 하루하루를 절망과 괴로움 속에서 살아가고 있는 사람들에게 새 희망을 가지도록 용기를 주고, 또한 자활(自活)의 의지를 심어주는 것을 목적으로 설립된 공동체이다.

설립취지

류인남 목사의 '다솔 선교회' 설립 취지는 다음과 같다 :

이곳을 찾아오는 장애인들 중 90% 이상이 불신자이거나 불교신자입니다. 그리고 90% 이상이 가난이라는 또 다른 굴레 속에 갇힌 사람들입니다. 예수님은 바로 이런 사람들을 위해 이 땅에 오셨고 지금 우리 다솔 선교회를 통해 당신의 뜻을 이루고 계시다는 것을 확신합니다. 믿음 없고 가난한 장애인들이 신앙으로 재무장해 정신적으로 자활하고 물질적으로도 자활

하게 돕자는 것이 우리 다솔 선교회의 목적입니다. [179]

배경

20여 년 간 나눔의 생활을 해오고 있는 류목사는 본래 교회음악을 전공한 작곡가이다. 작곡가인 그가 장애인들을 위한 사회사업가로 변신한 것은 어려서부터 부모님의 삶을 통해 자연스럽게 물려받은 신앙의 유산이 있었기에 가능한 일이었다. 종로에서 태어나 자라면서 6.25 직후 고아들을 많이 보면서 자란 그는 거지친구를 데려오는 철없는 아들의 친구를 다른 어떤 귀한 손님보다 정성껏 대접하는 어머니의 삶을 보면서 익힌 신앙의 유산인 것이다. 류목사의 어머니는 한국교계에서 신유의 은사와 기도원 운동으로 유명한 김마르다 권사이다. 6.25 직후 사회가 혼란스러울 당시, 김권사는 자신의 손길을 필요로 하는 곳을 찾다가 전쟁터에서 부상당한 군인들을 보살피기 시작했고, 국군 통합병원에 다니며 환자들의 옷을 세탁해 주고 식사준비를 도와주는 등의 일을 하고, 저녁에는 다락방에 올라가 철야기도를 하곤 했다고 그는 고백하기도 했다. 어려서부터의 신앙교육의 양육을 통해 그가 자연스럽게 어려운 이웃을 위한 삶에 헌신하게 된 것을 볼 때, 부모의 신앙유전이 그의 삶에 얼마나 큰 잣대가 되었는지를 잘 알 수 있게 해준다.

결정적인 헌신의 다짐은 한 장애인 선교 자활기관에서 일하면서부터다. 부임 후 첫 설교를 마치고 나오는데 박기순이라는 청년이 오더니 그의 손을 꼭잡으면서 '목사님, 4백만 장애인의 아버지가 되어주세요' 라는 것이었다. 그 청년은 휠체어를 타고 링거병을 달고 고무호스로 소변을 받아내는 장애인이었는데, 그

---

179) 신앙세계, 1993년 4월호 143

한마디에 큰 도전을 받고, 또한 끊임없는 박기순 형제를 비롯한 몇몇 원생들의
요청으로 헌신하게 되었다.

그래서 류인남 목사가 다솔 선교회를 설립하고 장애인들과 공동체 생활을 시
작한 것은 지난 87년 10월 17일이다. 처음 설립된 곳은 서울의 대림동이었다.
그러나 장애인 단체가 있으면 집 값, 땅 값이 떨어진다는 집단 이기주의와 또
한 오르는 전세값을 감당하지 못해 15개월만에 쫓겨나다시피 그곳을 떠나야했
다. 그후 시흥의 철재상 지하실로 이주했으나, 화재를 우려한 소방 담당관으로
부터 2번의 경고장을 받고 다시 4개월만에 내쫓겼다. 그 뒤 보증금을 뜯기는
일도 겪은 끝에 현재의 인천시 서구 가정동에 자리를 잡게 되었다.

활동

16세부터 48세까지 20여 명의 장애인들이 공동체 생활을 하며 자신들을 향
하신 하나님의 뜻을 발견하고 하나님의 나라를 이 땅 위에 이루려는 노력을 하
고 있다. 현재 다솔 선교회에서 공동체 생활을 하고 있는 사람들은 뇌성마비나
소아마비로 장애를 얻은 사람들과 정신 박약아들이다. 지금까지 3백여 명이 배
출되어 신앙적, 물질적으로 자활하여 살아가고 있는데 다솔 선교회는 취업으로
공동체를 떠난 사람들과도 신앙적인 연결고리를 끊지 않고 계속해서 도움을 주
고 있다. 또한 다솔 선교회 회원들이 자활을 꿈꾸며 하고 있는 일은 전자제품
조립이다. 앉아서 일하는 비교적 적은 노동의 일인데 그리 쉬운 일들은 결코
아니다.

이들이 공동체의 삶을 살면서 행하는 또 다른 일은 '동산 건설'로서 강화에
동산을 마련해 약간의 채소를 가꾸며 염소를 키우며 함께 생활한다는 것이다.
초기에는 그곳 주민들의 거센 반발로 어려움을 겪고 있기는 하지만, 작은 공동
체의 모습을 키우려는 그들의 삶은 신앙의 한마음 안에서 조금씩 만들어져 가

고 있다.

교회 공동체의 사명

많은 공동체 중에서 특히 장애인 공동체는 우리 사회의 어느 곳에서든지 환영받지 못한다. 그 이유는 위에서도 언급했듯이, 장애인 단체가 마을에 있으면, 땅 값과 집 값이 떨어지고, 마을의 환경이 나빠진다는 정상인들의 철저히 계산된 이기주의적 사고 때문임은 많은 사람들로 하여금 오늘의 사회가 얼마나 각박한 모습에 처해 있는가를 보여준다고 하겠다. 이러한 현실에 대하여 류인남 목사는 이렇게 탄식한다 :

어느 곳을 가도 주민들의 반대에 부딪히곤 합니다. 이 넓은 땅 가운데 장애인들이 살 수 있는 곳은 어디입니까? 요즈음은 산업재해나 예기치 않은 질병, 사고로 인해 누가 장애인이 될지 모릅니다. 그리고 분명히 반대하는 사람들의 형제 중에도 장애인이 있을 것입니다. 장애인은 배척의 대상이 아니라 감싸주고 어루만져 주어야 할 우리의 이웃입니다.[180]

장애인들이 겪는 어려움은 주변 주민들로만 오는 것이 아니라 국가가 이러한 현실에 대하여 무관심으로 일관한다는 모습에서도 나온다는 것을 류인남 목사는 지적한다. 소록도의 나환자들이 자활할 수 있는 것은 국가에서 땅을 주고 자활자금을 주었기에 가능한 것이었지만, 지금 엄청나게 불어나고 있는 장애인들을 위해서는 국가적인 배려가 너무 미흡하다는 지적이다. 그러므로, 장애인들에게도 그들이 자활할 수 있도록 터전을 마련해 준다는 것은 이들에게 삶의 소망을 주는 것이나 다름없을 것임을 그는 강조한다.

그러나 무엇보다 중요한 점은, 그들을 향한 교회의 사명을 회복하는 일이라

---

180) 신앙세계, (1993년 4월호), 147

생각된다. 정상인으로서의 삶을 살아갈 수 없는 사람들이 겪는 가장 어려운 일은 그리스도의 따뜻한 사랑이요, 모든 장애인들을 우리의 형제와 자매로서 대하는 친밀감(Intimacy of Brotherly Love)이요, 더 나아가 이들이 단순히 정상인들의 환대를 받아야 할 대상들이 아니라 오히려 그들의 그러한 상황하에서 그들 스스로에게나 사회의 또 다른 계층의 사람들을 위한 나눔과 돌봄을 통한 섬김(Stewardship of Sharing and Serving)적인 삶을 살아가도록 그들을 권면해야 한다는 것이다. 물론 이러한 일들이 가능하게 되는 것은 그들 속에 그리스도를 향한 신앙의 자세를 통해서만 그 의미가 있다는 것은 당연하다.

한국교회가 모든 이들에게 복음을 전해야 할 사명이 있지만, 특히 오늘날 현대사회에서 소외된 채 살아가는 이와 같은 장애인들을 향해 공동체로서의 돌봄과 사랑, 더 나아가 그들에게 삶의 참다운 희망을 불어넣어 준다는 것은 교회 공동체를 통해 드러나게 될 하나님의 영광이라 하겠다.

그러나 무엇보다 중요한 점은, 장애인들을 향한 교회의 사명을 회복하는 일이라 생각된다.

2. 세계밀알연합회

한국교회의 가장 큰 문제들 중의 하나는 사랑의 나눔이 없다는 것인데 불신자들, 특히 가난하고 고통받는 사람들과의 관계 속에서의 사랑과 나눔을 말한다. 이런 면에서 볼 때, 가장 약자들인 장애인들의 고통을 들어주고 그들을 전도한다면 한국교회는 다시 한 번 부흥할 것이라고 믿는다. 세계밀알연합회는 바로 이런 면에서 그 존재의 의미를 주장한다.

왜 우리는 장애인선교를 해야만 하는가? 이에 대해 밀알연합회는 이렇게 말한다 :

첫째는 예수님이 장애인선교를 하셨기 때문이다. 예수님이 이 땅에 오셔서 만났던 대부분의 사람들은 소외된 사람이었다. 뜻이 통하는 아름다운 친구들이나 신분이 높은 사람들이 아니었다. 오히려 못살고 굶주리고 힘들고 괴로워하는 사람들이었다.

바로 이러한 관점에서 밀알연합회는 오늘의 한국교회를 반성하게 하며 계속하여 주장한다 :

사도행전 1장 8절에 보면 "… 땅끝까지 이르러 내 증인이 되리라"는 말씀이 있는데 이 시대의 땅끝은 복음에서 소외된 한국의 450만 장애인들과 세계 6억의 장애인이다. 마태복음 28장 19절에 "너희는 가서 모든 족속으로 제자를 삼아… "라는 말 속에는 장애인도 포함된다. 장애인을 빼놓고 어떻게 모든 족속이 될 수 있는가?

둘째는 그들도 하나님께 영광을 돌릴 수 있는 사람들이라는 것이다. 오늘날 장애인에 대한 관심을 많이 갖고 있으나 대부분이 장애인 복지에 대한 것이다. 장애인 돕기, 구제에는 교회가 나서지만 그들을 전도한다고 하면 왠지 외면한다. 이 말은 장애인들의 영혼을 뜨겁게 사랑하면서 하나님께서 찾으시는 영적인 존재로 다가오기보다는 불쌍한 동정의 대상으로만 다가온다는 말이다. 그러나 장애인도 전도하면 정상인 이상으로 하나님께 영광 돌릴 수 있다.

셋째로 장애인 선교는 세계 선교의 지름길이다. 부분적으로 한국교회를 갱신

할 수 있는 길이다. 한국교회를 새롭게 계획하고 성장시키는 방법이라고 확신한다.

세계밀알연합회는 공산권 모지역에 지부를 두고 7년 전부터 장애인 선교를 하고 있다. 그 지부를 담당하는 선교사는 장애인 선교뿐 아니라 일반 선교도 함께 해왔는데 어느날 선교한다는 이유로 붙잡히게 되었다. 그러나 조사 받는 과정에서 그 선교사가 장애인을 위한 사역을 한다는 사실이 드러나 그것 때문에 석방되었다.

그래서 그 선교사는 아직도 그 곳에서 장애인 선교뿐 아니라 일반 선교까지 하고 있다. 이것은 장애인을 위한 선교사역이 일반 선교까지 가능케 한 좋은 예이다.

이제 장애인 선교를 위해 한걸음 나아가야 할 때이다. 그러기 위해서는 교회들이 인식변화를 해야 하며, 신학교 안에서의 장애인 선교 교육을 강화해야 한다. 또한 전문 사역자의 양성 등 교단적인 노력이 필요하다.

설립배경

밀알선교단은 전도, 봉사, 계몽의 목적을 가지고 1979년에 시작이 되었다. 세계보건기구는 전세계 인구의 약 10%인 6억을 장애인이라고 보고 있는 이런 시점에서 이 소외된 장애인들을 전도하는 것이 밀알선교단의 일차적인 목적이다. 또한 장애인들의 현실적인 어려움을 도와주고, 또 장애인들을 올바로 사회에 알리는 것도 하나의 목적이다.

밀알선교단을 세운 이재서 교수(현 세계밀알연합회장, 총신대 교수)는 그 자신도 장애인이다. 주님의 복음과 은혜와 축복을 장애인 선교에 쏟아붓기로 결심하고 총신대학교에 입학을 했다. 그리고 그가 전도사로 다니던 대흥제일교회 청년모임의 이름을 따서 밀알선교단을 세웠다. 환경은 너무 열악했지만, 젊음과 용기로 그들은 장애인이 있는 곳이면 어디든 찾아다녔다.

밀알선교단은 창립 5년만에 자리를 잡아갔다. 장애인들을 밖으로 모이게 하였으며, 한국교회가 소외된 이들을 위해 어떤 움직임을 보여주었나 하는 반성의 기회를 만들었고, 또한 교회에서 장애인들과 함께 하기 위한 모습 등을 제시했다. 밀알선교단은 장애인들을 하나로 불러모으고, 그 모임에서 예수를 전했다. 예수의 기적의 손길은 밀알선교단에서 나오기 시작했다. 밀알선교단의 그치지 않는 노력으로 지금은 전국에 21개의 지부 및 지소가 세워지게 되었고, 정서장애를 위한 밀알학교도 세워졌으며, 법인단체인 밀알복지재단까지 이르게 되었다.

한편 1984년에 미국으로 공부하러 간 이재서 교수는 공부하면서도 미국에 밀알의 씨앗을 심기 위해 노력했고, 1987년에 필라델피아 밀알선교단을 창립하였다. 92년도에 워싱턴, 남가주, 뉴욕, 필라델피아 밀알선교단을 하나로 묶어 미주밀알선교단을 창립하여 세계장애인선교의 꿈을 한 발 이루어 놓았다. 미주밀알선교단은 현재 워싱턴을 중심으로 시카고, 뉴욕, 뉴저지, 필라델피아, 남가주, 북가주에 지부를 두고 있다.

본격적인 세계장애인선교기구

1995년에는 한국 밀알선교단과 미주 밀알선교단을 연합하여 세계밀알연합회라는 기구를 세우고, 세계장애인선교를 체계화시켰다. 그 후 캐나다, C국, 뉴질랜드, 호주, 유럽 등에 밀알선교단을 세웠다.

세계장애인선교를 위해 세계밀알연합회는 다음과 같은 일을 한다.

1. 선교지 개척

앞으로도 그리스도의 복음과 사랑을 전하기 위해 최소한 1,000곳에 밀알선교단 지부를 설립할 것이며 "우선 선진국, 차후 후진국"선교전략으로 세워나간다. 장애인 선교에 필요한 많은 인적, 물적 자원을 선진국으로부터 활용하기 위해서이다.

2. 협력 교류 및 교육

세계의 모든 밀알 지도자들이 상호 협력하고 교류하며 친목과 우의를 돈독히

하기 위해 지도자 연합 모임, 세계밀알 지도자 대회, 이사 수련회, 간사 교육 등의 연합 대회 및 교육 프로그램을 진행시키고, 아울러 세계의 각 지부들이 정보 교환 및 상호 방문 교류를 해 나갈 수 있도록 지도하고 있다.

3. 문서 선교 및 홍보

효과적인 세계 장애인 선교와 밀알 사역의 세계 홍보를 위하여 통합된 소식지를 한국어와 영어로 발행하여 전 세계에 보급한다. 여기에는 세계의 모든 밀알선교단 활동이 소상히 보고되고, 동시에 현지인들을 겨냥한 선교적 전략과 정보가 심도있게 다루어지고 있다.

4. 선교복지타운 건설

미국에 30만평 규모의 세계장애인선교를 위한 다목적 선교복지타운 건설을 추진 중이며, 이 센터의 기능은 ① 세계 각 곳으로 파송될 밀알 예비 사역자들의 교육 및 훈련, ② 세계 각 곳에서 사역하는 기존 밀알 사역자들의 재 훈련, ③ 안식년 혹은 휴식이 필요한 밀알 사역자들의 휴식처, ④ 정년이 되어 사역을 마친 사역자들의 노후 보호 및 요양 시설, ⑤ 장애인 공동 작업장 및 농장, ⑥ 장애인을 위한 학교, ⑦ 병원 등의 다양한 시설들을 갖출 계획이다.

5. 밀알 사역자 양성

밀알 헌신자 클럽 운영, 밀알 장학회 결성, 영어를 비롯한 현지 언어 습득을 위한 밀알 언어 훈련원 운영 등의 다양한 프로그램을 통한 각국의 필요한 밀알사역자들을 훈련하고 양성하여 파송한다.

6. 자료실 운영

각국의 장애인관련 전문서적을 번역 및 출판하고, 자료를 수집하여 국내 장애인 선교에 관심있는 사람들이 장애인 전문 서적을 효과적으로 활용할 수 있도록 자료실을 개방하고, 국외 사역자들에게는 필요한 정보와 자료를 제공한다.

밀알선교단의 정신

밀알선교단은 "내가 진실로 진실로 너희에게 이르노니 한 알의 밀이 땅에 떨어져 죽지 아니하면 한 알 그대로 있고 죽으면 많은 열매를 맺느니라"라는 요한복음 12장 24절 말씀을 주제 성구로 삼고 있다. 또 밀알선교단은 장애인 전도, 봉사, 계몽이라는 목적과 함께 밀알로서의 10대 강령을 내세우고 있다. 그것은 ① 밀알은 하나님을 사랑한다. ② 밀알은 장애인을 사랑한다. ③ 밀알은 서로 사랑한다. ④ 밀알은 맡은 일에 최선을 다한다. ⑤ 밀알은 동역자와 신의를 지킨다. ⑥ 밀알은 희생을 즐거워한다. ⑦ 밀알은 가정과 교회와 직장을 소중히 여긴다. ⑧ 밀알은 정직하게 일한다. ⑨ 밀알은 법과 질서를 지킨다. ⑩ 밀알은 결정에 순종한다 등이다.

3. 엠마오의 집

"엠마오의 집"은 뇌성마비 환자 등을 포함한 각종 장애인들을 모아서 삶의 공동체로서 운영하고 있는 선교 단체이다. 사회로부터 격리를 강요당하는 사람들을 모아서 "더불어 함께 살면서 일할 수 있는" 조건을 만들기 위해 이루어진 엠마오의 집은 현재 서울의 구로동에 위치해 있으면서, 교회와 같은 공동체로서의 모습을 따라 살아가고 있다.

배경

엠마오의 집의 시작은 백승대 집사(36, 수정교회)가 그 첫 발걸음을 시작한다. 백집사는 그 자신이 네 살 되던 해에 소아마비를 앓았다고 한다. 어린 나이에 아픔은 잘 몰랐으나, 성장하면서 누구도 목발을 사용하는 백집사를 고용하려 하지 않았다. 차츰 주위의 장애우들을 보게 되면서, 세상은 그들을 평범하게 받아들이지 않고 있음을 알게 된 백집사는 그들과 이야기를 하면서 마땅히 자신들에게 돌아와야 할 일거리의 몫이 전혀 없다는 사실로 인해 마음을 아파했다. 자신들의 능력에 따라 할 수 있는 일들과 이에 대한 정당한 몫이 자신들에게 돌아오지 않는다는 현실 앞에서 그들은 모두 마음을 아파했다.

따라서 그들은 스스로 결심하고 여섯 명이 합쳐진 마음으로 전자부품 조립일을 배운 백집사를 중심으로 공동작업장을 구상하고 실행에 옮겼다. 하청받아서라도 우리들의 세상, 넉넉한 웃음이 간직되는 공간을 만들기 위해 노력하다가 드디어 1988년 5월 구로지역에 정상인들도 해내기 힘든 청결과 깔끔한 "엠마오의 집"을 문열게 된 것이다.

사역 활동

엠마오의 집은 주로 소아마비, 뇌성마비, 또는 정신지체 장애인이나 척추 장애인까지도 수용하면서, 그들에게 그리스도의 따뜻한 사랑과 더불어 자신들도 정상인 못지않게 자신들의 삶을 개척해 나갈 수 있다는 신념 아래서 살아갈 수 있도록 신앙 공동체로서의 자세를 견지하며 살아간다. 그리고 그들은 성경의 말씀뿐만 아니라 정상인들이면 누구든지 할 수 있는 공부도 병행하여 실시하고 있다. 예컨대, 정상인들이 받는 교육의 내용들을 야학의 형식으로 배우고, 더 나아가 자신들이 할 수 있는 만큼의 컴퓨터 교육까지를 실시하고 있음을 본다. 물론 이들의 이러한 배움으로 인해 이제는 주위의 따가왔던 시선도 사라지게 되었고, 미래에 대해서도 그리스도 안에서의 희망을 잃지 않고 자신들의 삶을 개척해 나가고자 애쓰고 있음을 본다.

그들의 삶의 터전은 작업장과 기숙사로 이어져 있으며, 신앙적인 분위기 속에서 자신들의 능력이 최대한 발휘될 수 있도록 하되, 불필요한 욕심을 떠나 자신들에게 주어진 일들을 자신들과 사회를 위해서 찾아가는 모습을 지니고 있다.

공동체로서의 교회를 향한 제언

현대화된 사회의 한편에서 사람들이 문명의 혜택을 누릴수록, 문명의 저편에서는 그늘이 있게 마련이다. 그리고 이러한 어두운 그늘에 있는 사람들을 향한 도움의 손길은 그 어떤 조직이나 물질적 도움만으로 해결할 수 없는 것이 바로 인간사회의 문제이다. 물론 사회 단체나 정부의 법적 제도적으로 각종 장애인들을 돕는 것은 필요한 일이나, 그것만으로는 그들의 삶을 가치있게 만들 수는 없을 것이다. 바로 여기에서 신앙의 힘이 요구되는 것이요, 이 일은 공동체로서의 교회가 마땅히 해야 할 사명이 된다.

그러나 오늘의 현실에서 볼 때, 공동체로서의 교회는 여전히 이러한 장애인들을 향하여 그 문턱이 높다는 지적들이 많다. 공동체로서의 교회는 단순히 제의적(祭儀的)인 측면에서만 교회로 존재할 것이 아니라, 보다 적극적으로 삶의 활력을 불어넣을 수 있는 생활 공동체가 되도록 노력해야 할 것이다. 그것은 교회로 하여금 생활 공동체로서의 사귐과 섬김, 더 나아가 노동의 공동체로 모습을 띠면서, 장애인들로 하여금 그들 스스로의 일을 통해 하나님의 뜻을 실천해 나갈 수 있도록 새로운 희망을 주는 일이 중요하다.

오늘의 현실에서 볼 때, 공동체로서의 교회는 여전히 이러한 장애인들을 향하여 그 문턱이 높다는 지적들이 많다.

이 일을 수행해 나감에 있어서, 무엇보다도 교회는 정상적인 삶을 살아가는 신자들의 의식을 그리스도의 사랑과 봉사적 자세로 인도하는 것이 시급하다고 본다. 그리고 오늘날 급격히 늘어가고 있는 장애인들에 대한 배려를 하는 일이 중요하고, 더 나아가서는 교회의 예산과 그 집행에 있어서 이들을 향한 모습이 어떠한가를 점검하는 자세가 있어야 할 것이다. 특히, 교회는 이들이 자활(自活)할 수 있는 의지를 갖도록 교회 내에, 또는 교회와 연관을 갖는 시설들을 운영함으로 이들이 정상인들과 다름없는 삶을 살아갈 수 있도록, 그리고 오히려 그들이 다른 정상인들과 마찬가지로 사회를 향해 무언가 소명있는 자세로 봉사하는 삶을 살아갈 수 있도록 자활의 의지를 돕는 일에 적극적인 관심을 베풀어야 할 것이다. 이런 일들을 감당해 낼 때, 교회는 이웃과 모든 고통을 함께 나누는 공동체로의 바른 모습을 실천해 나갈 수 있는 것이다.

오늘날 급성장을 이룬 한국교회의 그 내적인 의미를 바라볼 때, 한국사회가 소외당하고 있는 장애인들을 향한 공동체적 삶의 모습을 이루어 내지 못하고 다만 특수한 교회의 형태로서 '장애인들을 위한' 교회를 이루어 나가고 있다는 현실은 오늘날의 교회가 진정한 의미에서의 공동체를 이루어 내지 못하고 있음을 보여주고 있는 것이다. 정상인들과 다를 바 없이 그들을 대하면서 다만 그들이 교회에 다닐 수 있는 편리한 시설을 만들어 줌으로써 일반교인들과 자유롭게 교제할 수 있는 장치를 만들어 주는 것은 매우 중요한 일이라 하겠다.

특별히 지적하고자 하는 것은 앞으로 한국교회의 선교정책에 대한 진지한 반성과 앞으로의 계획에 관한 대책이 있어야 한다는 점이다. 오늘날 한국사회에 존재하는 약 450여 만 명의 장애인들 가운데 불과 50여 만 명만이 그리스도인이라는 통계는 오늘날의 한국교회가 장애인들을 향한 선교적 차원의 정책이 더욱 절실함을 보여주고 있다. 여기에서 공동체로서의 한국교회는 과거 한국 땅에 와서 복음을 전도한 선교사들이 복음의 전도와 함께 의료사업을 적극적으로

벌었다는 점에 주목을 해야 할 것이다. 한국 땅에 복음을 전했던 선교사들이 의료 및 교육지원 사업을 통하여 복음을 전했던 바와 같이, 오늘날 한국사회에 각종 장애로 고통을 당하고 있는 사람들을 찾아서 그들의 필요를 채워주고자 할 때 교회는 사회를 향한 빛과 소금으로서의 사명을 다하게 될 것이다. 이는 또한 공동체로서의 교회의 사명이 단지 영혼 구원에만 제한되는 것이 아니라, 영혼 구원을 목표로 하면서 영육간의 온전한 인간을 지향하며 전인적이며 총체적인 사역임을 감안할 때, 장애인을 향한 선교 전략은 교회의 공동체성 확립을 위한 좋은 도구가 될 것이다.

장애인들을 향한 교회 공동체의 적극적인 지원과 삶의 나눔으로써의 공동체적 활동은 단순히 장애인들을 향한 물질의 나눔만이 아니요 이들의 영혼을 향한 기독교적 사랑에 기초를 두어야 한다. 이를 위한 교회 내의 전문적 사역자가 필요하다고 보며, 교회는 교회밖의 이러한 선교단체를 후원할 뿐만 아니라 보다 적극적인 면에서 교회 내에 이들을 교회 공동체 안으로 받아들이는 자세가 필요하다고 보겠다. 장애인에 대한 교회 공동체의 적극적인 관심은 공동체로서의 의식이 필요한 현대 사회에 있어서 교회가 빛과 소금으로서의 적절한 역할을 잘 감당해 나가게 될 것이요, 장애인들을 향한 보다 적극적인 자세와 그들을 위한 활동은 21세기 새로운 교회상을 만들어 가는 이정표가 될 수도 있을 것이다.

4장 : 공동체 운동의 평가와 미래

성경을 통해서 하나님께서는 그의 백성들을 부르시고 하나님의 뜻을 함께 이루어 나가도록 하셨다는 의미에서 볼 때, 기독교는 그 출발부터가 공동체(共同體)였다. 구약에 나타난 언약 사상은 하나님과 인간 개개인과의 관계뿐만 아니라 인간과 인간사이에의 삶의 조건들을 충족시켜야만 하는 삶의 과제, 즉 공동체적 삶의 과제를 하나님의 사람들에게 부여하고 있다. 이것은 구약의 선택된 백성들을 향한 하나님의 부르심에서 뿐만 아니라, 신약에 이르러서도 그들이 마음을 같이 하여 신앙 안에서 하나님의 영광을 드러내면서 모든 물건을 서로 통용하거나 자신의 "재산과 소유를 팔아 각 사람의 필요를 따라 나눠주고 날마다 마음을 같이 하여 성전에 모이기를 힘쓰는(행 2 : 25-26)" 삶을 살며, 또한 공동체 안에서 "서로 돌아보아 사랑과 선행을 격려(히 10 : 24)" 하는 모습을 실천해 왔고, 바로 이것이 초대 교회가 오늘날의 교회 공동체의 원형으로서 보여주는 모습이다.

오늘날의 한국교회는 몇 가지 좋은 장점들을 지니고 있다.

열정적인 기도와 뜨거운 신앙, 그리고 교회를 중심으로 하는 신앙생활, 그리고 무엇보다도 말씀 중심의 신앙을 향하고 있다는 것이다. 그러나 이 모든 좋은 장점들이 개인 중심을 향할 때는 하나님의 자녀로서의 빛과 소금의 역할을 이루어 낼 수는 없게 된다. 더 나아가 그리스도께서 선포한 하나님의 나라를 이루어 나갈 수 없다. 물론 적지 않은 교회들과 신자들이 사회를 향한 도구적 자세로써 헌신과 봉사를 행하고 있기는 하나, 아직도 많은 교회들에게는 공동체적 교회로서의 자세가 요구되고 있는 실정이다. 결국 이러한 현상은 복음에 대한 바른 이해와 하나님 나라의 확장에 대한 이해가 부족한 데서 기인하기 때문이라고 볼 수 있으며, 더 나아가 그리스도의 몸이요 신자들의 공동체로서의 교회에 대한 이해의 부족에서 기인한다고 하겠다. 따라서 한국교회는 언약백성으로서 교회의 공동체적 이상을 올바로 파악하고 이를 향해 나아가야 할 것이다.

지금까지 살펴본 바와 같이 오늘날의 한국 사회에 각각의 공동체 운동들이 일어난 이유들 중의 하나는 교회가 공동체로서의 자세와 거기에 맞는 활동들을 제대로 하지 못한 결과에 기인한다고 하겠다. 무엇보다도 한국교회는 한국사회 속에 팽배한 개인주의와 지나친 외형적 성장위주의 발전 논리에서 탈피하여 복음이 제시하는 언약 백성으로서의 공동체성을 회복하고 복음에 대한 원만한 이해(Full Understanding))를 통하여 복음 안에서의 일치성에 기초하여 삶의 교제와 나눔과 돌봄을 통한 섬김을 실천해 나가는 모습이 있어야 할 것이다. 바로 이러한 모습이 신약 성서가 보여주는 바 "택함받은 사람들" 공동체적 삶의 모습이었던 것이다.

오늘의 한국교회는 이스라엘을 향했던 하나님의 언약사상을 기억하며, 또한 초대교회를 통해 보여주었던 교회의 모범을 실천해 나가야 할 사명을 부여받고 있다. 따라서 복음을 전하는 사명과 복음 안에서의 일치성을 통하여 공동체적 이상을 향한 나눔과 돌봄을 통한 섬김을 실현해 나가는 일이 이루어져야 할 것이다. 따라서 한국교회는 오늘날 한국사회가 처한 현실을 직시하면서 교회의 공동체성을 통한 하나님의 나라를 확장해 나가야 할 것이다. 한국교회는 공동체적 이상을 향한 교회의 본질적인 모습앞에서 어떤 모습을 이루어 나가고 있는지를 진지하게 반성해야만 할 것이다. 성경을 통하여 알 수 있듯이, 교회는 이미 공동체의 모습으로 그 진정한 의미를 실천해 나가고 있다는 것은 지극히 당연하다. "더불어 함께 살아가는" 공동체로서의 교회를 생각해 볼 때, 오늘날의 교회들 속에는 오히려 자신들의 집단 속에만 안주하려는 경향때문에 사회를 향한 공동체적 모형으로서의 삶을 실천하는데 실패하거나 게으르지는 않는가 하는 지적들을 겸손히 수용해야만 하는 심각한 지경에 이르렀다.

이미 앞에서 지적한 바대로, 하나님의 나라를 실현하고자 하는 교회는 그 자체가 공동체이며, 이 공동체는 오늘날 변질되어가는 현대사회 안에서 희망을 제공하는 이상적 원형(理想的 原型)이 되어야 한다는 것이다. 그러나 오늘날의 한국교회는 이에 대한 적절한 대응을 하지 못한 채 지나친 개인중심의 신앙과 삶의 이분법적인 태도, 그리고 개 교회나 교파에 따른 신학적 편견이나 우월주의 등으로 인해 사회를 향한 바람직한 공동체로서의 기능을 다하지 못하고 있다는 비판적 지적앞에 자신들을 반성해 보는 태도가 요구된다.

일반적으로 볼 때, 오늘날 한국교회는 두 가지 경향의 모습 속에서 편견과 고정관념을 떨쳐 버리지 못한 채, 서로를 배척하는 중에 있는 듯 하다. 다일 공동체를 운영하는 최일도 목사의 말과 같이, 그 한 가지 경향은 '흩어지는 교회'를 강조하는 진보적인 교회의 모습이고, 또 다른 경향은 '모이는 교회'를 강조하는 보수적 교회의 모습이라고 하겠다.[181]

'흩어지는 교회'의 목표는 복음전도라는 용어보다는 하나님의 선교(Missio Dei)라는 개념 아래 교회성장보다는 사회정의(Social Justice) 실현을 위해 극

---

181) 최일도, '공동체 속에서 실현되는 하나님 나라' 신앙세계, 1993년 1월호, 48~49

렬한 투쟁을 하지만 그들의 구호처럼 "민중을 위한 공동체"로서의 모습도 실제 속에서는 복음(福音)의 참된 의미와 관련해 볼 때 그 내용이 빈약하기 짝이 없다. 거기에는 신앙의 핵심이 되어야 할 고백(告白)이 성경적 사고를 떠나 변질되기 쉬운 경향을 띠고 있으며, 사회구조의 변혁을 내세운 채 인간 속에 내재되어있는 죄성(罪性)을 무시하고 삶의 조건들을 바꾸어놓고자 하는 경향이 있는 것이 사실이다. 그리고 하나님 나라를 다만 사회 구조의 변혁과 동일시 하려는 잘못을 범하고 있다. 이러한 면에서 볼 때, 공동체로서의 교회와 신자들의 중심은 그 어떤 사회적 변화 이전에 "그리스도 중심"(Christ-centered)의 모습이어야만 하며, 비록 신자들의 외적 활동이 요구되는 모습이 있고, 또한 이 두 사이에 긴장과 모순이 있기는 해도, 선교의 목표와 그 방향은 이 세상에서의 하나님 나라 구현과 더불어 항상 저 "하늘을 향한"(Heavenward) 자세를 또한 잃어서는 안될 것이다.[182]

반면에 '모이는 교회'의 목표는 교회의 성장(成長)이며, 이것을 위해 그들이 할 수 있는 최선의 길은 소위 '총동원 전도', '축복 대성회' 등의 구호로써 그 모든 문제들을 해결하려고 하지만, 이러한 모습들 역시 진정한 모임 속에 있어야 할 공동체의 모습이나 사회를 향한 모델로서의 공동체적 사명을 다하지는 못하고 있음을 시인하지 않으면 안되는 실정이다. 공동체로서의 교회가 "모이는 교회"를 강조하고, 그 "모임"(Gathering)이 교회의 핵심적 사안이 된다 할지라도 그 모임은 "하나님과의 만남"(Encounter with God)만이 아니라 "창조된 세계와의 만남"(Encounter with Creation)을 위한 것이요, 더 나아가 "자신과 이웃과의 만남"(Encounter with Self and with Others)을 위한 것임을

---

182) Gareth E. Icenogle, <u>Biblical Foundations For Small Group Ministry</u>, 258.

잊어서는 안된다. [183]

오늘날의 교회들이 하나님의 교회로서 공동체성을 유지하지 못하는 또 다른 모습은 현대사회에서 교회들 속에 스며드는 물량주의적 대교회주의, 집단적 이기주의를 내세우는 잘못된 축복관 등을 들 수 있다. 그리고 이러한 현실 앞에서 진정으로 나누고 섬기는 일에 앞장서야 할 그리스도인들마저도 익명성(匿名性)의 그리스도인들로 전락하여 교회를 드나드는 사람들(Church-goers)로서, 참 빛과 소금으로서의 모습을 상실하고 있다는 안타까운 사실이다. 그 가운데서 어려움에 처한 수많은 사람들은 진정한 소속감을 느끼지 못한 채, 고독과 소외 등을 뼈저리게 느끼며 살아가고 있는 것이다.

오늘날 한국교회가 치유해야 할 심각한 내용은 이러한 고통과 아픔에 동참해야 할 진정한 공동체로서의 "모이는 교회"가 되지 못하고, 또한 사회 속에 퍼져 있는 이러한 고통과 상처를 치유하기 위한 "흩어지는 공동체"로서의 교회상을 세우지 못하고 있다는 것이다. 즉, 그리스도의 몸으로서 공동체적 교회가 "공동체성이 없는 교회"로 전락해 간다는 사실이다. [184] 오늘날 한국교회가 "공동체로서의 교회"를 회복해야 할 이유가 바로 여기에 있는 것이다.

지금까지의 논의를 토대로 하여, 이제 5부에서는 한국사회와 한국교회 속에 있어야 할 공동체성의 모습을 다루고자 한다.

---

183) Ibid.
184) Cf. 신앙세계, 1993년 1월호, 49.

제 5 부
한국교회와 공동체성 회복
한국교회의 바람직한 공동체를 향한 논점

본서는 이미 1부(部)에서 한국사회 안에서의 한국교회 문제점들을 지적한 바 있다. 그것은 무엇보다도 그리스도안에서의 유기적 연합을 상실한 분열의 모습이었음을 지적한 것이요, 공동체로서의 교회의 본질을 상실하는 가운데 지나친 성장 위주라는 교회관의 문제점이요, 비대해져 가는 조직 속에서 돌봄과 섬김이라는 수평적 관계를 상실한 채 기능의 극대화만을 추구함으로써 드러나는 비인격적(非人格的) 모습 등에 관한 것이었다. 바로 이러한 현실에 대한 적절한 대안으로써 한국사회에 기독교 공동체로서의 교회에 대한 논의를 제2부를 통하여 성경 중심의 논점으로부터 연결시켜왔다. 그리고 한국기독교 역사 속에서 나타난 공동체들의 모습을 제3부와 4부를 통하여 살펴본 바 있다.

공동체들에 대한 우리의 분석은 그 공동체가 지녀야 할 각각의 요소들, 즉 복음 안에서의 일치와 친밀감과 섬김을 통한 진정한 '코이노니아'를 과연 얼마나 이루어 나가는가 하는 관점으로 검토해 보았다. 물론 대부분의 공동체가 교회 밖의 형태 속에서 이루어져 있다는 한계가 있기는 하나, 공동체로서의 내면적 요소들에 대해서는 여전히 많은 점검을 필요로 하는 모습을 보게 된다.

이미 제3부와 제4부에서 여러 공동체성을 논의하는 과정에서 밝힌 대로, 한국사회 속에서 일어난 공동체들은 적지 않은 경우에서 볼 때 공동체가 지향해야 할 그 내용들을 상실하는 경우들을 보여주고 있다. 또한 최근에 일어난 공동체라 할지라도, 그 속에 기독교 공동체로서 필요한 나눔과 돌봄, 더 나아가 섬김의 자세가 있다 할지라도, 과연 그 속에 공동체로서 지녀야 할 '복음 안에서의 일치성'은 과연 어떻게 이루어질 수 있으며 또한 그 얼마나 복음 안에서 유기적 관련성을 가진 채 공동체의 모습을 효율적으로 이루어낼 수 있는가를 계속적으로 점검할 필요가 있다고 하겠다.

이러한 공동체적 관점이 앞으로 한국교회를 통하여 활발하게 변화시켜 교회 안에서의 복음적 활동에 참여할 수 있는 기회가 되기를 바란다. 이제, 이러한 논의를 중심으로 한국교회에 필요한 공동체적 관점들(Perspectives)을 다루어 보기로 하자.

1장 : 복음 안에서의
하나됨(一致性)을 향한 공동체

　교회는 하나님 나라의 한 형태로써 이 지상에서 그 영역을 확대해 나가면서 한 사회나 국가의 잘못된 모습을 올바르게 인도해야 할 사명이 있다. 따라서 교회는 사회를 비추는 거울이 되어야 할 뿐만 아니라 사회를 인도하는 하나님 나라의 영향력 있는 기구로써 그 역할을 감당해야 할 것이다. 그리고 그 영향력이란 영혼들을 구원한다는 목표를 향해야 할 것이요. 이를 위해 복음 안에서의 일치성을 향한 공동체적 삶의 영역을 확대해 나가는 것이다. 따라서 한국사회를 향한 교회의 역할을 논할 때, 먼저 오늘의 한국교회나 사회가 지닌 '분열된 현실'의 문제를 논하지 않을 수 없게 된다. 물론 '복음 안에서의 일치성'이라는 말과 '교회의 연합'이라는 말이 서로 구분되는 말이 되는 것은 사실이나 오늘의 한국교회는 교회의 머리되신 그리스도의 주권을 인정하고 그리스도 안에서는 온 교회가 하나가 되어야 한다는 대명제(大命題) 아래에서 복음안에서의 교회의 일치(一致)를 통한 하나님 나라의 확장. 그리고 그 아래에서 하나님의 백성들의 공동체적 이상을 향한 삶을 끊임없이 추구해야 할 사명이 있다. 그런고로, 한국교회는 복음 안에서의 일치성을 통한 교회간의 연합이야말로 세속사회가 거대한 공룡의 모습으로 신앙의 영역을 매몰시켜 버리는 오늘의 모습을 직시할 때, 공동체로서의 교회가 추구해야 할 가장 시급한 모습이라 하겠다. 그리고 그러한 공동체로서의 교회 모습이 성경의 교훈을 따라 한국사회에서 일어나야만 한다는 것은 그 의미가 매우 크다고 할 수 있으며, 그러한 모습은 한국사회에서 일어나고 있는 공동체 운동의 미래적 과제와도 관련이 있다고 할 것이다.

그러나 우리가 제3부와 4부에서 살펴본 한국사회 내에서 일어난 (그리고 계속하여 일어나고 있는) 그리스도 공동체 운동은 비록 한국교회들이 이루어 내지 못한 공동체적 삶의 모습을 실현해 내고자 하는 것이 사실이나 그것은 복음 안에서의 일치성(Unity in the Gospel)이라는 원리하에서는 여전히 미흡한 모습임을 지적하지 않을 수 없다. 비록 그 공동체들이 '공동의 삶'의 원리 아래에서 하나님 나라의 영역 확장을 위한 나눔과 돌봄을 통한 섬김의 자세를 실천하고 있는 모습은 매우 긍정적이라는 측면이 있기는 하나, 그 속에는 복음의 일치를 향한 기독교적 공동체의 측면이 여전히 극복되어야 할 요소로 남아 있는 것이 사실이다. 그리스도의 공동체로 알려진 단체들이 복음적 측면을 약화시킨 채 단지 소유와 물질을 나눔으로써 삶의 공동체만을 추구한다면, 그러한 나눔의 삶을 가능케 하고 그러한 삶을 통하여 추구하고자 하는 하나님 나라의 궁극적 이상은 실현되기 어려울 것이요, 실상 외형적으로는 많은 성과를 보인다해도 기독교적 신앙의 의미로 볼 때는 미미할 뿐이다.

한국사회에서 일어난 60-70년대의 공동체 운동과 80-90년대의 공동체 운동의 근본적 동기는 무엇보다도 '기독교적 삶의 공동체적 추구'라는 기본을 처음에 추구했다는 것은 사실이다. 그러나 불과 극소수의 공동체를 제외하고서는 가난을 극복하고자 하는 생존의 문제를 해결코자 했던 점은 복음(福音) 안에서의 일치성(一致性)을 향한 이상적 공동체를 이루기에는 그 역사가 매우 짧을 수밖에 없었다는 지적을 하지 않을 수 없다. 물론 복음 안에서의 공동체가 삶의 의식주 문제의 해결을 시도하며 이를 위한 삶의 터전을 마련하여 나간다는 것은 그런대로 의미가 있다고 하겠으나, 이에서 더 나아가 그리스도 안에서 하나님 나라의 추구라는 궁극적 목표와 이상을 향해 나아가야 한다는 것은 공동체의 이상을 향한 바램이라고 하겠다.

그러나 다행히도 60년대부터 시작된 예수원 운동이 기독교적 세계관에 입각하여 하나님 나라의 이상을 실현하고자 애쓰며, 또한 70년대에 시작된 두레 마을 운동이 기독교적 사회봉사뿐만 아니라 미래의 한국사회에 필요한 일꾼 양성에서부터 사회의 다양한 분야에서 하나님 나라의 실현이라는 구체적 목표를 설정하고 이를 위한 다양한 일들을 이루어 내고 있다는 점, 그리고 다일공동체를 통해 예배와 더불어 섬김과 나눔이 실현되고 있다는 점 등도 미래의 기독교적 공동체를 향한 좋은 조짐이라고 하겠다. 그러나 여전히 한국교회나 한국사회에 나타난 공동체는 복음 안에서의 일치성이라는 전제하에서의 공동체적 운동에서는 미흡한 모습을 보이고 있는 것이 사실이다. 그렇다면, 한국사회 안에서 바람직한 공동체의 미래를 위한 복음 안에서의 일치성을 무엇으로 규정할 것이며, 이러한 일치의 근거를 어디에서 찾아야 할 것인가?

교회의 원형(原形))이라고 볼 수 있는 초대 교회는 성령의 역사와 함께 복음 안에서 그리스도의 몸(Body of Christ)으로서의 유기체적인 관련을 지닌 것이나 공동체적인 '코이노니아'의 장을 이루었던 것은 매우 의미있는 점이다. 비록 지역적으로 많은 곳에 흩어져있기는 했으나, 모든 교회는 우주적 교회(宇宙的 敎會) 안에서의 지교회(支敎會)들로써 인식되었다. 이는 모든 교회 안에서 일어난 바, 하나님의 영(성령)으로 중생되고 동일한 성령으로 세례를 받은 모습으로 알 수 있었던 것이다. 비록 지상의 지역적 개교회들이 육체적 모임이라면 그리스도의 몸으로써 우주적 교회[185]는 영적 모임[186]이요, 그런 의미에서 개 교회들은 우주적 교회의 일원이요, 그 현현(顯現)이어야 한다는 점이 강조되어야 할 필요가 있다.

　　그러나 오늘의 한국교회는 불행하게도 너무나 찢기워진 상태에 있음이 사실이다. 물론 교회가 세속으로부터 성별 되어야 하고 바르지 못한 복음에서 벗어나야 하는 것은 사실이나, 오늘의 한국교회는 복음주의 안에 서 있는 교회들조차도 서로 갈라서는 분열의 양상을 보이고 있음은 매우 우려될 만한 상태에 이른 것도 사실이다. 더 나아가, 한국의 많은 보수교단들조차도 서로 분리되어 연합적 형태의 공동체성이 약화되어 있다는 점은 복음 안에서의 일치성(一致性)을 바라는 성경적 원리에서 벗어난 모습이라 하겠다. 오늘날 한국사회의 분열(分裂)이라는 질병을 치유할 책임을 지닌 하나님의 공동체로서의 교회는 인본주의적이며 세속적 연합이 아닌 복음 안에서의 일치성을 향한 자세를 가져야 할 것이다. 그렇다면 그리스도의 공동체로서의 한국교회가 추구해야 할 복음 안에서의 일치성은 어떤 원리하에서 이루어져야 하는 것일까?

　　한국교회가 복음 안에서의 일치성을 추구해야 할 근거는 삼위일체적(三位一體的) 하나님의 본성과 관련이 있는 것임을 알아야 한다. 이는 그리스도께서 "… 우리가 하나가 된 것 같이 저희도 하나가 되게 하려 함이니이다"(요 17 : 22)라는 기도에서 말씀하신대로 하나님의 각 위(位)는 각기의 독립적 인격을 소유하시면서도 상호 인격적 관계(Inter-Personal Relationship)를 갖는다. 이

---

185) 여기서 말하는 "우주적 교회"는 그리스도 안에서 통일성을 이루면서 그 어떤 제한이나 제약이 없는 전체를 의미한다. 이것은 또한 칼빈이 말한 바, 그리스도를 머리로 한 "한 몸"(One Body)이라는 성경적 교훈에 기초한 것이다. 이는 또한 마치 "그리스도가 둘 또는 셋으로 찢어 나누어지지 않는 한 교회는 둘 또는 셋의 교회가 될 수 없기 때문에 교회를 보편적(Catholic) 또는 우주적(Universal)교회라고 한다."는 말에서 잘 드러난다. Cf. John Calvin, Institutes of the Christian Religion, IV. 1. 2.

186) 우주적 교회의 '영적'(Spiritual)이라 함은 그리스도와의 관계에서 생동적이요, 신령적 측면을 강조하는 말이다. 즉, 그리스도 안에서의 교회는 유기적이면서도 신령한 관계 속에서 있어야 한다는 말이다. 교회는 외적, 형식적인 모습에서가 아닌 성령의 능력으로 독특하고도 능력있는 교제의 모습에서 이루어져야 한다.

삼위일체의 교리가 신비인 것은 각각의 위(位)는 구별되면서도 서로 다른 위(位)로부터 분리할 수 없기 때문이다. 오늘날의 한국교회는 "저희가 하나가 되기를 원하나이다"라는 예수님의 기도 가운데서, 교회의 공동체성 근거를 가져야 할 것이다. 따라서 한국교회는 영적이면서 유기적인 신령한 연합을 보다 활발하게 이루어 나가야 할 것이다.

그렇다면, 본 저서 제3부와 4부에서 본 바대로 오늘날 이루어지는 한국사회 안에서의 공동체적 흐름이 한편으로는 삶의 나눔(Life-sharing)이라는 이상(理想)을 가지고 출발했으면서도 그리스도 중심의 공동체로서의 바람직한 모습을 벗어나게 되거나 약화되어 가는 모습이 있다는 이유는 무엇일까? 그리고 만일 이러한 기독교 공동체가 앞으로도 효력이 있는 복음 안에서의 일치성을 추구하는 공동체로서 이루어지고자 한다면 그러한 공동체의 기본은 어디에 근거를 두어야 하는 것일까? 다시 말해서, 예수 그리스도를 중심으로 하는 교회 공동체가 영적이고 유기적이며 또한 연합된 형태로써 그리스도의 영광을 드러나게 하고자 한다면 그러한 공동체를 하나되게 하는 근거는 어디에 기초를 두어야 할 것인가?

기독교 공동체는 무엇보다도, 하나님의 창조와 보존, 그리고 그의 선택된 백성들을 향한 하나님의 사역, 즉 삼위일체 안에서 이루어진 바 성부, 성자, 성령 안에서의 일치된 사역에 그 공동체적 통일성(統一性)의 근거를 두어야만 한다는 것이다. 그 삼위일체 되신 신적 사역(神的 使役)에 통일성 내지 일치성(Unity)이 있듯이, 그리스도 공동체는 그 사역에 있어서 신적 통일을 그 근거로 한 신앙고백의 일치적 통일을 지녀야 할 것이다. 그리고 보다 중요한 것은 삼위일체 안에서의 신적 통일이 동시에 그리스도의 구속 사역을 지향했듯이, 그리스도 안에서의 공동체적 통일성은 구속받은 백성들로 하여금 하나됨(Oneness)을 지향한다는 분명한 방향이 있어야만 할 것이다. 그러나 그러한 구속 사역을 반영하지 못한 채 단지 일상의 삶에 필요한 것만을 채워주고자 할 때 그러한 공동체의 앞날은 바람직하지는 않을 것이다. 바로 여기에서 오늘날 한국사회에 산재해 있는 공동체 운동들의 기독교적 근거를 지녀야 할 것이며, 공동체 운동의 궁극적인 모습이 그리스도의 구속 사역을 향한 지속적인 모습이 되어야 한다는 것이다.

앞으로 한국교회와 사회에 일어나야 할 기독교 공동체는 복음 안에서의 일치성을 추구하되, 그리스도와 신자들과의 관계를 규정하는 성경적 연합(Biblical Unity)에 근거를 두어야 할 것이다. 그리스도와 참 신자들간의 연합에 대하여 성경이 교훈하는 바는 성령의 역사 안에서 이루어지는 그리스도의 구속사역에 기초한다. 한국사회 안에서 일어났던 몇몇 공동체가 변질된 모습으로 그 아름다운 결실을 맺지 못하는 가장 큰 이유는 공동체가 성령 안에서의 구속사역에 기초를 두지 못할 때의 결과이다. 신자들간의 참된 연합이 예수 그리스도의 보혈로 인한 구속 사역에 근거를 두고서, 죄에 대하여 죽고 의에 대하여 살고자 하는 그리스도와의 신비적 연합인 그 근거를 상실할 때 공동체로서의 아름다운 결실을 맺을 수 없는 것이다.

공동체 안에서의 성도들간의 연합이 그리스도의 구속적 사역을 근거로 이루어지는 것은 마치 사도신경 안에서 "성도가 서로 교통하는 것"을 믿습니다 라고 고백하는 바와 같은 것이다. 이것은 그리스도 안에서 이미 구속함을 받은 사람들의 고백이요, 죄에서 구속함을 받은 사람들이 그리스도 안에서 이루어내야 하는 영적인 교제이다. 그리스도의 구속에 근거한 기독교 공동체는 신자들로 하여금 이웃과 화목(和睦)케 하는 직책에 대한 구체적인 삶의 반응이요, 바로 이러한 모습이 기독교 공동체 안에서 이루어지는 복음 안에서의 일치성의 기초를 이룬다.

복음 안에서의 일치성(一致性)은 무엇보다도 신자들 간의 연합을 강조하는 그리스도의 교훈에서 또한 그 근거를 가져야 한다. 공동체 안에서의 통일(統一)을 이루어가며 그리스도 안에서 하나된 교회의 아름다운 연합의 모습은 그리스도와 신자와의 관계, 그리고 신자들 간의 연합적 관계를 잘 묘사하고 있는 바 그리스도께서 교훈하신 포도나무와 가지간의 비유를 통해서 알 수 있다. 먼저, 요한복음 15장 1-4절까지의 참 포도나무와 가지의 비유는 그리스도와 신자가 어떻게 연합되어 있는가를 보여주고 있다. 여기서 신자가 그리스도와 연합(聯合)되었다는 것은 이방 종교 또는 신비주의적 이단들이 주장하는 것처럼 존재론적으로 합일되었다는 의미가 아니다. 오직 그리스도가 우리들이 받을 죄값을 대신해 치루어 주심으로써 법적(法的)으로 하나님의 자녀가 되었다는 것이요, 이로써 신자는 성령 안에서 "그리스도와 함께"(갈 2 : 20) 그분 안에서의 실제적(實際的)인 삶을 살아간다는 것을 의미한다. 이는 마치 포도나무 가지가 원줄기에서 양분과 수액을 공급받듯이, 신자는 참 포도나무이신 그리스도로부터 말씀과 사랑을 공급받는 매우 생동적인 유기적 연합 관계에 있음을 또한 보여주는 것이다. 그리고 여기에서 신자는 각자 예수 안에 연합된 가지인 동시에 신자 전체가 한 포도나무 안에 '함께 연합된 생명 공동체'라는 사실을 말해주고 있는 것이다.

그리고 이에 대한 공동체적 삶의 모습에 대한 교회의 모습은 사도행전에 나타난 제자들의 모습에서 그 모형을 찾을 수 있다고 하겠다. 초기의 교회 공동체의 발전에서 가장 중요한 사건은 그리스도의 부활과 오순절 성령강림 사건이다. 그것은 그리스도의 부활사건 이후에 나타난 제자들의 성령 충만한 모습에서 찾아볼 수 있는 바, 성령 안에서의 깊은 삶의 교제를 나누는 제자들의 상태에 근거를 두고 있다. 그들의 공동체는 먼저, 예수님께서 죽음에서 부활하셨다는 흔들리지 않는 확신을 가졌던 사람들로써, 먼저는 그리스도의 부활의 증인(證人)이라는 일차적 사명을 정점으로 하여 성령 안에서의 헌신적 모습을 통해 이웃에 대한 나눔을 스스로 실천하며 살았음을 보여주고 있다.[187]

초대교회가 당시의 세상 속에서 그 스스로의 정체성(正體性)을 잃지 않고

'그리스도의 공동체'(Christ's Community)로서 그 영향력을 발휘했듯이, 오늘날 우리들의 교회도 세상 속에 존재하면서 그 스스로의 본질(本質)을 상실하지 않은 채 세상에 대하여 그리스도의 "아름다운 덕을 선전"(벧전 2 : 9) 하는 일들이 이루어져야 한다. 그리스도의 복음 안에서 행하는 모든 선한 일들은 교회가 세상 속에 존재하면서도 동시에 다른 인간적인 공동체들과 명백히 구별되는 모습을 지니게 되는 것이요, 그 속에서 하나님의 나라가 이루어지는 것이다.[188] 그리스도에게 '속한'(of) 공동체로서 그 본질적(本質的) 자세를 잃지 않은 채 교회가 존재할 때에야 교회는 비로소 산 위의 도시가 된다. 이런 의미에서 교회의 갱신이나 변혁은 바로 교회를 교회 되게 하는 그리스도의 공동체성 회복에 있다고 하겠다.

따라서 한국교회는 사도행전 2 : 42-47에 나타난 예루살렘 초대교회의 모습을 살펴봄으로써 그리스도 안에서의 공동체로서 참된 모습이 어떠해야만 하는가를 알아야 할 것이다. 사도행전에 나타난 초대 교회 공동체는 다음과 같은 특징을 지니고 있다. 그 첫째는 복음 안에서 하나님을 향하여 '예배하는 공동체'의 모습을 보여주고 있다. 그들에게는 그리스도에 대한 확실한 믿음과 그 신앙고백(信仰告白)에 기초하여 하나님을 예배하며 복음의 기초 아래 서있는 자세를 보여주고 있으며, 둘째로는 사랑을 실천하며 '나누는 공동체'(Sharing Community)의 모습을 보여주고 있다. 구체적인 삶의 모습 속에서 초대교회

---

187) 초기 공동체의 관습들에 대한 몇 가지 예시들을 살펴보면 예루살렘 교회의 교인들은 서로 그들의 소유를 나누려는 강한 의지를 보여준다(사도행전 4 : 31-37). 또한 바울의 '주 안에서'와 '성령 안에서'라는 주제를 널리 사용한 것은 그리스도인 공동체를 지지하는 배경을 부여한다. 좀더 자세한 내용은 Guthrie. D. New Testament Theology, 김근수, 정원태 역 신약 신학, (서울 : 기독교 문서 선교회, 1988) 7장의 "교회론"을 보라.

188) Kenneth Gowdy, "도시사회 속에서의 교회 공동체", 목회와 신학, (1989년 9월호) 71.

성도들은 공동체의 유익을 위해서 자기의 재산과 물건들을 모두 내어놓고 사랑을 나누는 모습을 보여준다. 이것은 그들 속에 있었던 교회의 본질적인 모습으로써 친교로서의 공동체(Community as Koinonia)적 모습을 보여주는 것이다. 누구나 차별 없이 떡을 떼고 음식을 먹음으로 주 안에서 모두가 한 형제라는 인식을 가지고 교제를 나누었다.

그리스도의 복음 안에서 하나님을 예배하며 동시에 이러한 친교적 공동체를 이루어 낸 모습을 가장 사실적으로 보여주고 있는 것은 예수의 십자가 고난과 죽으심을 기념하는 성찬예식을 통해서였다. 그들은 성찬예식을 통하여 신자들을 향한 그리스도의 희생을 기념하면서 동시에 자신들이 "한 몸"(One Body)이라는 정체성(正體性)을 확립하였고, 또한 그리스도의 숭고한 정신을 받아들여 이웃의 고통을 함께 나누고 또한 지체의식을 가져 서로를 돌아보는 삶으로 이어져 가게 했던 것이다.

교회가 이 세상 속에서 그 사명을 감당하고 본질을 분명히 하기 위해서는 이러한 공동체성을 회복하는 방향으로 끊임없이 갱신되고 변혁이 되어야 한다. 제3부와 4부에서 나타난 여러 공동체의 모습을 바라보면서, 그리스도의 이름을 가진 이러한 공동체들 속에서 가장 중요한 모습으로 있어야만 하는 요소요, 또한 그리스도 공동체의 본질이 되어야 할 바, '복음 안에서의 하나됨(一致性)'의 공동체를 이루어 나가는 일은 매우 중요하다. 그렇다면 복음 안에서의 하나됨은 무엇을 의미하는 것일까? 그것은 우선적인 의미에 있어서 그리스도의 공동체가 '신적 근거'(神的 根據)를 지닌 바, 복음의 일치 안에서 '하나님을 예배하며 섬기는 공동체'의 모습으로 이해되어야 한다.

그리스도 안에서 복음의 일치는 무엇보다도 그리스도의 몸으로써 교회에 대한 '보편성'이 강조되어야 한다. 오늘날 산재해 있는, 그리고 과거와 현재 그리고 미래에 속한 공동체로서의 모든 교회들은 교회 공동체의 머리이신 그리스도 아래 하나로 모여진다. 즉, 그리스도의 공동체는 복음 아래서 모든 믿는 자를 포괄하는 '교회의 보편성'에 그 근거를 둔다. 그러나 공동체로서의 한국교회는 이러한 복음의 보편성을 너무나도 결여(缺如)하고 있음을 인정하지 않을 수 없다. 그리고 제3부와 제4부에서 본 바대로, 그리스도의 이름을 가진 많은 공동체들은 '복음 안에서의 일치성'이라는 보편성을 강조하지 못한 채, '공동체'라는 의미가 다만 '신앙의 이름'을 가진 사람들이 모여 삶을 나누고자 하는 현실적 모습에만 집착하고 있음을 볼 수 있으며, 그 결과 신앙 공동체로서의 고백(告白)이라는 또 다른 본질적 의식이 약화되어 결국은 그 결집력이 퇴색해 가는 듯한 모습을 보게 된다.

기독교 공동체의 '복음 안에서의 일치성'은 공동체 안에서 일어나는 단순한 삶의 공유(共有)뿐만 아니라 모든 지체들이 함께 참여하는 '고백적 공동체'를 이루어 내는 일이요, 여기에서는 예배를 통한 그리스도 안에서의 '하나됨'의 모습을 또한 회복해 내는 일이 중요하다. 서구의 기독교인들과는 달리, 오늘의 한국의 기독교인들은 교회중심의 신앙생활을 하고 있으며, 그 '교회 중심'이라는 말에는 예배의 의미를 매우 중요하게 생각하는 전통이 있다. 오늘날 한국교회는 그 어떤 것보다도 예배의 중요성을 강조하고 있음은 좋은 현상이라고 할 수 있다. 따라서 그리스도 안에서의 공동체 의식을 적극 확산하는 일은 예배를 통하여 '복음 안에서의 일치성'(一致性)을 보여주는 일과 관련을 맺는다고 할 수 있다.

전통적으로 교회의 가장 핵심적인 기능 중의 하나는 예배에 있다. 이에 따라 전통적인 한국교회는 적지 않을 정도의 각종 예배를 통하여 하나님을 섬기고 있다. 물론 자주 예배를 드리는 것 자체는 매우 바람직한 모습이기는 하나, 그 예배 안에서 성도들이 '함께 참여하는'(Participating)모습을 만들어 내는 것은 교회 안에서의 공동체성을 이루어 내는 일에 상당한 영향을 주게 될 것이다. 한국 교회가 예배에 대한 이해에서도 이것이 하나님께 대한 성도들의 '공동체적 섬김'이라는 능동성(能動性)으로 나타나게 될 때, 한국교회 안에서의 공동체성은 좋은 기반을 갖게 될 것이다. 이와는 반대로 예배가 성도들로 하여금 다만 수동적(受動的)인 반응만을 요구한다든지, 또는 교인들의 의식 속에 예배란 단지 설교자들의 말을 그저 듣는 것으로만 인식이 될 때 교회를 통한 공동체성은 약화될 수밖에 없는 것이다.[189] 따라서 교회 공동체 안에서 예배에 대한 적극적 참여를 통한 능동적인 자세를 부여해 준다는 것은 기독교 공동체 안에서 일어나야 할 복음 안에서의 일치성을 교훈해 줄 수 있는 본을 이룬다고 할 수 있다.

예배는 지고한 가치를 지니신 하나님께 그 가치를 인정하고 창조주께 영광을 돌리기 위하여, 또한 하나님을 아버지라고 고백하는 그 모든 '자녀들'을 위해 죽으신 주님을 기념하기 위해서 모든 사람이 '한 마음으로' 하나님을 섬기는 것임에도 불구하고 오늘날의 교회 공동체 안의 구성원들이 각각 독립적인 자세

하나님께 대한 성도들의 공동체적 섬김이라는 능동성으로 나타나게 될 때 한국교회 안에서의 공동체성은 좋은 기반을 갖게 될 것이다.

속에서 하나님을 향해 자신의 죄 용서를 받으며, 또한 설교자로부터 각자가 무언가를 얻어내려고 하는 모습에 집중에 되어 있다고 할 것이다. 이러한 자세는 교회 기능으로서의 제사적(祭祀的) 의미는 강조되기는 해도 공동체로서의 교회에 대한 일치를 주장하는 데에는 부족한 모습임을 드러낼 뿐이요, 이는 교회에 대한 포괄적 이해에 한계를 보여준다고 할 것이다.[190] 이것은 극단적으로 예배에 대하여 자신들의 욕구를 충족하기 위한 수단으로 이해하고자 하는 잘못된 모습에 있기도 하다.

이는 또 다른 한편으로서는, 예배의 한 의미로써 지녀야 할 공동체성을 약화시킨 채, "내용 없는 가열된 감정, 비뚤어진 신비주의, 바르지 않는 역사관 및 운명론, 복에 대한 그릇된 생각; 미신적 예배태도, 화육적 예배의 결핍, 외형적 허세와 편협한 분파주의, 지나친 현실주의와 타계주의…"[191] 등으로 드러나기도 한다는 지적을 불러오기도 한다. 그러나 초대교회는 성령의 역사 안에서 하나의 공동체로 세움을 받아 '서로 서로에게' 영향을 주면서 삶의 근본적인 변화를 체험케 하는 참된 예배를 드리는 공동체였다. 그들에게는 오늘날 많은 교회들이 추구하는 그 어떤 외형적 모습과는 달리, '더불어 마음을 같이 하여'(All Joined Together) 기쁨과 순전한 마음으로 하나님을 경배하며 함께 나눔을 갖는 공동체였던 것이다. 그들은 '한 분의 성령' 안에서 성령의 '하나되게 하심'

---

189) 오늘날 한국교회의 성도들이 예배를 다만 설교자들의 설교를 듣는 것으로 인식하고 있다는 진단은 시급히 해결해야 할 요소가 된다. 참고 : 방선기, "한국 교회의 흐름을 진단한다" 목회와 신학, (1990년 1월호) , 39.

190) 박은규, "예배신학", 연신원 목회자 신학 세미나 강의집, 현대교회의 예배와 설교, (1989년) 219.

191) 박은규, 위의 책 220.

의 역사로 말미암아 영적인 "코이노니아", 즉 복음 안에서의 일치성을 이루는 공동체로서의 본질을 드러내고자 했던 것이다. 교회 안에서 이루어지는 강조점이 설교자의 메시지가 된다는 것은 매우 중요하다. 그러나 다만 설교자 중심의 예배 행위로부터 교회 공동체의 모든 성도들이 수동적 입장인 '받아들이는' 모습에서 더 나아가 모든 성도들이 함께 참여한다는 능동성의 예배를 회복한다는 것은 예배 공동체 안에서 '함께 참여하는' 복음 안에서의 일치성을 만들어 나가는 좋은 계기가 될 것이다. 바로 이러한 면에서 교회 공동체로서의 한국 교회는 신자들의 연합을 만들어 나가야 한다.[192] 교회 공동체에 있어서 중요한 예배의 모습에서 모든 신자들이 함께 참여할 수 있는 능동적 예배의 모습이 없이 다만 설교자에 의존하는 신앙의 모습은 교인들로 하여금 "설교를 듣는 교인"을 만들어내고, 따라서 유능한 설교자의 교회로 사람들이 집중되는 현상을 낳게 될 뿐이다.

예배를 통한 공동체 안에서의 적극적인 참여를 통한 '하나됨'의 모습은 한국 교회 목회자들이 성도들의 참여를 유도한다는 세심한 배려 속에서 가능하다. 공동체로서의 교회의 예배현장 속에 설교자나 성도들이 함께 참여하는 계획성 있는 진행은 교회 안에서의 예배를 풍성하게 할 수 있는 계기가 될 것이다.[193] 신자들이 예배 공동체의 일원으로 교회의 예배 프로그램에 참여할 수 있는 모습을 위하여 엘빈 린그린(Alvin J. Lindgren)은 예배 형식의 구성을 4단계로 구분하여 ①찬양의 경배, ②죄의 고백, ③갱신 또는 교제, ④봉헌 또는 결단 등의 단계[194]로 나누어 함께 참여토록 권장하는 모습은 그 나름대로 의미가 있다고 하겠다. 따라서 목회자는 그 내용들을 주의 깊게 연구하고 모든 것을 균형 있게 잘 배합하여 신자들로 하여금 예배에 다함께 참여하는 의미 깊은 경험의 시간이 되도록 해야 한다.

한국교회는 하나님의 말씀에 대해 모든 성도들이 '함께 응답하는' 공동체적 예배 형태를 모색함으로 예배 공동체의 의식을 심어주는 일이 필요하다. 예배 자체가 공동체적이지 못하고 지극히 개인적이며, 또한 능동적이거나 적극적이지

---

192) 김종렬, "섬기는 교회상의 회복과 정립", 기독교 사상, (89년 5월호), 54-65. 또한 필자가 잘 알고 있는 도시 교회의 신자들의 의식을 알아보기 위해 1997년 11월에 조사된 바의 다음의 보고서는 오늘의 한국교회가 서있는 위치를 보여주고 있다고 하겠다. 모 교회의 300명을 대상으로 한 설문의 내용과 결과는 다음과 같다.

1. 지금의 교회에서 예배중 가장 중요시 여기고 있는 것은 무엇이라고 생각합니까?
   1) 설교 (168명)   2) 찬양 (39명)   3) 기도 (36명)   4) 헌금 (28명)   5) 친교 (19명)
   6) 잘모르겠다. (5명)   성례(5명)
   (위의 내용은 50%가 넘는 사람들이 예배의 가장 중요한 요소로 설교를 생각하고 있으며,
    기도나 헌금까지를 포함하여 개인적인 측면을 강조하고 있는 것은 70%가 넘어서고 있음을
    보여주고 있다.)
2. 교회(의 예배)에서 나는 꼭 필요한 사람입니까?
   1) 그렇다. (47명)   2) 모르겠다. (162명)   3) 아니다(78명)   4) 무응답(13명)
   (위의 내용은 80% 정도의 사람들이 교회(의 예배)에서 자신들이 다만 수동적인 자세로서
    존재하고 있음을 보여주고 있다.)
3. 교회에서 더욱 강조되어야 할 것은 무엇입니까?
   1) 설교 (23명)   2) 찬양 (42명)   3) 친교 (127명)   4) 성례 (33명)   5) 구제 (68명)
   6) 기타 (7명)
   (위의 내용은 질문 1에서 설교의 중요성을 인식하면서도 설교자에 집중된 예배보다는 공동적
    참여를 통한 예배, 또는 성도의 교제를 약화시켜서는 안될 것이라는 신자들의 의식을 반영
    하고 있다고 하겠다. 이로서 찬양을 통한 신자들의 하나됨과 친교나 구제를 통한 교회의 사
    귐의 방향을 원하는 숫자가 80% 이상으로 나타나고 있다.)
   이상의 내용들을 종합해 볼때, 오늘날 교회에 나오는 신자들 상당수가 다만 수동적인 상태에서 머물 뿐, 적극적인 참여를 하지 못하고 있음을 보여주고 있으며, 이러한 상황하에서는 친교(코이노니아)를 통한 교회 공동체의 살아있는 모습이 결여되어 있음을 보여주고 있다고 하겠다. 따라서 오늘날 한국교회의 신자들이 수동적으로 예배에 참석하는 경향이 있을 뿐, 예배의 능동적 참여자로서 교회 공동체의 일원으로 생동감있는 지체의식이 결여되어 있음을 보여주고 있다. 따라서 한국교회의 지도자들은 목회나 예배에 있어서의 성도들과 하나됨을 회복하는 일에 역점을 두어야 할 것이다.
   193) Alvin J. Lindgren & Charles H. Ellzey, 앞의 책 120. 이 부분에는 이 분야의 참고서가 소개되어 있다.

못하고 다만 수동적이며 소극적인 자세를 보이는 것은 교회의 공동체성을 저해하는 요인이 될 뿐이다. 따라서 오늘의 한국교회는 신자 모두에 대한 "한 몸"(One Body)의 지체의식을 회복하고, 공동체적 의식을 지닌 채 하나님의 계시에 대한 응답을 적절하게 표현하면서 영적 "코이노니아"를 회복해야 할 것이다.[195]

이 일에 있어서 목회자는 예배를 더욱 풍성하게 드려지게 하기 위해 계속적인 연구와 검토를 해야 할 뿐만 아니라, 정기적인 예배 가운데서 모든 신자들이 함께 참여하여 생동감 있는 예배를 드릴 수 있도록 세심한 배려를 해야 할 것이다. 이에 대한 한 가지 방편으로서는, 예배에 공동체 구성원들이 모두 적극적으로 참여케 하고 신자들의 예배에 대한 이해를 넓히기 위해서 예배 위원회를 만들어 적극 운영할 수도 있을 것이다. 이를 통하여 교회 안에서 지체된 신자들이 하나님으로부터 받은 각자의 은사를 개발하여 교회 공동체 안에서 예배와 그밖의 활동에 참여할 수 있도록 하여야 할 것이다. 또한 예배 위원들을 잘 교육하여 예배의 각 분야에서 올바른 이해 속에서 예배에 임하게 하고, 또한 신자들의 반응을 세밀하게 살펴서 이를 보고하게 하고, 현행 예배 의식의 효과에 대하여 목회자와 위원들 사이에 정보를 나눔으로써 더욱 풍성한 예배를 만들어 가야할 것이다.

예배의 행위 가운데, 복음 안에서 공동체성을 회복하며 그리스도 안에서 '하나됨'을 회복하고 또 다른 계기를 추구하는 중요한 의미는 "성례"(聖禮)에 대한 보다 포괄적인 이해이다. 그리고 그 속에서 드러나야 할 '하나됨'의 의미를 회복하는데 있다고 할 것이요, 이것은 역시 목회자의 성례에 대한 바른 이해와 그 의식 속에서 생생하게

---

194) cf. Ibid., 97.

195) 이에 대한 자세한 내용은 Guthrie 의 New Testament Theology, (김근수, 정원태 역, 신약신학,) (서울 : 기독교 문서 선교회, 1988) 7장 교회론을 살펴보라.

살아나야 할 측면이라고 할 것이다. 오늘날 한국교회는 목회의 실제에 있어서 항상 은혜스럽고 감동어린 메시지 전달사역으로 인하여, 그리고 성례를 지나치게 강조한 구교(가톨릭)에 대한 개신교적인 대응이라는 배경으로 인하여 상대적으로 '성례'에 대한 관심이 약화되어 있음을 알 수 있다. 이것은 물론 성례의 의미가 그 의식을 행하는 빈도수(頻度數)에만 있는 것은 결코 아니요, 또한 시간 활용 그 자체에 중요성이 있는 것은 아니다. 그럼에도 불구하고 많은 한국교회들이 성례를 1년에 단지 한두 차례의 "행사"로서 거행한다면, 이는 그 성례집행의 제의적(祭儀的)의미뿐만 아니라 공동체적 일치성을 향한 중요한 의미를 상실해 가는 모습이라 하지 않을 수 없다.

초대교회에 나타난 세례와 성찬에 대한 이해는 오늘날의 교회에서 공동체성을 이해하는 지름길이 되어야 한다. 세례와 성찬은 '그리스도와의 연합'을 통한 신자들 개개인간의 상합과 연합을 보여주는 강력한 교훈이요, 이것은 그리스도 안에서 '하나'라는 내적인 동질성을 드러내는 가장 효과적인 연합의 수단을 이루어 왔다. 또한 이것은 내적인 의미뿐만 아니라 외적이며 구체적인 삶의 실천을 동시에 요구하는 바, 그리스도 안에 있는 신자들의 모습을 규정하는 특징이 된다.

오늘날 한국교회가 공동체적 관점에서 이 세례와 성찬의 의미를 재조명함으로써 그리스도 안에 있어야 할 '복음 안에서의 일치성'을 이루어 나가는 계기를 만들어 나가야 할 것이다. 다시 말해서, 오늘의 한국교회가 성례의 의미를 지나치게 개인적이며 제사적인 의미로만 이해하고자 하는 것은 '그리스도 안에서 하나됨'을 지향해야 할 측면을 간과하고 있음을 보여줄 뿐이다.

오늘날의 한국사회와 교회의 분열을 생각할 때, 우리는 고린도교회가 처했던 당시의 "분쟁"으로 인하여 사도 바울이 교훈했던 바를 상기할 필요가 있다. 바울은 먼저 신앙인들 안에서 이루어져야 하는 "그 아들 예수 그리스도와 함께 교제케 하시는"(Fellowship with His Son Jesus Christ) 하나님을 언급하면서, 그리스도인들이 "분쟁이 없이 같은 마음과 같은 뜻으로" 살아가야 되는 모습을 세례와 연결시키고 있다.[196] 바울은 "그리스도께서 어찌 나뉘었느뇨?"라고 질문하면서, 오직 그리스도의 이름으로만 세례를 받은 것을 강조한다. 이는 이미 위에서 언급한 바대로, 성찬의 의미가 한 상(床)과 한 떡에 참여함으로 그리스도인들의 하나됨을 강조한 것과 그 맥을 같이 하고 있는 것이다.[197]

공동체로서의 교회 안에서 이루어지는 성례에 있어서 성찬뿐만 아니라 세례가 주는 이러한 의미는 매우 깊다. 바울은 이 세례를 단지 상징적인 행위로만 여기지 않았고, 또한 불가해한 그 어떤 마술적인 것으로도 여기지 않았다.[198] 이것은 이미 결정된 내적인 결단, 즉 그리스도를 향한 신앙과 헌신에 대한 언약의 외적 표시이며 더 나아가 그리스도뿐만 아니라 신앙을 고백하는 언약 백성간의 '하나됨의 모습'으로서 드러나는 행위이기도 하다.[199] 이것은 공동체로서의 교회 안에서 행해지는 성례를 통하여 모든 성도들이 그리스도를 중심으로

---

196) Cf. 고전 1 : 9-17

197) 바울은 고린도바울이 회심자들에게 베푸는 세례를 언급함에 있어서도, 그는 당시의 교인들이 서로 분당(分黨)되어가는 교회내의 현실에서 세례의 의미를 '오직 그리스도 안에서 하나'라는 강력한 메시지를 통하여 교회의 나누임을 경계한 것은 매우 의미있는 교훈이라 할 것이다(참고. 고전 1 : 13-16.). 바울은 이 본문에서 교회의 분열을 지적하면서 "그리스도께서 어찌 나뉘었느뇨? 바울이 너희를 위하여 십자가에 못박혔으며, 바울의 이름으로 너희가 세례를 받았느뇨?"라고 꾸짖으면서 '그리스도 안에서'의 일치를 그리스도의 이름으로 세례를 받은 것과 관련시키고 있다.

198) Robert Banks, 바울의 공동체적 이상, 장동수 역, 134. 물론 세례는 개인과 하나님 사이에, 또는 사도행전에 기록된 그 가족과 하나님 사이에 존재하는 의미를 지닌다. 세례는 필연적으로 한 공동체에서 다른 공동체로, '아담 안'에서 '그리스도 안'으로 옮겨가는 것을 내포하고 있다. 그러나 바울의 활동을 기록해 놓은 누가의 기록이나 바울의 세례에 대한 논의 중 어디에서도 세례가 반드시 교회와 직접적인 관련이 있다는 것은 아니요, 제자들의 관심은 세례보다는 복음을 전파하는 것에 우선적이었다는 것은 틀림없는 사실이다. 그럼에도 불구하고 세례의 의미가 교회 공동체를 이루는 일에 깊은 관계가 있다는 점은 중요하다.

하는 새로운 하나의 공동체를 향해 들어가는 것을 의미한다.

공동체 안에서 '성찬'의 의미가 주는 교훈은 공동체적 의식을 불러 일으키는 것과 관련하여 볼 때 매우 중요한 의미를 갖는다. 공동체가 서로 교제를 나눔에 있어서 가장 가시적(可視的)이고 깊은 의미를 지닌 것은 공동체의 각 지체들이 함께 나누는 공동의 식사이다. 바울은 두 군데에서 이에 대하여 말하고 있고 사도행전은 그가 이 일에 참여한 것을 또한 기록하고 있다. 수세기에 걸쳐서 그리스도인의 공동활동에서 핵심적인 위치를 차지해온 이 공동식사에 대해서 바울이 그렇게 적게 언급한 사실은 언뜻 보기에 이상하게 보일지 모르나, 바울이 세운 교회가 등장하면서 동시에 주의 이름으로 함께 식사를 나누는 그리스도인의 관습이 있었음을 의심할 여지가 없다.[200] 이 공동체의 모임에서 식사 자체가 이에 참여하는 모든 이들에게 그리스도의 죽음을 가시적으로 선포한다는 점에서 이것은 그리스도에 의한 제자도(弟子道)에로의 부르심인 것이다.

한국교회는 그 공동체성을 형성해 나감에 있어서 이 점에 좀더 유의할 필요가 있다 바울이 떡을 떼면서 "이것은 너희를 위하는 내 몸이니"(고전 11 : 24)라는 그리스도의 말씀을 전하는 교훈 속에 그리스도 안에 있는 사람들을 위하여 목숨을 드린 바로 그리스도를 의미하는 것임은 분명하다. 또한 "이 잔은 내 피

---

199) 고전 11 : 18 ff. 요한 10 : 11-16;17 : 11ff. 특별히 요한 복음 10장의 교훈 가운데에서, 예수께서 자신의 목숨을 내어 양들을 살리고 그 생명을 얻게 한다는 가르침과 더불어 저희가 "한무리가 되어" "한 목자에게" 속하도록 한다는 교훈을 잘 살펴볼 필요가 있다.

200) 고전10장과 11장의 경우, '온 교회'(고전 11 : 18)가 모일 때마다 주의 만찬이 있었는지, 혹은 특별히 이 목적을 위하여 공동체가 가끔 모였는지는 분명치가 않다. '너희가 먹으러 모일 때에'(고전 11 : 33)라는 구절은 확실히 후자를 암시하지만, 자신할 수는 없으나 성도들이 모일 때에 주님의 만찬이 모임에서 함께 이뤄지는 것이거나 한 부분이었을 것이라고 예상하는 것이 가장 자연스러울 것이다. Cf. Robert Banks, 바울의 공동체적 이상, 137.

로 새운 새 언약"(고전 11 : 25)의 의미 역시 그리스도의 죽음을 통하여 하나님과 신자들 사이에 세워진 새로운 관계(New Relationship)를 보이고 있다.

그리스도의 '몸'과 '언약'에 대한 언급은 다른 사람들을 위한 예수님의 죽음을 묘사한 단순한 두 가지의 방식이 아니다. '몸'이라는 용어는 분명히 예수님의 죽음을 묘사하는 것이기는 하나, '언약'이 보여주는 용어는 그 죽음의 결과로 나온 위대한 은혜와 사랑, 그리고 그러한 관계 속에서 맺어지는 새로운 공동체의 모습을 보여주고 있는 것이다. 따라서 이러한 모습은 단순히 제의적(祭儀的)요소만이 아닌 공동체 안에서의 새로운 관계성을 또한 드러낸다고 하겠다. 즉, 하나님의 사랑을 통해 나타난 속죄의 은혜가 공동체 안에서 일어나야 할 새로운 관계를 계속 밝히고 있는 것이요, 동시에 공동체 지체들의 하나됨을 보여주는 가시적 모습이 되는 것이다. 성찬의 의미는 공동체의 하나됨을 제공하는 친교의 기회가 되는 것이요,[201] 교회 공동체의 지체들이 함께 나누는 성찬의 의미는 그들과 그리스도 및 그들 서로간의 관계를 상기시켜줄 뿐만 아니라 그 관계를 실제적으로 심화시켜 주는 통로가 된다.[202] 따라서 목회자는 예배 안에서 성찬의 의미로 성도간의 하나됨을 강조해야 할 것이다.

---

201) Robert Banks, 바울의 공동체적 이상, 139.

202) Ibid. 140. 따라서 Banks가 말한대로, 공동체에 처음 가입하는 사람이 행동으로 나타내는 것이 세례라고 본다면, 공동체가 유지되고 그 생활이 깊어지는 중심적인 행위로서 가장 충분하게 표현된 것은 주의 만찬이다. Ibid. 142.

2장 : 그리스도의 사랑 안에서의 사귐 공동체

기독교 공동체는 그것이 조직교회이든 또는 교회 밖의 공동체적 모임이든 간에 그리스도 안에서 하나됨을 체험하고 진정한 형제됨을 통하여 사귐을 나누는 공동체이다. 이 공동체의 사귐은 무엇보다도 하나님 아버지와 그 아들 예수 그리스도와의 사귐을 기초로 한 생명과 빛 가운데에서의 사귐이요,[203] 그 사귐은 그리스도 복음 안에서의 사귐(fellowship)을 전제로 하여 그리스도인들은 서로 만나서 지체임을 고백하고 삶을 나누는 사귐의 공동체가 되어야 한다.[204] 또한 이것은 본 서의 제3부와 제4부에 나타난 여러 공동체에 대한 평가에서도 보듯이, 공동체를 공동체 되게 하는 중요한 내용이 된다.

공동체로서의 교회는 그 어떤 외적 행위나 조직을 통하여 신자들 개개인 간의 사귐을 증진

---

203) Cf. 요일 1 : 3. "우리의 사귐은 아버지와 그 아들 예수 그리스도와 함께 함이라" 또한 요일 1 : 7을 보라.

204) 하용조, "더불어 사는 하나님 나라의 공동체", 성령의 공동체, 56.

시키고 이를 통하여 복음의 확산을 꾀하여야 할 것이다. 오늘날 우리 한국사회나 교회가 겪고 있는 분열의 아픔을 생각할 때 이러한 사귐을 위한 교회의 아름다운 사귐의 공동체적 모습을 위한 노력이 그 어느 때보다도 절실하다고 하겠다. 그러나 한국교회가 교회 중심의 각종 모임을 내세우고 또한 현대의 신앙인들 속에 팽배한 이기적 신앙을 생각해 볼 때, 오늘의 한국교회에는 많은 반성이 요구된다. 다시 말해서 한국교회 내지 공동체에 자리잡은 그 위기(危機)는 건물의 대형화에 일차적 목표를 둔다든지, 오직 성장위주의 교회 정책에서 오는 결과임을 면하지 못하고 있다. 진정한 사귐을 통한 교제가 없는 현대 신앙인들의 소외감은 오늘날의 현대 교회가 성령 안에서 새롭게 되어야 할 내용이 무엇인지를 보여주고 있다고 하겠다. 성숙한 인격적 만남이 부족한 현대의 교회는 그리스도 안에서의 사귐(Fellowship)의 바른 모습을 통하여 교회의 공동체성을 이루어 나가야 할 것이다.[205]

우리가 제3부와 제4부에서 본 바대로, 한국사회에 등장한 공동체들 중에는, 비록 그 초기에는 그리스도의 사랑을 실천하기 위해 결성이 되기는 했다 해도 조직이 증대되거나 그 활동영역이 커짐으로써 그리스도 안의 공동체에 가장 중요한 '사랑의 동기를 통한 진정한 사귐'을 상실한 모습들을 보게 된다. 비록 공동체가 신앙과 함께 각종 봉사를 통해 그리스도 안에서의 일치(一致)를 추구하는 것이긴 해도, 활동이나 사역을 목표로 하여 진행해 나가는 중에 그 안에서 이루어져야 할 진정한 사귐을 통한 교제(Koinonia)가 없이는 공동체의 이상을 실현할 수는 없을 것이다.

물론 사귐(Fellowship)은 그 자체를 위해 존재하는 것은 아니다. 이것은 효

---

205) Kerth Miller, <u>The Taste of New Wine</u>, (Waco, Tex : Word, 1965), 22.

과적인 복음 선포와 적절한 봉사를 위한 필수 요건이요, 이 '사귐'은 "연결하고 상합하여" 사랑 안에서 서로를 세움으로 성령이 주신 개인적 은사를 이 땅위에서 드러내도록 하는 데 그 목적이 있다.[206] 이를 위해 한국교회는 비인간화(非人間化) 되어가고 형식화(形式化) 되어가는 조직체계(심지어 교회의 조직체계까지 포함하여)의 한계를 극복하고자 하며, 또한 제도화(制度化) 되어가는 모든 것에서 벗어나 진정한 "사귐의 공동체"로서의 모습을 회복시켜야 한다. 이 사귐이란 성령 안에서 그리스도의 말씀의 권위 아래 목회자와 성도 사이에, 또한 성도와 성도간의 관계에 있어서 진정으로 가슴과 가슴이 만나고 인격과 인격이 만나는 장소가 되어야 하며, 감격과 눈물이 있고 진정한 위로와 용서가 있으며 새롭게 거듭나고 태어나는 진정한 만남의 현장이 되어야 한다.[207] 즉 목회자는 성도를 대함에 있어서 요한복음 21 : 15-17에서, 예수님께서 베드로에게 부탁하신 말씀과 같이, 진정으로 주님을 사랑하는 마음으로 성도들을 대하여야 하며, 성도와 성도는 요한복음 15장에 나타난 바대로, 참 포도나무이신 예수님 안에 함께 연결된 가지들로서, 서로 간의 지체의식을 갖는 '한 몸'으로 진정한 사귐을 나누어야 할 것이다.

이미 제3부와 제4부에서도 언급한 바와 같이, 한국사회 안에서 일어난 공동체들의 미래적 전망은 프로그램을 통한 활동 이전에 그들 내부에 있어야 할 '사귐의 공동체' 역할이 제대로 이루어질것인가라는 사실에 달려 있다고 볼 것이다. 이미 언급한 바 대로, 그 중의 일부는 심지어 신앙 안에서의 사귐보다는 자기 중심의 야망(野望)을 실현하고자 하거나 자신의 세속적 욕구를 채우고자

---

206) 참고 엡 4 : 16
207) 위의 책, 56.

공동체를 이용하는 잘못된 동기에서 그 나쁜 결과를 볼 수 있는 것이다.

그리스도 안에서의 이러한 현상은 그리스도의 몸이 되는 교회 공동체 안에서도 일어날 수 있다. 한국교회가 사귐 공동체를 이루지 못하는 가장 큰 이유는 그리스도 안에서의 신앙 고백과 사랑의 사귐을 극대화 할 수 있는 효율적인 방안보다는 다만 성장위주의 교회관, 즉 '교회의 대형화 추구'를 우선시 하는 데 있다고 할 것이다. 교회가 복음의 확산을 통하여 숫자가 늘어나고 이에 필요한 건물의 수요를 충당하는 것은 지극히 당연하다. 그러나 한국교회는 오늘날 세속 사회가 추구하는 '대형화'에 발맞추어 그 '규모의 대형화' 내지 오직 '조직의 효율성'만을 내세운 채 구성원들간의 긴밀하고도 적절한 사귐을 외면할 때, 기독교 공동체로서 있어야 할 핵심을 상실하는 격이 될 수밖에 없을 것이다. 따라서 성장하는 교회의 모습에 따른 효과적인 사귐의 공동체를 향한 구체적인 대안들이 나와야 할 것이다. 그 대안 속에는 오늘날 한국사회가 겪고 있는 분열과 갈등, 그리고 개인의 지나친 이기심으로 인한 소외감 등을 해결해 낼 수 있는 방안이 되어야 할 것이다.

이러한 현실적인 문제들에 있어서 바람직한 대안으로는 효과적인 '소그룹(Small Group)의 적절한 운용'이라 할 수 있다. 하워드 스나이더(Howard Snyder)는 가정에서 비공식적으로 회합을 가지는 8-12명 정도의 소규모 그룹이 현대 세속도시 사회 속에서 복음의 교제를 위한 가장 효과적인 구조라고 하였다.[208] 실제로 소그룹의 활용은 교회사를 통하여 본 바, 교회 내의 아름다운 공동체적 실현을 위한 이상적인 매체적 역할을 행한 것으로 보인다. 초대 신앙

---

208) Howard Snyder, <u>새포도주는 새부대에</u>, 159.

심은 소수의 경건자(Collegio Pietatis)나 혹은 가정모임, 성경연구와 토의를 통하여 양육되었다.[209]

소그룹은 서로 인격적인 상호 작용인 코이노니아와 상호 격려를 통한 신앙의 진보를 가져오기 때문에 대형화 되어가고 조직화된 교회 속에서 소외를 극복할 수 있는 충분한 대안이 된다.[210] 분명히 성도들간의 생활의 새로운 구조는 인간 사이의 진정한 만남으로 이루어지며 자기 기만과 불신이 사라지고 그러므로 그 안에서 진정한 인간성에 의하여 서로 관계를 맺을 수 있는 구조로 이루어져야 하는 것이다.[211]

아이스노글(Gareth W. Icenogle)에 따르면, 교회 내에서의 '소그룹 운영'을 통하여 하나님의 언약 백성의 특징을 이루어 낼 수 있다고 한다. 그는 언약 백성의 특징으로서 소수의 사람이라도 "함께 묶을 수 있는 일치성"(Binding and Solemn Agreement made by two or more Individuals)을 "소그룹" 운동에서 찾을

소그룹은 서로 인격적인 상호작용인 코이노니아와 상호 격려를 통한 신앙의 진보를 가져온다.

수 있음을 주장한다.[212] 그에 따르면, 언약 백성의 모습 그 자체는 "작은 가정 모임"(Small Family Group)을 뜻한다고 한다. 물론 이 작은 그룹들이 단위를 이루어 커다란 모임이 되는 것은 당연하다고 하겠다.[213] 따라서 대형교회든 소형교회든, 그 형태가 중요한 것이 아니라 그 안에서의 활성화되는 작은 모임들을 통한 성도들간의 유기체적 친밀성의 여부만이 문제가 될 뿐이다.

교회 안에서 사귐의 공동체를 운용하기 위해서는 무엇보다도, 성령의 인도함을 받는 가정적인 소그룹 형태의 모임 속에서 가능한 것이다.[214] 물론 한국교회 내에서는 소그룹 형태인 구역 예배가 실시되고 있으나 진정한 교제와 만남이

---

209) Donald G. Bloesch, The Evangelical Renaissance (Grand Rapids : Eerdmans, 1973), 118.

210) Howard Snyder는 오늘날의 소그룹 모임이 기독교 경험과 성장에 본질적인 '무엇' 이라고 주장하면서, 도시사회에 있어서 소그룹이 없는 교회는 복음의 가장 기본적인 본질 중 하나 즉 진실하고, 풍성하며, 깊은 기독교의 사귐을 경험하지 못한다고 이야기 하면서, 소그룹 구조의 이점에 대해서 8가지로 나누어 설명하고 있다. 소그룹은 1. 유연성이 있고(변천하는 상황에 대응하기에 쉽고, 융통성이 있다.) 2. 유동성이 있다.(장소의 용이성) 3. 포괄적이다.(사회적, 인종적 장벽을 극복하는 데 도움이 된다.) 4. 인격적이다.(의사소통에 있어서 인격적이며, 복음선포에 있어서도 인격적이다.) 5. 분할에 의해 성장할 수 있다. 6. 전도의 효과적인 수단이 될 수 있다. 7. 최소한 전문적인 지도력을 필요로 한다. 8. 이것은 제도적 교회에도 적응이 가능하다(소그룹은 조직화된 교회를 내어 팽개치고자 하는 것은 아니다). 이에 대한 자세한 내용은 Howard Snyder, 새포도주는 새부대에, (서울 : 생명의 말씀사, 1981), 160 - 163. 을 참조하라.

211) Webber George, The Congregation in Mission(New York : Abingdon Press, 1964) 121.

212) Gareth W. Icenogle, Biblical Foundation for Small Group Ministry, 38.

213) Icenogle의 다음과 같은 주장은 대형교회를 지향하는 교회들이 작은 그룹을 어떻게 이해해야 하는지를 보여주고 있다. "그 개념에 비추어 볼 때, 언약(言約)이란 무엇보다도 그룹을 겨냥하고 있습니다. … 둘째로는 언약은 가족을 내포하고 있습니다. 언약이란 모인 그룹이 그 속에서 가족이라는 힘을 지니고 있다고 할 것입니다. … 셋째로, 언약에는 작은 가정 모임(Small Family Group)을 의미합니다. 모든 거대한 그룹이란 하나님께서 부르셔서 점점 더 커다란 그룹을 형성해 나가도록 사명을 주신 열매라고 볼 수 있습니다.". Icenogle, Ibid., 38-39.

214) Loon Trudinger, 가정소그룹 모임, 장동수 역, (서울 : 기독교 문서 선교회, 1991), 150.

이루어지지 못하는 형식적 모임으로 진행되는 경우가 많고, 그 모임의 특성상 진정한 사귐의 인격적 조우(遭遇)보다는 일상의 문제를 논하는 데 그칠 우려가 많은 것은 사실이다. 따라서 비록 대형 교회라 할지라도, 교회에 속한 사람들이 공동체 의식을 느낄 수 있도록 교회 공동체 속에 작은 공동체를 형성시키고 계속적 훈련과 양육을 통해 효과적으로 운용시켜 나가야 한다.[215]

물론 소그룹 모임이 교회의 사귐 공동체가 될 수 있는 모든 해결의 방법은 아니다. 그럼에도 불구하고, 소그룹은 교회구조와 삶의 본질적인 요소인 것이다.[216] 미국교회의 공동체 모델인 '구세주의 교회'[217]가 바로 이런 원리에서 사역하는 교회로 알려져 있다. 이 교회는 교회가 커가면서 많은 사람을 수용하는 교회를 만들기보다는 각자가 가진 은사를 개발하여 공동체를 형성시켜 줌으로써 '사귐 공동체'의 본질적인 모습을 회복했을 뿐만 아니라, 더 나아가서는 사회를 향한 사명도 심도 깊게 감당하는 교회로 알려지고 있다.

또한 한국교회가 사귐 공동체로서의 회복을 위해서는 '코이노니아'를 증진시켜 나가야 한다. 여기서 말하고 있는 '코이노니아'는 바울이 고린도후서 13장 13절에서 말하는 바, 성령 안에서의 친교를 뜻하는 것이요. 이러한 점은 바

---

215) 한국 교회에 있어서 가장 소그룹의 운영이 잘 되고 있는 교회는 '사랑의 교회'(옥한흠목사 시무)라고 할 수 있는데, 이 교회는 약 2,000여 명의 소그룹 리더들이 교회 공동체안에 작은 공동체를 이루고 있으며, 이러한 평신도 소그룹 운동을 통하여 대형화 되어 가는 교회들의 문제점들을 적절하게 소화해 낸 전형적인 교회라고 할 수 있다.

216) 교회 안에서의 공동체성을 이루어 나가는 Small Group의 성경적, 신학적 기초에 대해서는 앞에서 언급한 Icenogle의 Biblical Foundation for Small Group을 보라. 또한 앞서 언급한 Howard Snyder의 책, 168f 를 보라.

217) 이 교회는 1969년대에 Time지에 '바람직한 교회상'으로 소개되었고, 1970년 미국 C.B.S. TV에 70년대의 교회상으로 생활상이 전국에 방영되었다. 1971년 미국 Guide Post지에 그해 교회상을 수상한 교회이다.

울이 빌립보서 2장 1절에서 또한 강조하는 바와 같다. 바로 여기에서 성도간의 "사귐"이 나오는 것이다. 즉, 성경이 보여주는 "사귐"은 하나님과 신자들의 사귐이라는 수직적 차원과 성령을 통한 신자간의 '사귐'이라는 수평적 차원의 모습이 서로 긴밀하게 연결되어 있음을 보여주고 있다. 즉 "예수 그리스도와 성령 안에서의 사귐이나 그리스도와 성령과의 사귐은 신자들 서로 간의 사귐의 창조적 바탕이며 기둥이라"는 것이다.[218] 교회 안에서 진정한 코이노니아라고 할 만한 영적 교통과 사귐은 성령에 의하여 수여된 것으로서, 우리 인간성의 기능을 뛰어 넘은 것이요, 바로 여기에서 성도간의 진정한 사귐이 발생하는 것이다.[219]

급변하고 다양화 되어가는 현대 사회 속에서 교회가 사귐 공동체로서 모습을 유지해 나가기 위해서는 작은 그룹들 안에서의 코이노니아의 증진을 위한 프로그램을 계속 계발하여 교회 안에서 적용시켜야 한다. 여기 실례로 어느 신임 교역자가 모 교회에 부임하여 친교증진을 위한 목회계획과 적용을 하면서 표적 집단으로 삼은 제3 여선교회(30대 여성)의 사업계획을 살펴보자.

1) 회원들의 영적 성숙을 위한 사업

① 성경 통독 운영 : 나침판사의 '오늘의 삶' 전 회원 구독.

---

218) Hendrik Kraemer, A Theology of the Laity,, (Philadelphia : Westminster Press, 1958) 107.

219) 이에 대하여 Howard Snyder는 그의 책, 새포도주는 새부대에에서 '성령의 코이노니아' 로서 다음과 같이 언급하고 있다 : 1. 성령의 코이노니아는 성령이 주시는, 신자들 사이의 사귐이며, 2. 성령의 코이노니아는 그의 제자들과 함께 하는 그리스도의 사귐이며, 3. 이것은 사도행전에 기록된 바와 같이 초대교회의 사귐이고, 4. 성령의 친교는 하늘에서의 영원한 친교를 미리 맛보여주는 지상에서의 모형이고, 5. 성령의 코이노니아는 그리스도와 하나님 아버지 사이의 동일성과 사귐 그리고 상호 교통하심과 흡사하다고 이야기 하고 있다. 자세한 내용은 그의 책, 105 - 108 를 보라.

② 헌신예배 4회 : 특색 있는 예배구성

③ 특강 세미나 : 부부 생활

2) 신임 목사와 코이노니아 증진을 위한 사업

① 윷놀이, 생일 잔치

3) 교회 코이노니아 공동체 형성을 위한 사업

① 교회 안내   ② 예배 후 찻집 운영

③ 할머니가 좋아요(돌보아 드리기)

4) 봉사를 위한 사업

① 강단 장식   ② 교회길 꽃나무 심기   ③ 지역 공동체 돕기

5) 회원간의 코이노니아를 위한 사업

① 가정의 밤   ② 가족 동반 야외 예배

6) 사업 진행을 위하여

① 월례회 : 매월 첫째 주 저녁에 모임

② 사업의 연구, 검토, 조정, 집행, 격려, 반성 등

③ 사업 종합 분석 평가 조사서 작성 의견 성취

④ 연말 종합 평가 대회 : 교회 기획 위원 등 중요 책임자 초청.

물론 이러한 활동 자체만으로 참된 '코이노니아'를 이룬다든지 또는 그리스도의 몸을 완전히 세울 수 있다는 것은 아니나, 유익한 자료들을 그룹의 정도에 맞게 잘 연구하여 적용시키는 것은 공동체로서 교회의 본질을 깨닫게 하고 교회의 목표에 자기 자신을 위임하며 공동체적 교회 안에서 하나가 되어 헌신하는 기회를 갖게 할 것이다.

3장 : 돌봄과 나눔의 공동체

공동체의 진정한 의미는 서로를 돌보며 삶을 나누는 데 있다고 할 것이다. 공동체로서의 교회가 세상을 향한 사랑의 돌봄과 나눔이 없이 그 스스로의 존립만을 위한다면 그것은 이미 '세상을 향한' 빛과 소금으로서의 교회의 본질을 상실하는 것과 다름이 없다. 초대 교회 성도들은 하나님과의 영적인 교제가 바탕이 되어 이웃과의 친밀한 코이노니아가 일어나기 시작했는데, 내용은 바로 서로를 돌보며 삶의 모든 것을 나눔에 있었음을 알 수 있다. 좀더 구체적으로는 그들 자신들의 재산과 소유를 팔아 각 사람의 필요에 따라 나누어주는 모습을 통해 드러났음을 보여준다.[220]

초대 교회 성도들은 나눔 공동체로서의 모범적 모습을 실현한 것이다. 이것이 바로 오늘의 우리 교회가 닮아가야 할 모습이다. 교회는 세상의 고통과 아픔에 동참해

---

220) 초대교회 신자들의 이러한 돌봄과 섬김의 삶은 사도행전의 여러 곳에서 찾아볼 수 있다. Cf. 사도행전 2 : 43-47 ; 4 : 32-35, 그리고 이러한 삶의 모습은 사도들의 초기 기독교적 가르침에 그대로 나타나고 있다 : 고후 8 : 1-2 ; 히브리서 10 : 24. 야고보서 2 : 13-17.

야 하며 가진 것을 나누어야 한다. '가난'과 '질병', '고통'과 '소외'가 내세울
만한 것이 되지 못하고, 때로 이러한 현상들은 하나님을 떠난 죄의 결과임을
부인할 수는 없다. 그러나 비록 죄의 결과라 할지라도 바로 이러한 현실에 처
한 사람들에게 하늘의 하나님께서 이 땅에 오셨던 것이 아닌가? 따라서 교회는
마땅히 세상의 소외된 자, 힘없는 자, 가난한 자, 기득권을 상실한 자들의 필요
를 채워주면서 고통 당하는 이웃과 더불어 신앙을 고백케하며 함께 살아가는
공동체가 되어야 하는 것이다.[221] 다행스러운 것은 기존의 교회 공동체가 사회
경제적으로, 그리고 정치적인 상황하에서 손쉽게 행하지 못했던 바 공동체로서
의 돌봄과 섬김을 교회 밖의 공동체(본서의 제3부와 4부에서 본 바대로)가 어
느 정도 행할 수 있었던 것은 그런대로 매우 다행스런 일이라 하겠다. 특별히,
비록 기독교적 공동체로서의 정체성(正體性)이나 고백적 요소에서 우려되는 모
습이 있기는 해도, 몇몇 공동체가 사회적으로 혼란을 겪고 있었던 70년대를 전
후로 하여 사회 속에 파고들어 경제적으로나 사회적으로 소외당한 사람들을 돌
보며 섬기는 모습을 수행하고 있음은 매우 의미있다고 하겠다.

　그러나 교회는 본질적으로 공동체적 이상을 향한 모습을 회복해 나가야 한
다. 그리고 '그리스도의 몸'으로서의 교회 공동체는 그리스도의 행하심을 그대
로 본받는 자세를 지녀야 한다. 예수 그리스도 자신의 공생애 3년 동안의 모습
에서 바로 그의 백성들을 "돌보며 섬긴 모습"에서 그 의미를 찾아볼 수 있겠다.

---

221) 이러한 모습이 성경적이며 교회가 꼭 해야 할 것임에도 불구하고 한국교회에서는 이러한 운동
이 잘못 인식되어 자유주의적 교회의 전유물인 것처럼 여겨지고 있다. 이러한 현상이 일어난 이유는 바
로 보수교단들이 자신들의 성장과 개인의 구원에만 너무 치우친 결과라 할 수 있는데, 이는 빨리 시정
되어서 교회가 사회에 빛과 소금의 맛을 다하며, 그리스도의 사랑과 복음을 전하기 위해서 꼭 필요한
것이라 할 수 있겠다.

예수께서 가르치고 전하고, 또한 치료하는 일에 모든 힘을 기울이신 것은 모두
가 섬김의 모습에서 이해되는 것이다. 그의 사역은 범죄로 말미암아 멸망에 처
하여 있던 하나님의 소중한 피조물인 인간을 구원하시기 위한 "섬김의 사역"이
라 할 수 있다.[222] 또한 사도행전에 나타난 베드로와 요한, 그리고 바울을 비롯
한 예수를 좇은 모든 제자들은 예수 그리스도의 삶을 재현하였다.[223] 사도행전
2장에 나타나는 초대교회 공동체의 모습은 섬김의 책임을 잘 실현한 모델이라
고 할 수 있다. 바울은 그가 증거한 예수 그리스도의 삶을 그대로 본받아 섬김
의 삶을 살았기에 바울 서신 전체에서 소외 그룹을 향한 관심과 대가족 공동체
로서의 섬김의 삶의 모습과 교훈을 찾아보게 된다. 또한 바울은 디모데전서 5
장 9절에서 구제하는 것과 나그네를 대접하는 섬김이 성도의 중요한 자격임을
가르쳤고, 고린도후서 8장 10-15절에서는 고린도 교회 성도들에게 궁핍한 교회
를 적극적으로 도와주어 평균케 함이 마땅한 일이라고 가르쳤다. 거기에 나타
난 마게도니아 교회 성도들의 구제에 대한 열정은 대단하였다. 그들은 환난의
많은 시련과, 극한 가난 가운데서도 성도들을 섬기는 일에 대하여 힘에 지나도
록 자원했으며, 이 결과 풍성한 연보가 넘치게 되었음을 보여준다.

**교회 밖의 공동체 운동들이 구제를 통한 돌봄과 섬김을 실천해 나가고 있는 것에 비해 한
국교회는 특히 '돌봄과 나눔의 공동체'로서의 사명에 있어서 보다 적극적이지 못한 약점을 갖
고 있다.** 물론 여기에 대하여는 교회의 책임 한계와 실제적인 방법론에서 견해
의 불일치가 있기 때문에 어떤 객관적 기준을 만든다는 것이 쉽지는 않겠으나,

---

222) 특히 요한 복음 10장은 그의 이러한 측면을 가장 잘 보여주고 있다.

223) Haskell M. Miller, <u>Compassion and Community,</u> (New York : Association Press, 1961)
27.

공동체로서의 한국교회는 그 재정구조에서 볼 때도 이웃 주민이나 어려운 성도들을 향한 돌봄과 나눔에 대한 실천이 너무나 빈약하다는 것을 알 수 있다. 교회의 대부분이 편중적이고 자기 중심적인 예산 편성을 함으로써 이웃의 아픔에 눈을 가리고 있다.[224] 따라서, 예를 들어 스나이더(Howard Snyder)는 "교회는 해마다 외국선교, 사회봉사, 전도를 위해서 자신의 재정 가운데 최소한 50%를 나누어 줄 수 있을 때까지 계속해서 재정을 지출하는 목표를 세워야 한다"고 주장한다.[225] 이러한 말은 이웃에 대한 구체적 섬김이 약한 한국교회를 향한 바람직한 제언이라고 할 것이다.

교회의 응집된 힘을 나누고자 하는 나눔의 실천은 한국교회의 미래상을 더욱 밝게 비추어 준다고 볼 수 있다. 예산 편성 외에도 나눔을 실천하는 방법은 너무나 많다. 가난한 이웃을 위한 식사제공, 바자회 개최, 불우이웃 기관과 계속적 관계를 맺어 봉사지원, 폐품수집을 통한 이웃돕기, 교회 건물을 이용한 도서관 운용, 또한 불우한 청소년을 위한 야학운동 등 다양한 접근 방법을 통해서 이웃의 아픔에 동참하는 일은 이웃을 향한 돌봄과 나눔을 통한 선교에 커다란 도움이 될 수

---

224) 교회현황을 연구한 보고서에 따르면, 한국교회의 순수한 이웃에 대한 나눔을 위한 봉사비로 책정한 예산은 전체 예산의 불과 2-3%에 불과하고, 대부분의 예산은 주로 교회 안에서 쓰여지고 있을 뿐이다. 사회봉사를 실시하겠다고 말하는 교회조차도 전체 한국교회의 23.2%에 지나지 않는다는 조사보고도 있다. 이것은 한국교회가 나눔에 대해서 그 중요성을 인식하지 못하고 있다는 증거이다. 그나마 하고 있는 나눔도 일시적이고 전시효과적인 경우가 많고, 교회의 여러 프로그램 가운데 하나로 구색을 갖추는 정도에 그치는 것이 대부분이다. 이에 대해서는 유경재, "하나님 나라와 사회봉사". <u>바른 목회와 교회의 사회봉사</u>, (예장바른목회 실천 협의회, 1992). 176-7를 보라.

225) Howard Snyder, <u>새포도주는 새부대에</u>, 87. 또한 Hoekendijk의 <u>흩어지는 교회</u>(이계준 역, 서울, 대한기독교서회, 1975) 96을 보라

있다. 그리고 이러한 나눔 외에도 크리스천들이 '간소한 삶'(Simple Life)의 운동을 전개하여 검소하고 절약하는 삶의 모범을 일으키는 일을 할 수도 있다.

미국의 도시 공동체 교회 대표적인 모델인 '구세주의 교회'를 두고 영국의 저명한 영적 지도자 마이클 하퍼(Michael Haper)목사는 다음과 같이 말하고 있다 :

"점점 풍요해 가는 오늘날 사회 속에서 아주 헌신적으로 좀 다른 그리스도인의 삶의 양식을 그리스도인들이 나타내 보이며 구현하는 것을 이 세상이 보게 되면 이 세상은 정색을 하고 교회를 주목하게 될 것이다."[226]

교회는 나눔을 통해서 공동체의 본질을 회복하되, 교회의 공동체성을 이루기 위한 소그룹 중심의 가족적 형태의 공동체적 운용을 세심한 계획으로 이루어 나가야 할 것이다. 그럼에도 불구하고 이러한 공동체적 모습을 외면한 채, 무모한 세력 확장만을 고집하거나 외형적 성장위주의 정책으로 인한 세속적인 모습에 만족한 채 진정한 성령의 공동체를 추구하지 않을 때는 하나님의 영광을 드러내지 못할 뿐이다.

---

226) Ibid., 216.

4장 : 봉사 공동체

교회는 세상을 향하여 섬기는 공동체가 되어야 한다. 교회는 교회 자신을 위한 교회가 아니라, 세상에 속하지 않았지만 "세상을 위한" 교회요, "세상을 향한" 교회가 되어야 한다. 독일의 신학자 본 회퍼(Bon Hoeffer)는 타인을 위해 존재하는 그리스도의 교회를 말하면서 성도의 교제는 섬김 곧 봉사를 목적으로 하고 있다고 했다.[227] 또한 이계준 교수는 "성숙하지 못한 물량 지향적 교회는 모든 종교적 행위가 자기 중심적인 것으로서 게토(Ghetto)화 될 수밖에 없는 반면에, 성숙한 교회는 그 신앙생활을 역사적 삶의 현장에서 증거하기 위하여 흩어져 나가는 것이다"라고 하였다.[228] 교회가 "흩어지는 교회"로서 다양한 사회봉사를 하는 것은 곧, 그리스도의 사랑을 역사적 삶의 현장에 증거하는 것이다.

교회가 세상 속에서 섬기는 공동체가 된다는 것은 교회의 본질을 회복할 뿐만 아니라 그리스도의 복음을 효과적으로 전할 수 있는 좋은 통로가 된다. 그러므로 교회는 지역사회

---

227) D. Bonhoeffer, 신도의 공동생활, 문인환 역, (서울 : 대한 기독교 서회, 1977), 11.
228) 이계준, "흩어지는 교회로서의 교회성숙" 기독교사상, 1981년 9월호, 45.

속에서 소외당하는 교회가 아니라, 지역사회의 아픔을 치유해주고, 필요를 채워줄 수 있는 역할을 감당해야 한다. 한국교회는 그리스도의 몸인 교회가 근본적으로 '세상의 빛과 소금'이라는 인식을 가지고 교회 사명의 의의를 되찾아야 할 것이다.[229]

이런 점에서 볼 때, 한국교회의 실태는 많은 반성이 요구된다. 예컨대, 1989년 6개 도시 795개 교회의 1,235명을 대상으로 한국교회의 사회봉사 사업실태를 조사한 한국자원봉사 능력개발연구회의 조사 결과에 의하면 개교회의 사회봉사사업을 지원하기 위한 지도나 교육훈련을 교단 차원에서 행하는 경우는 28.7%에 불과하고, 그 중에서도 71.3%가 소극적이었다. 교단의 교리나 사회신조 등에 사회봉사사업을 권장하는 내용의 지침은 교단의 2/3가 긍정적으로 답변은 하였다. 또한 교단이 신앙노선과 사회봉사사업의 위치에 대해서는 66.3%가 교단의 신앙노선이 전도사업에 치중되어 있는 것으로 나타났다.[230] 더 나아가 목회자들의 태도에 대한 보고서를 볼 때, 예장 사회봉사 총람에는 교회의 사회봉사에 대해 목회자가 어떤 태도를 갖고 있는가에 대한 설문(92년 : 농어촌을 포함한 전국 교회 대상)을 포함하고 있는데 총회 소속 2,008명의 목회자가 이에 응답하였다. 사회봉사가 교회의 본질적 사명인가에 대한 질문에 57.6%는 전적으로 동의한다고 하였고, 31.7%는 동의하는 편이라고 하였다. 즉, 약 90%에 가까운 목회자들이 사회봉사를 교회의 본질적인 사명으로서 인정하고 있기는 하지만, 그 중에서 약 2/3의 목회자는 분명한 확신을 갖고 있으

---

229) 성종현, "디아코니아와 교회", 기독공보, 1995년 7월 22일자.
230) 박종삼, "한국의 개신교와 사회복지", 한국 사회 복지학회 한국사회복지학, 제11호(1988), 145-6.

나 약 1/3의 응답자는 확신이 덜한 것으로 보인다. 어쨌든 절대 다수가 사회봉사를 교회의 본질적인 사명으로 인정하고 있다는 것은 좋은 모습이라고 하겠다.[231] 그럼에도 불구하고 교회의 실제에 있어서는 이를 뒷받침하고 있지 못하다는 분석은 교회들이 스스로 결단해야 할 중요한 대목이 된다.

또한 교인들의 태도에 대한 자료에서는 한국자원봉사 능력개발연구회에 의하면 각 교회에서 시행하고 있는, 또는 시행했던 사회봉사활동에 대한 교인들의 호응도는 아주 적극적인 경우는 3.2%, 비교적 적극적인 경우가 43.7%, 비교적 소극적인 경우가 47%, 무관심한 경우가 6.1%로 나타나 전체적으로는 다소 부정적인 평가로 치우치고 있음을 보여주고 있다. 또한 앞으로 개교회에서 교회 주변의 어려운 이웃들을 돕기 위한 활동을 하고자 할 경우 예상되는 교인들의 반응에 대한 설문 결과 사회봉사를 위한 모금 또는 헌금은 적극적일 것이라는 예측은 56.8%, 부정적인 예측은 43.2%였으며, 자원봉사자로 직접 참여하는 일에 있어서도 긍정이 58.9%, 부정이 41.1%였다. 이는 사회봉사활동에 교인들을 적극 참여시키는 문제가 용이하지 않음을 시사하고 있다.[232]

따라서 한국교회는 사회를 향한 교회 공동체의 기능이 어떠해야 하는지에 대한 분명한 성경적 입장을 밝히면서 이를 시행하는 적극적인 자세를 보여야 할 것이다.

마틴 호네커(Martin Honeker)교수는 기독교 공동체의 사회 윤리적 과제로서 전체 사회를

---

231) 김동배, "교회 사회봉사사업의 실태", 예장사회봉사 심포지움, (서울 : 총회사회부 자료집, 1993), 66.
232) 박종삼, 위의 글, 81-3.

위하여 책임을 수행하는 '사회봉사'를 말하고 있다.[233] 즉, 우리가 사회를 향한 봉사는 단순히 동정적이고 감상적이며 개인적인 박애에 의해서 사회를 돕는 자선사업을 극복해야 하며, 사회 복지 내지는 사회개발의 차원에서 사회봉사를 수행하는 것이어야 한다. 더 나아가서 사회 봉사의 궁극적인 목표는 하나님 나라의 확장과 하나님이 택하신 영혼을 구원하는 일에 목표를 두어야 할 것이다.[234] 교회는 사회봉사를 취해서 교회 지체들의 각기 다른 은사를 최대한으로 개발하여 세상을 섬기는 일에 참여시켜야 한다.[235] 이런 의미에서 볼 때, 한국 사회에 나타난 몇몇 공동체는 복음과 사회봉사를 적절히 연결시키는 매개체 노릇을 하고 있다는 평가를 받게 된다.

교회의 사회를 향한 봉사적 기능에 있어서 독일 교회의 예를 들자면, 독일 기독교회는 거교회적으로 하나의 사회봉사 및 국내 선교기관으로서 "독일 복음주의 교회의 사회봉사국(Das Diakonisches Werk der EKD)"이 조직되어 있

---

233) Martin Honeker, <u>사회윤리학 이론의 구상</u>, 남정우 역, (서울 : 대한 기독교 출판사, 1988), 64.
234) 김종렬, "섬기는 교회상의 회복과 정립". <u>기독교 사상</u>, 1989, 5월호, 62.
235) 한국의 초기 교회에도 이러한 모습이 있었다. 우리나라의 경우 지난 90년 초기 지역사회 복지관이 국가의 예산에 의하여 대대적으로 건립되기 이전까지는 우리나라 사회사업 기관의 90% 이상이 종교단체들 특히 기독교, 구교에 의하여 운영되었다. 현재 50여 개에 달하는 사회 사업학과, 사회복지학과들 중 절반 이상이 기독교회, 가톨릭교회(재단, 기관 단체)와 관계가 있다. 사회사업 전문교육자의 50% 이상이 기독교 신자들이다. 또한 우리나라 근대 사회 복지의 뿌리는 우리나라 초대 선교사들과 초대 교회들의 사회봉사, 사회선교 활동에서 찾아볼 수 있다. 조선말기에 열강의 침략과 일본의 제국주의 식민통치 등 매우 암울하였던 이 땅에서 기독교의 복음은 절망적인 민중의 아픔을 어루만져 주었고, 소망과 용기를 불러 일으켜 주었다. 기독교의 전파는 복음과 함께 근대교육, 근대 의료 사업, 근대 사회복지사업 등 새로운 형태의 사회봉사 활동을 종래의 계급, 남녀, 신분의 차별을 초월하여 전개하였다. 또한 2차대전의 종식에 뒤따른 민족의 대이동, 남북분단, 한국 동란과 그것에 뒤따른 민족의 참상 속에서 한국교회는 서구 여러 나라의 교회, 선교단체들과 함께 훌륭하게 사회에 '빛과 소금'의 역할을 감당하였다. 그러나 60년대 군사독재 정권의 출현과 급속한 경제발전 정책으로 인하여 사회복지 프로그램은 서서히 국가 재정적 책임을 담당하게 되었고, 교회는 서서히 사회봉사의 현장에서 물러나게 되었다.

다. 이 봉사국에서는 병원, 양로원, 재활원, 청소년과 성인, 부부와 가족을 위한 수양관, 모자원, 노동자를 위한 기숙사, 학생기숙사, 교사기숙사, 여행자들을 위한 요양원, 외국인들을 위한 봉사기관, 양자기관, 망명자들을 위한 봉사기관 등의 봉사기관들이 봉사활동을 하며, 가톨릭교회와 정부와 사회봉사기관들과 협력하여 독일 교회는 엄청난 규모의 사회봉사를 하고 있다. 특별히 이 사회 봉사국(社會 奉仕局)만의 특별기관으로서 "세계를 위한 빵(Brot füdie Welt)"이란 기관은 외국과 관계되어 있어서 천재지변이나, 가난과 질병 그리고 굶주리는 사람들 도우며 개발 프로그램에도 많은 재정적 지원을 하고 있다.

이런 모습을 살펴 볼 때, 한국교회의 한편으로는, 서구 유럽교회들이 복음의 본질에서 떠나는 탈복음적 현상을 경계하면서, 또 한편으로는 복음선포와 더불어 섬김과 나눔을 통한 사회봉사에 좀더 깊은 관심을 기울여서 섬기는 봉사 공동체로서의 본질을 회복해야 할 것이다. 그러나 중요한 것은 사회봉사 자체가 목적이 되는 것이 아니라, 복음전파와 그리스도의 사랑을 전하기 위해서 이와 같은 사회에 봉사공동체로서의 교회가 되어야 한다는 것이다. 한 걸음 더 나아가 한국사회에 있는 복음주의 교회들의 연합된 모습을 가지고 사회봉사 내지 사회의식개혁을 향한 협력을 해 나간다면 그 힘은 막대하리라 본다.

5장 : 공동체로서의 교회의 사회적 현실에 대한 참여

한국 교회가 공동체성을 회복하는 데에는 한국사회가 당면한 현실들에 대한 교회의 관심(Church's Concern for the Social Issues)이 필요하고, 이에 적극적으로 동참하는 일이 필요하다. 이 점에 있어서 특히 한국의 보수 교회들은 사회에 대한 교회의 책임성(Responsibility)과 하나님 나라(Kingdom of God)와의 관계에 대한 성경적 이해가 요구된다고 하겠다. 왜냐하면 사회를 향한 교회의 사명과 하나님의 나라는 밀접하게 연관되어 있기 때문이다. 일반적으로 한국의 보수성향의 교회들은 인간들의 삶에 지대한 영향을 끼치는 사회, 정치, 또는 경제적인 문제들에 대한 무관심 내지 방관적인 입장을 견지해 온 것이 사실이다. 따라서 급진적인 자유주의 교회들은 이러한 교회들에 대하여 냉소적인 입장을 취해왔으며, 그런 결과로 인하여 한국교회는 보수와 진보라는 양극화된 현상을 보여왔고, 따라서 교회들의 응집된 힘이 필요했던 중요한 시점에서 실패를 경험했던 것이다. 이것은 양 극단적인 진영에서 "하나님의 나라"에 대한 적절한 이해를 하지 못했던데서 연유된다고 볼 수 있다. 한편에서는 오직 말씀의 전파를 통한 교회의 확장만이 하나님 나라의 실현이라고 보았던 반면, 또 다른 한편에서는 사회운동(Social Movement)자체를 하나님 나라의 실현과 그 확장으로 보았

던 것이다.[236]

1970년대 전후로 하여 일어난 사회복음주의자들이나 민중신학자들은 한국 보수교회들이 오직 교회를 통한 복음전파만이 하나님 나라의 건설임을 주장한다고 비난하는 반면, 보수주의적 교회들은 인간 영혼의 거듭남을 통하지 않은 사람들의 모든 활동은 진정한 사회의 변화를 추구하지 못한다고 생각하여 사회복음주의자들을 외면하게 되었다. 물론 "하나님의 선교"(Missio Dei)를 내세우며 사회복음을 주장하는 사람들의 "하나님 나라"의 개념은 그 강조점이 오직 "지금, 오늘의 현실"속에서 "하나님의 나라를 추구"하고, 또한 하나님의 주권을 인위적인 인간적 수단으로 대체하는 등, 성경의 진리를 떠난 오류를 범하고 있는 것이 사실이다.

그러나 전통적인 일부 한국의 보수교회들은 오히려 "하나님의 나라"에 대한 지나친 미래적 강조와 그로 인해 장차 그리스도의 재림으로 이루어질 하나님의 나라를 강조한 나머지, 또 다른 면으로서 "오늘의 현실사회"에서 이룩해 내야 할 "하나님의 나라"의 현재성과 이를 위한 그리스도인들의 사회적, 책임적 결단의 모습들을 현저하게 약화시켰던 것이 사실로 나타나고 있다.[237] 따라서 오늘의 보수주의적 한국교회는 복음을 통한 영혼의 구원과 더불어 현실사회에 대한 보다 적극적인 이해와 복음안에서의 참여를 통한 사회변화를 추구해야 할 것이다. 바로 이것이 삶의 모든 영역에서 "그리스도의 주권"(Lordship of Christ)을 강조하는 칼빈주의적 신학의 태도요, 개혁교회의 바른 자세라 할 수 있다.

---

236) 이러한 점들에 대한 논쟁은 1970년대를 전후로 한 사회복음(Social Gospel)주의자들의 급진적 경향과 보수주의자들(Conservertists)간의 논쟁에서 첨예화되었다.

전통적 보수주의를 내세우는 한국교회는 근대화 과정에서 한국사회가 안고 있었던 많은 질병들, 예컨대 독재정권의 부당한 인권탄압행위, 사회적 부의 불공정한 분배로 인한 사회적 갈등, 사회 정의의 실추로 인한 윤리 도덕의 타락 등의 사회적 문제들에 대하여 적절한 비판을 해오지 못했던 것이 사실이다.[238] 물론, 정치 참여나 사회적 활동 그 자체가 복음전파의 행위가 될 수는 없다. 그러나 교회가 하나님의 영광을 위한 공동체로서 기능을 다하기 위해서는 교회가 속한 사회를 향하여 적극적인 관심과 참여(Participation)의 자세가 요구되고, 이때 필요한 것은 그 참여의 정신 속에서 섬김과 나눔을 실천해 나가는 자세이다. 왜냐하면, "섬김"과 "나눔"의 자세로써 사회를 향한 교회의 관심과 참여는 하나님의 나라를 확장하기 위한 수단(Means)이 되는 것이요, 하나님께서 주신 삶의 모든 수단으로 하나님의 나라

---

237) cf. 민경배, <u>한국 교회사</u>, (기독교서회), 312. 한국의 전통적 보수교회들이 사회에 대하여 영향을 발휘하지 못하고 오히려 침묵하거나, 이러한 사회적 문제들에 대하여 교회들이 함께 단합하지 못하는 경향들에 대한 이유는 여러 가지가 있을 것이다. 그 한 가지 이유는 이미 한국 사회 속에 있었던 "불건전한 신비주의"를 들 수 있을 것이다. 이것은 이미 일제시대를 거쳐오면서, 교회가 사회 정치적 문제들에 대하여 침묵을 하도록 강요를 당한 것에서 연유한다고 볼 수 있다. 이러한 모습은 신비적 그리스도의 죽음과 부활, 그리고 이에 동참하는 신비적 신앙을 강조한 이용도 목사를 중심으로 한 초월적 세계를 갈망하는 결과적 흐름을 낳았다고 볼 수 있다. 또 한 가지 이유는 서구의 선교사들이 한국땅에 선교를 하면서 1893년에 채택한 선교 정책으로서의 '네비우스 방법'을 들 수 있겠다. 장로교 선교사로서 당시 중국에서 선교를 한 네비우스(Nevius)의 선교정책으로, 하류층의 사람들을 대상으로 한 영혼의 회심(conversion)과 성경 번역을 통한 교육 사업을 강조하면서, 이를 위해 세 가지의 방법, 즉 "개교회의 자립"(self-supporting), "개교회 스스로의 정책"(self-governing), 그리고 "개교회 스스로의 전도"(self-propogandizing)정책을 펴냈던 것이다. 당시의 모습으로서는 당연했던 이러한 개교회들의 독립적 형태의 모습은 오늘날과 같이 다양해진 사회 속에서 공동체로서의 교회들이 연합하여 사회적 문제들에 대한 공동적 대응을 해야 할 시점에서 적절한 대응을 갖지 못한 채, 전통적 사고에 머물도록 하는 계기가 되었을 것이다.

238) 예컨대, 1960년대와 1970년대를 중심으로 일어나 이승만 정권과 박정희 정권 사이에 있었던 정치적 사회적 문제점들, 그리고 그 와중에서 한국사회가 겪었어야 했던 고통들에 대한 교회들의 관심과 대응은 너무나도 미미했다는 점을 지적할 수 있다.

를 위해 봉사를 한다는 것은 바로 교회의 의무이자 특권이기 때문이다.

한국교회는 선교적 관점(Mission Perspective)을 위한 사회참여와 이에 대한 봉사적 자세가 요구된다. 이것은 한국의 보수교회들이 결여하고 있는 사회적 관심을 통한 오늘의 하나님 나라를 확장하는 계기가 될 것이다. 하나님께서는 교회를 부르시고, 그 교회를 통하여 오늘의 사회 속에서, 때로는 선언적이며, 때로는 구체적인 참여를 통한 하나님 나라를 이루시기를 원하신다. 이것은 칼빈(Calvin)이 말한 바대로, "하늘에서 비가 떨어져 내리는" 것처럼 저절로 되어지는 것이 아니라, 하나님의 백성들의 적극적인 관심과 헌신의 행위 (Participation and Devotional Life through the Hand of God's people) 를 통하여 이루어지게 되는 것이다.[239]

공동체로서 하나님의 교회는 하나님의 주권을 믿고 복음을 증거하는 자세를 가지고 사회 안에서 일어나는 여러 모든 문제들과의 관계성을 만들어가면서(in Creating Relationship with the Issue in Society) 하나님의 뜻을 이루어내는 종말론적인 공동체임을 드러내야 한다. 교회들이 사회가 당면한 문제들에 대하여 복음의 정신 안에서 참여하고 이에 대응한다는 것이 선교적 정신 (Evangelistic Spirit)을 상실케 하는 것은 결코 아니다. 오히려 교회는 복음의 정신으로 인간이 살아가는 삶의 모든 영역에서 포괄적인 하나님의 구원 역사를 이루어 내는 일에 앞장을 서야 할 것이다. 그러므로 하나님의 뜻이 마땅히 드러나야 할 사회의 모든 영역과 일들 속에서 책임의식을 갖고 공동체로서 교회의 역할을 감당하지 않으면 안된다. 결국, 신학이 "삶의 모든 영역에서 '하나님

---

239) John Calvin, <u>The Epistle of Paul the Apostle to the Romans</u>, (Grand Rapids : Wm Eerdmans Publ. Co, 1980), 231.

공동체로서 교회의 임무도 하나님께서
주신 말씀을 삶의 모든 영역에서 적절히
이루어 지도록 하는 것이다.

의 말씀'을 적절히 '적용'하는 것"이라고 한다면, 공동체로서 교회의 임무도 하나님께서 주신 말씀을 삶의 모든 영역에서 적절히 이루어지도록 구체적으로 관심을 갖고 참여하는 데에 그 역할이 있다고 하겠다.[240]

역사적으로 볼 때, 한국의 보수적 기독교가 사회적 현실에 적절한 대응을 하지 못하는 이유는 최초의 선교사들의 복음주의적 경향(Evangelical Tendency)에 있다고 할 것이다. 한국 땅에 최초로 발을 디딘 외국의 선교사는 아펜젤러(Henry G. Appenzeller)와 언더우드(Horace G. Underwood)였다.[241] 물론 이들은 한국 사회의 변혁에도 관심을 갖기는 했으나, 그들의 주된 강조는 회심을 통한 개인의 구원에 있었다. 이러한 사실은 그들이 선교사로 헌신하게 된 계기들이 19세기 미국에서 일어난

---

240) "신학"에 대한 이러한 정의와 교회의 역할에 대한 적용에 대해서는 John Frame, <u>Doctrine of the Knowledge of the God</u>, (Wm Eerdmans Publ. Co, 1989), 제1장을 참조하라.

부흥운동의 영향을 받은 사람들이라는 점에서 분명해진다. 따라서 그들은 사회적 변혁을 통한 사회윤리나 사회 구원에 관심을 두기보다는 개인의 회심을 통한 구원의 문제에 더 큰 관심과 강조점을 두었던 것이요,[242] 그러한 측면은 복음과 전혀 다른 상황에서 살아갔던 당시의 한국인들에게는 매우 적절한 열매를 만들어 냈다고 평할 수 있다. 더구나 그들은 당시의 사회적 또는 정치적 문제들에 대한 교회의 대응보다는 그 당시 고난당하며 절망에 빠진 사람들에게 구원의 메시지를 통하여 새로운 영혼의 회심을 불러일으켰던 것이다. 그러나 복음의 편만함에 이르른 오늘의 한국교회의 강조점은 이와 함께 좀더 다른 차원의 것에 보다 적극적인 관심을 불러 일으킬 필요가 있다.

물론, 최초의 한국 기독교가 사회나 국가적 문제에 무관심한 것만은 아니었다. 적지 않은 그리스도인들은 외국의 정치적 압력이나 경제적 착취에 대항하여 저항운동을 일으키기도 하였으며, 특히 일본의 침략주의와 폭정에 저항하는 면들이 있기도 하였고,[243] 심지어 상동 감리교회를 중심으로 한 감리교 교회 청년들의 무장군인 형태의 군사훈련으로 일본의 통치에 대한 저항이 있기도 했으

---

241) 아펠젤러는 감리교 계통인 "the Methodist Epicopal Church in America" 출신으로 Derw Theological Seminary를 졸업하였고, 언더우드는 "The Dutch Reformed Church in America" 출신으로 New Brunswick Theological Seminary를 졸업하였으며, 이 두 사람은 모두 1885년 부활절 아침에 한국에 들어왔다. cf. 민경배, 『한국 교회사』(서울 : 대한 기독교서회), 126-127. 물론 이보다 앞선 1884년 알렌(Horace Allen)은 의료 선교를 목적으로 한국땅에 도착했다. 특이한 것은, 이들 모두가 "개인의 회심이나 부흥"(revivalism)을 강조하는 경건주의적, 복음주의적 열정(pietistic, evangelistic enthusiasm)에 사로잡힌 사람들이었다는 것이다. 민경배, 한국 교회사와 K. S. Aatourette. A History of the Expansion of Christianity , Vol. IV, (New York : Harper & Brithers), 336f

242) 당시의 장로교 선교사로 들어왔던 언더우드 역시 개인의 회심과 부흥을 중심으로한 면을 강조했기에, 그는 때때로 "장로교 선교회의 감리교 설교자"(the Methodist preacher of the Presbyterian mission) 라고 불리우기 까지 했다. Cf. 민경배, 한국 교회사, 165.

며, 더 나아가 상동 감리교회에서의 일본의 불법적인 무력을 알리고자 헤이그(Hague)에 밀사를 파견하는 문제를 논의하는 등의 일들이 있기도 하였으나,[244] 최초의 선교사들의 영향으로 당시의 기독교인들은 주로 복음 전도를 향한 관점에서 교회와 사회의 이분적(二分的)인 자세를 타의(他意)에 의해서 견지하도록 요청받았고, 더구나 정치적인 문제들에 대해서는 중립적인 태도를 취하지 않으면 안되었던 상황에 이르게 된 것이다.[245]

초기 당시에 있었던 이러한 경향들은 그 나름대로의 의미들이 있었다고 할 수 있다. 개인의 회심을 강조하는 복음주의(Evangelicalism)를 통하여 기독교와 무관하였던 그 당시의 사람들에게 각종 의료 및 교육적 측면을 통하여 국민을 깨우치고[246] 그들로 하여금 미래의 희망 속에서 살아가도록 복음을 심어준 것은 그 당시의 한국사회가 당면했던 고통들을 이겨나가도록 하는데 있어서 커다란 힘이 되었던 것이다. 물론 일제 시대를 중심으로 강화되는 일제의 탄압이라는 국가의 비운(悲運) 속에서 지나친 개인주의 신앙과 불건전한 신비주의 운동들이 생겨난 것은 불행한 일이었다. 그럼에도 불구하고, 또 다른 측면에서는 정치나 사회의 현실에 참여코자 함으로 당시의 한국사회가 필요로 했던 평등사상이나 사회적 역량을 모은 일들, 그리고 무엇보다도 착취당하는 국가적 현실에

---

243) cf, 백락준, <u>한국 장로교 선교사</u>, (The History of Protestant Missions in Korea 1832-1910), K. S. Latourette, Christianity in a Revolutionary Age, Vol. Ⅳ. (London : Eyre & spottiswoode, 1961), 449

244) Cf. 백락준, <u>한국 개신교사</u>, 96ff.

245) 주재용에 따르면, 당시의 한국 기독교인들은 사회나 국가의 기존 질서에 순응하도록 다음의 성경구절들을 읽도록 요구받았다고 한다. : 롬 13 : 1-7 ; 딤전 2 : 2-2 ; 벧전 2 : 13-17 ; 요한 18 : 36절 등등 Cf. 주 재용, <u>민중신학</u>, 76-77.

246) 초기의 한국 기독교가 한국 사회에 끼친 영향은 실로 대단하다. 이에 대해서는 백락준의 <u>한국 개신교사</u>나 민경배의 <u>한국 교회사</u> 등이 잘 보여주고 있다.

신앙의 힘을 통하여 국가를 구출하고자 했던 일들은 기독교가 사회적 문제들에 대한 적극적 참여와 대응의 자세로서 요구되기도 했던 것이다. 비록 사회와 국가를 향한 이러한 두 경향이 한국의 기독교 사회를 양분하는 흐름이 되어버리고 말았으나, 그러한 자세는 궁극적으로 한국사회를 향한 기독교 신앙의 적극적 참여가 어떠한 형태로 이루어져야 할 것인가에 대한 오늘의 교훈으로 이어져야 함을 생각할 때, 오늘의 한국 기독교를 향한 교훈은 크리라고 확신한다.

그러나 불행한 것은 이러한 초기의 한국 기독교가 사회와 국가를 향한 헌신적 측면이 있었음을 비교해 볼 때, 오늘의 당면한 현실들에 대한 공동체로서의 기독교회의 대응은 매우 미약함을 알 수 있으며, 이러한 현실은 오늘의 기독교를 위기에 몰아넣고 있다고 할 수 있는 것이다. 그것은 여전히 한국의 기독교가 사회와 국가적 현실에 대한 두 가지 흐름을 지니고 있는데 있어서, 교회의 "공동체성"을 강조하면서 사회나 국가의 현실들에 대하여 비판적으로 대처하는 모습은 주로 자유주의 신학을 중심으로 한 민중 신학자들에 의해 주도된다는 점이다. 이들은 개개인의 의식을 일깨움으로(Conscious-raising) "하나님의 선교"(Missio Dei)를 주축으로 하여, 사회주변에서 살아가는 가난한 자나 억압을 받는 자 등을 위한 교회의 역할을 강조하고, 기독교 복음이 사회의 공동체를 위한 각종 운동을 전개해 왔다는 사실에서 나타난다. 반면에, 복음주의 계열인 보수주의 교회들은 교회와 정치를 구분하면서, 주로 개인의 내면적인 회심과 성결을 중시함으로, 개인의 복음화를 통한 교회 성장에 교회의 모든 힘을 모은다는 사실이다. 오늘의 한국 교회를 살펴볼 때, 교회의 대(對)사회활동을 통하여 인간사회의 평등화를 주장하고자 하는 면이 주로 자유주의 신학에 근거한 교회들의 입장인 반면, 오직 교회 성장을 통한 하나님의 나라 확장이라는 목표를 향하는 교회들은 주로 보수주의 신학에 근거한 교회들의 현실이다.

따라서 한국 보수주의 교회의 과제는 성경적 교훈을 바탕으로 한 바른 개혁주의 사상에 근거하여, 공동체로서의 교회관을 정립하고, 이를 오늘의 한국교회 현실에 뿌리를 내리게 하며, 이를 통해 오늘날 사라져 가는 공동체성을 신자들의 삶 속에서 살아나게 하여 하나님 나라를 확장하는 데 있다고 할 것이다.

이것을 위해 가장 근본적인 것은 "언약 공동체로서의 교회"(Church as the Covenant Community)에 대한 이해이다.[247] 신·구약에 걸쳐 흐르는 바, 하나님과의 언약에 기초한 이스라엘 백성에 대한 이해(구약에서)와, 그리고 이를 복음 안에서 이루고자 하는 교회에 대한 이해(신약에서)는 오늘날 그리스도의 복음(Gospel of Christ)을 기초로 하는 공동체로서의 교회를 이해하는 데 있어서 매우 핵심적인 요소가 된다.

---

247) 구약에 나타난 공동체로서의 "하나님의 백성"에 대한 이해나 신약에 나타난 교회에 대한 "언약 공동체적 이해"에 대해서는 이미 본서 2부에서 밝힌 바 있다.

맺는말

　본서는 지금까지 교회의 공동체성을 이루기 위한 과제가 무엇이어야만 하는가를 한국교회가 처한 상황에서 조명해 보았다. 이 문제를 다룸에 있어서의 의미는 무엇보다도 교회가 스스로 지닌 속성으로서의 공동체성을 밝히고자 함에 있을 뿐만 아니라 한국의 현대사회가 지니고 있는 과제를 향한 대안으로서 교회의 역할을 강조함에 있기도 하다. 또한 서구의 영향을 받음으로써 근대화의 과정을 겪고 있는 한국 사회와 교회 속에 지나치게 개별화 되어가는 삶의 모습과 조직의 비대함 속에서 상실 되어가는 공동체성의 회복을 통한 교회의 내적 성숙을 도모하고자 하는데 그 의미를 두고자 한 것이다.

　이미 본서의 모두에서도 지적한 대로, 한국사회는 커다란 질병들을 앓고 있다 :

그 많은 질병들 가운데에는 한국사회가 가치관의 공유를 상실한 채 공동체성을 잃어가고 있다는 것이다. 공동체성(共同體性)의 상실은 사회가 골고루 나누어야 할 모든 종류의 유산을 의미없게 만들 뿐이요, 사회의 내일을 위태롭게 할 뿐이다. 그러나 복음(福音)이 주는 놀라운 열매가 있는데, 그 열매는 복음이 제시하는 바 교회 공동체를 통한 하나됨과 나눔, 그리고 섬김의 모습을 통한 하나님의 나라의 확장이다. 따라서 교회의 공동체성의 회복을 통한 교회의 바른 모습을 이루어 내고, 이를 기반으로 하여 한국사회에 공동체적 삶의 영향을 끼쳐야 한다는 것은 한국교회에 주어진 귀중한 사명이 된다. 공동체적 의미를 지닌 교회가 이루어지지 않을 때, 그리고 이를 통한 내적 성숙이 지향되지 않는 목회 형태는 내일의 한국 교회를 어둡게 할 뿐이다. 물론 공동체성을 통한 교회의 일치성 회복은 단순한 조직이나 형태의 문제가 아니라 보다 근본적인 신앙고백(信仰告白)의 터 위에 실천적 삶으로서의 나눔(Sharing)과 섬김(Serving)이라는 열매와 함께 이루어져야함은 당연하다.

한국교회, 특별히 한국 장로교회의 역사를 뒤돌아 보건대, 거기에는 너무나도 많은 분열의 아픔이 있었음은 익히 알려진 사실이다. 한편에서는 '교리상의 순수성'과 '도덕적 순결'을 주장한다는 입장에 있고, 또 다른 입장에서는 '조직의 통일'과 '연합'을 강조한다. 물론 두 편 모두 하나님의 나라의 확장이라는 공동의 사명이 있다고 강조하는 것은 사실이다. 이 가운데에서 필자가 강조하는 바는, 공동체로서의 교회는 그 어떤 정치적인 조직 보다도 교리상의 순수성이 앞서야 된다는 점이다. 루터와 칼빈 전통의 개혁운동은 결코 분열을 조장한 것이 아니라 교회 교리의 순수성과 도덕적 순결을 강조하면서, 교회를 교회답게 한 운동의 흐름이었다.

그러나 한국 보수교회의 교리적 순수성과 도덕적 순결성을 지키려는 의도는 지나친 분열(分裂)을 그 부산물로 내놓게 되었다. 신앙의 고백적(告白的) 요소를 지키어 나가려는 의도는 그 나름대로 잘 형성시켜왔으나 "저희가 하나가 되게 하옵소서"(요 17장)라는 예수님의 기도에 대해서는 그 아름다운 열매를 만들어 내지 못한 채 복음주의 안에서조차 계속된 분열로 인해 '하나됨'의 공동체성을 상실하게 되었다. 한편이 유형 교회들의 정치적인 형태로서의 연합을 강조하는 우(遇)를 범한다면, 다른 한편은 "저희가 다 하나가 되어 우리 안에 있게 하사"(요 17 : 21)라는 그리스도의 뜻과 "너희가 일심(一心)으로 서서 한

뜻으로 복음의 신앙을 위하여 협력하라"(빌 1 : 27), 그리고 "… 너희를 권하노니 다 같은 말을 하고 너희 가운데 분쟁이 없이 같은 마음과 같은 뜻으로 온전히 합하라"(고전 1 : 10), 또한 "마음을 같이하여… 뜻을 합하며 한 마음을"(벧전 3 : 8) 품으라는 사도들의 교훈을 준행하지 못하는 또 다른 우(遇)를 범하고 있다는 말이다. 그리고 이러한 양분(兩分)된 현실은 오늘의 한국사회를 치유하기는커녕 한국사회나 교회의 내일을 어둡게 할 뿐이다.

이에 따라서 필자는 공동체로서의 교회를 정의(定意)하면서, 교회에 대한 공동체적 정의를 신구약을 통한 하나님의 백성들, 또는 그리스도에게 속한 사람들의 개념에서 찾고자 시도했다. 이것은 본서의 제2부에서 밝힌 바대로 "에클레시아"라는 보편적 개념이 "그리스도의 몸"으로서의 유기적이며 보편적 개념을 통하여 "성도들의 하나됨" 속에서 가능한 것임을 밝히고자 했다. 이것은 또한 교회에 대한 "언약 공동체"로서의 이해와도 매우 중요한 관련을 갖는다. 하나님께서 자신의 공동체인 이스라엘 백성과 언약관계를 통한 "코이노니아"를 회복하는 것은 오늘날의 한국교회가 언약에 대한 바른 이해를 통한 성도간의 유기체적 관련성이 하나님과의 관계에서 뿐만 아니라 성도들간의 공동체적 친교의 기본을 이룬다는 중요한 교훈을 우리에게 주고 있다.

이런 의미에서 제3부와 제4부에서 살펴 본대로, 한국사회에서 그리스도의 이름으로 생겨난 공동체의 형태를 관찰하는 것은 앞으로 한국 교회 안에서 있어야 될 공동체성의 회복을 위한 좋은 연구가 되었으리라 생각된다. 우리는 본서 제3부와 제4부에서 본 것을 참고로 하여, 공동체적 형태의 흐름을 통하여 교회와 신자들의 삶에서 마땅히 이루어져야 하는 공동체적 친밀성을 추구해야만 할 것이다. 이에 대해서는 제5부에서 밝힌 대로 공동체성의 회복이 예배에 참여하여 함께 나누는 모습에서 뿐만 아니라 성찬의 바른 의미를 통하여, 그리고 대형화 되어가는 오늘날의 추세 속에서 교회 안의 작은 그룹(Small Group)

의 활성화를 통한 양육과 사귐, 그리고 함께 나눔의 모습을 통하여 진정한 공동체로서의 교회를 확립해 나가야 할 것이다.

이제 본 저자는 21세기 한국 사회의 공동체성의 지속적인 회복을 바라며 지금까지의 내용을 요약하는 가운데, 다음의 몇 가지를 제안함으로써 결론을 내리고자 한다.

첫째는 복음 안에서의 일치성(Unity in the Gospel)를 향한 공동체적 기능이다. 복음 안에서의 일치는 그리스도 안에서의 진정한 복음이 추구해야 할 보편성(普遍性)으로서의 진리관에 기초한 교회관을 이루어내야 한다는 것이다. 오늘날 한국교회의 가슴아픈 현실은 심지어 복음의 일치를 이루고 있는 모습 속에서도 계속되는 크고 작은 분열이 있었던 부끄러운 모습에 있다. 무엇보다도, 한국 기독교 보수교단들의 모습에 있어서, 그들은 신학적 입장의 일치에도 불구하고 계속되는 분열을 거듭하고 있음은 한국 사회를 향한 '일치를 통한 화해'(Reconciliation through Unity)를 추구해야 할 교회의 본래의 사명을 저버린 셈이 된다. 한국교회는 복음의 일치 안에서 그리스도를 중심으로 한 보편성을 추구함으로 먼저, 교회들간의 공동체로서의 사명을 이루어내지 않으면 안된다.

교회의 일치를 향한 노력은 교회의 연합운동(Ecumenical Movement)과는 구별되어야 한다. 그 이유는 성경 중심의 교리상의 합의(合意)가 없을 때 조직상의 연합은 그 의미를 상실하기 때문이다. 교리상의 연합이 없는 조직상의 연합이나 정치적 의도의 연합이란 삼위일체적 본질에 근거한 연합이 될 수 없는 고로 마땅히 배격되어야 한다. 왜냐하면 그리스도께서 행하신 "하나됨"의 기도는 성부와 성자가 하나인 것처럼 신자들이 하나가 되게 해달라는 기도였기 때문이다.

그러나 한국 보수교회들의 현실은 또한 다르다. 동일한 신앙고백을 행하면서도 교회들의 현실은 분열과 파당의 나누임으로 병들어 있음을 지적하지 않을 수 없다. 개교회들은 왕성한 성장을 드러내 보이는 듯하나 분열된 사회를 향한 치유의 능력을 상실하고 있다. 그런고로 한국 교회는 교회의 보편성(普遍性)을 강조해야 할 필요가 있다. 세례와 성찬을 통한 그리스도 안에서의 "하나됨"의 의미를 강조함으로써 교회는 "함께 부르심을 받은" 사람들의 공동체임을 분명히 해야 할 것이다. 더 나아가 그리스도께서 죄인된 우리들과 하나님과의 사이에 중보자가 되신 것처럼 교회는 공동체적 삶의 구현(具現)을 통하여 세상을 하나님과 화해시키는 역할을 감당해야 할 것이다.

둘째는 교회 공동체 안에서 이루어져야 할 형제적 사랑으로서의 친밀감(Intimacy of Brotherly Love)을 회복해 내는 일이다. 물질 중심의 자본주의로 말미암아 외형적으로 비대해진 한국사회가 동일한 가치관에 기초한 삶을 떠나 이웃간의 공동체성을 상실당하고 있다. 따라서 한국 교회는 목자와 양들간의 관계에서, 그리고 양들과 양들간의 관계(이웃관계)를 통한 공동체적 자세를 회복함으로써 오늘날 교회 안에 만연되다시피한 개교회 지상주의나 개인 중심의 이기성(利己性)을 탈피하고 형제적 친밀감을 드러내야 할 의무요, 또한 권리로서 회복해야 한다. 이것이야말로 초대교회의 원형을 좇는 교회 공동체의 과제라 아니할 수 없을 것이다.

신앙고백의 진정한 의미는 공동체로서의 교회들간의 연합과 그 연합으로 인한 일치성과 그 안에서의 선행(善行)으로 드러나야 한다. 그것은 형제적 친밀감에 기초한 삶의 실제로서 드러나야 할 것이다. 그것은 일치를 "위한" 일치가 아니라 '형제적 하나됨'이라는 신앙(信仰)안에서의 관점과 '하나님의 나라'를 확장한다는 선교적 지향(Mission Orientation)을 위한 것이어야 한다. 한국교회는 오늘날 남과 북으로, 그리고 지역적 갈등으로 분열되어 있는 한국사회를 향한 질병치유의 대안으로서 교회의 공동체성을 기초로 한 형제적 친밀감을 요구당하고 있다. 교회가 복음 안에서의 형제적 친밀감을 기초로 하여 사회를 향한 빛과 소금으로서 그 역할을 감당해야만 한다.

마지막으로는, 성령 안에서 역사하는 믿음(Working Faith)으로 나타나는 바, 교회 공동체로서의 구체적인 모습, 즉 '나눔과 돌봄을 통한 섬김'(Stewardship of Sharing & Caring)을 드러내는 일이다. 한국교회는 무엇보다도 성도들에게 예배의 중요성을 매우 강조하는 좋은 장점을 지니면서 성장해 왔다. 그러나 진정한 예배 공동체 속에서의 '진정한 예배'는 그리스도 안에서 자신의 몸을 "산 제물"(Living Sacrifice)로 드리되, 하나님께서 그리스도를 주심같이 자신을 내어놓은 "섬김의 자세"를 수반하지 않으면 안된다.[248] 이런 요소들이 성숙하고 조화로운 모습으로 이루어질 때, 한국교회는 한국사회를 향한 제사장적이며,[249] 화해적 기능[250] 으로서의 아름다운 모습을 드러내리라고 확신한다.

믿음은 선행의 원인이요, 선행은 믿음의 결과이다. 물론 칭의의 유일한 근거는 그리스도의 공로이지만, 참된 믿음이란 이웃과 사회를 향한 기독교적 공동체의 생활화(生活化)를 통하여 이루어질 수 있음을 강조해야 한다. 또한 기독교적 공동체의 생활화는 나눔과 돌봄이라는 선행을 그 열매로 맺어야 한다.

한국 교회는 "오직 믿음으로 구원!"이라는 개혁주의 신학의 바른 유산을 지니고 있다. 그러나 그 바른 신학의 유산은 신자들의 이웃을 위한 '바른 생활'의 실천을 공동체적 삶이라는 면에서 강조하지 못하는 약점을 또한 지니고 있다. 중생(重生)과 칭의(稱義)가 신자의 삶 속에서 필연적으로 성화(聖化)의 열매를 맺는다는 사실에 대해서는 이를 강조하지 않는 우(遇)를 범하고 있는 것이다. 한국 교회

---

248) 공동체로서의 한국 교회는 특히 교회 안에서 뿐만 아니라 사회를 향해서 그리스도의 섬김의 자세를 회복해야 한다. Cf. 요한복음 13 : 14-15, 로마서 12 : 1, 엡 1 : 2. 등
249) Cf. 벧전 2 : 9.
250) Cf. 벧전 2 : 16-20, 갈 5 : 13, 고후 5 : 18-19.

는 선행에 대한 신학적 근거를 분명히 해야 할 필요가 있으며, 신앙과 생활의 조화를 통한 공동체로서의 교회의 바른 모습을 만들어 나가야 할 것이다.

그리고 이것은 제2부에서 밝힌 바대로의 '공동체로서의 교회'에 대한 바른 이해 안에서, 그리고 보다 더 구체적인 모습으로서는 공동체적 나눔과 돌봄을 통한 섬김이라는 적극적인 삶의 실현을 통하여 이루어 낼 수 있는 것이다.

참 고 문 헌

「영 서」

Anderson, Ray S., and Dennis B. Guernsey. On Being Family : A Social Theology of the Family. Grand Rapids, Mich. : Eerdmanns, 1985.

Banks, Robert. Paul's Idea of Community : The Early House Churches in Their Historical Setting. grands Rapids, Mich. : Eerdmans, 1988.

Banks, Robert and Julia. The Home Church : Regrounding the People of God for Community and Mission. Sidney, Australia : Albatross Books, 1986.

Barrett, C. K., ed. The New Testament Background : Selected Documents. Rev. and Exp. ed. San Francisco : Harper & Row, 1989.

Barrett, C. K. Church, Ministry and Sacraments in the New Testament. Exeter, Paternoster, 1985.

Benko, S., and J. J. O'Rourke, eds. Early Church History : The Roman Empire as the Setting of Primitive Christianity. LOndon : Olophants, 1971.

Best, E. One Body in Christ. London : SPCK : 1955.

Bonhoeffer, Dietrich. Life Together. San Francisco : Harper & Row, 1954.

Bonhoeffer, Dietrich. The Communication of the Saints : A Dogmatic Inquiry into the Sociology of the Church. New York : Harper & Row, 1963.

Branick, V. The House Church in the Writings of Paul. Wilmington, Del. : Michael Glazier, 1989.

Bridges, Jerry. True Fellowship : The Biblical Practice of Koinonia. Colorado Springs : NavPress, 1985.

Campbell, J. Y. "The Origin and Meaning of the Christian Use of the Word 'EKKLESIA'" in Three New Testament Studies, 41-54. Brill : Leiden, 1965.

Cullmann, O., and F. Leehardt. Essays on the Lord's Supper. London : Lutterworth, 1958.

Dix, G. Jew and Greek : A Study in the Primitive Church. New York : Harper, 1953.

Doohan, H. Leadership in Paul. Wilmington, Del. : Michael Glazier, 1894.

Dunn, J. D. G. Jesus and the Spirit. Philadelphia : Westminster, 1975.

Evans, Louis H. Jr. Covenant to Care. Wheaton, Ill. : Victor Books, 1977.

Furnish, V. P. Theology and Ethics in Paul. Nashville and New York : Abingdon, 1968.
Furnish, V. P. The Love-Command in the New Testament. Nashville and New York : Abingdon, 1972.

Gaede, S. D. Belong : Our Need for Community in Church and Family. Grand Rapids, Mich. : Zondervan, 1985.
Gager, J. G. Kingdom and Community : The Social World of Early Christianity. Englewood Cliffs, N. J. : Printice-Hall, 1975.
Gartner, B. Temple and Community in and the New Testament. New York : Cambridge Univ. Press, 1965.
Giles, K. Patterns of Ministry among the First Christians. San Francisco : Harper & Row, 1991.
Gorman, Julie A. Community That Is Christian : A Handbook On Small Group. Wheaton,
Illinois : Victor Books, 1973.

Hauerwas, Stanley. A Community of Character : Toward a Constructive Christian Social Ethic. Notre Dame, Ind. : Univ. of Notre Dame Press, 1981.

Icenogle, Gareth Weldon. Biblical Foundations For Small Group Ministry : An Integration Approach. Downers Grove : InterVarsity Press, 1994.

Jeremias, J. The Eucharistic Words of Jesus. Philadelphia : Fortress, 1977.
Judge, E. A. The SOcial Pattern of Christian Groups in the First Century. London : Tyndale, 1960.

Kinnamon, Michael. Truth and Community : Diversity and Its Limits in the Ecumenical Movement. Grand Rapids, Mich. : Eerdmans, 1988.
Koenig, J. New Testament Hospitality : Partnership With Strangers as Promise and Mission. Philadelphia : Fortress, 1985.

Kruse, C. New Testament Models for Ministry : Jesus and Paul. Nashville, Thomas Nelson, 1989.

Loffink, Gerhard, Jesus and Community. Philadelphia : Fortress Press, 1989.

Martin, R. P. The Family and Fellowship, Grand Rapids : Eerdmans, 1979.
McMullen, R. Roman Social Relations : 50 B.C. to A.D. 284. New Haven : Yale Univerity Press, 1974.
Minear, P. S. Images of the Church in the New Testament. Philaelphia : Westminster, 1960.
Munck, J. Paul and the Salvation of Mankind. Paperback Edition. Atlanta : John Knox, 1977.

Nouwen, Henri. Lifesigns. New York : Doubleday, 1986.
Nouwen, Henri. Making All things New : An Invitation to the Spiritual Life. San Francisco : Harper & Row, 1981.
Nouwen, Henri, Donald P. Mcneill and Douglas A. Morrison. Compassion : A Reflection on the Christian Life. Garden City, N.Y. : Image, 1983.

Sampley, J. P. Pauline. Partnership in Christ : christian Community and Commitment in th Light of Roman Law. Philadelphia : Fortress, 1980.
Schweizer, E. The Church as the Body of Christ. Richmond : John Knox, 1964.
Smedes, Lewis B. Love Within Limits : A Realist's View of 1 Corinthians 13. Grand Rapids, Mich. : Eerdmans, 1978.
Snyder, Howard A. The Community of the King. Downers Grove, Ill. : InterVarsity Press, 1977.

Tinsley, E. J. The Imitation of God in Christ. London : SCM, 1960.

Wolff-Salin, Mary. The Shadow Side of Community and the Growth of Self. New York : Crossroad, 1988.

「번 역 서」

Bonhoeffer, Detrich. 나를 따르라, 문익환 역. 서울 : 대한 기독교서회, 26판, 1997.

Bonhoeffer, Detrich. 신도의 공동생활, 문익환 역. 서울 : 대한 기독교서회, 23판 1997.

H. Henry Meeter. 칼빈주의. 박윤선. 김진홍 역. 서울 : 개혁주의 신행협회, 1996.

Abraham Kuyper. 칼빈주의. 박영남 역. 서울 : 세종 문화사. 1993.

Otto Weber. 칼빈의 교회관. 김영재 역. 서울 : 풍만 출판사, 1995.

Mcneil, John T. 칼빈주의 역사와 성격. 정성구, 양낙홍 역. 서울 : 크리스찬다이제스트, 1994

「국 내 서」

고영근. 한국 교회의 나아갈 길. 서울 : 한명 출판사, 1972.

김진홍(편저). 신앙 공동체 두레마을 : 한국을 성서위에. 서울 : 도서출판 두레마을, 1989.

박찬섭. 사랑의 공동체 혁명. 서울, 대한 기독교서회, 1989.

최일도. 밥짓는 시인, 퍼주는 사랑(1, 2). 서울 : 동아일보사, 1995.

최정식. 박태선, 전도관, 신앙촌 내막 폭로. 서울. 1970.

대천덕. 한국교회 공동체의 실패와 회복. 전신공연 편, 전국신학교 공동체 모임 연구회, 1992.

외 기타 서적